当代中小学教师研修教材

化学新课程教学与教师成长

何彩霞　主编

中国人民大学出版社

·北京·

总 序

建设人力资源强国是我们今后一段时间的重要任务，作为工作母机的教师教育，包括职前培养和职后培训，越来越发挥着关键作用。温家宝总理提出，与国家民族振兴相联系的师范教育才是真正的师范教育。我们今天的教师培训要从培养现代化建设人才的需要出发，从改革不适应社会发展需要的教育内容和方法手段出发，使教师牢固树立素质教育的理念，提高自身师德与专业素养，提高实施素质教育的能力和水平，总之，要有魂，要有力，要有效，要见诸儿童青少年的全面健康可持续的成长，这样的培训才是真正的培训。

人才强教是首都教育现代化的战略，也是北京教育学院的职责。作为首都重要的教师培训机构，北京教育学院坚定办学方向，坚持内涵发展，为成为首都人才强教的高地而不懈努力。2004 年北京教育大会以来，我们根据“面向全体，突出骨干，倾斜农村，服务急需”的培训方针，开展了以“绿色耕耘”为品牌的农村教师培训、以“春风化雨”为品牌的城区中小学教师培训、以市级学科带头人和骨干教师为主要对象的培训等大规模的培训，涉及十多个项目，每年培训万余人次。在培训过程中，我们又在充分发挥自身优势的前提下，秉持整合资源、开放创新的理念，充分发挥首都优质培训资源的作用，聘请了中国科学院、北京大学、清华大学、北京师范大学、首都师范大学、北京教育科学研究院等机构的教授专家和一线中小学特级教师、中小学名校长为培训项目授课，从而积累了丰富的培训课程资源。为了使这些资源发挥更大的作用，既为后面我们的各类培训提供学习教材，又为其他地区的教师培训提供参考，我们决定筛选优秀的课程内容，把教学讲义整理出来，按学科编成相对系统的培训教材。

我们认识到，学校的发展必须是内涵发展。基于此，我们提出了学科建设、科研建设、信息化建设、人才队伍建设、制度建设五项攻关。而培训课程是五项攻关的核心内容，是五项攻关的汇聚点、着力点。学科建设的核心是在知识创新的基础上转化形成一批品牌课程；科研建设是培训课程建设的基础和基本手段；信息化建设是培训课程实现新载体形式、新传输形式的途径；人才队伍建设也要以课程为平台，好的课程往往能培养出优秀人才；制度建设则是课程开发与运用的保障。我们的主业是干部教师培训，而培训的核心竞争力是课程。

开发和建设培训课程不是简单的事情。通常要经过实际需求分析、案例及素材采集、理论研究、实践应用，最后转化为课程，它实际上是一系列理论研究和实践应用后的结果，是培训者的一种再创造。正是由于培训课程开发的特殊性、复杂性，才使我们的教师较好地把理论和实际结合起来，也才使我们的教师朝着“顶天立地”型发展。

本套教师研修教材共计14本，涉及中小学主要学科。既是一套反映新课程理念、新课程改革实践的教材，又是一套针对课程与教学改革中的重点难点问题而深入探讨、给人启发的教材，还是一套前沿理论与丰富案例较好结合的教材，相信它能够为教师的专业发展带来积极的帮助。

在本套教材编写出版的过程中，我们得到了院外许多专家教授、一线名校长名教师的大力支持，在此对他们的辛勤耕耘表示敬意和感谢！

李方

2009年5月

目 录

第一编 初中化学新课程的理解与把握

第二编 化学教学任务分析与教学设计

第三编 化学专题研究与教学

第四编　化学教科研与教师专业发展

第一编

初中化学新课程的理解与把握

第一讲
初中化学新课程目标与教学目标制定

北京教育学院　何彩霞

初中化学新课程以提高学生的科学素养为主旨，构建了“知识与技能”、“过程与方法”、“情感态度与价值观”三维一体的课程目标体系，体现了化学教育从知识本位向以人为本教育理念的转变。这给我们的启示是：教学不但要关注学生学习什么，还要关注学习应经历什么样的“过程”，在过程体验中要形成一定的学科思想和方法，产生积极的情感，形成正确的价值观。

那么，如何理解化学新课程的课程目标？它和“教学目标”有什么区别和联系？如何设计课堂教学目标？只有弄清这些问题，才能将新课程目标转化为生动、具体的课堂教学目标，进而用来指导教学内容和教学活动的设计、实施与评价。

一、化学新课程目标的构成与特点

（一）化学新课程目标的构成

义务教育化学新课程目标由课程总目标、三个维度的展开目标和 5 个一级主题、若干二级主题的内容标准构成，如图 1—1 所示。

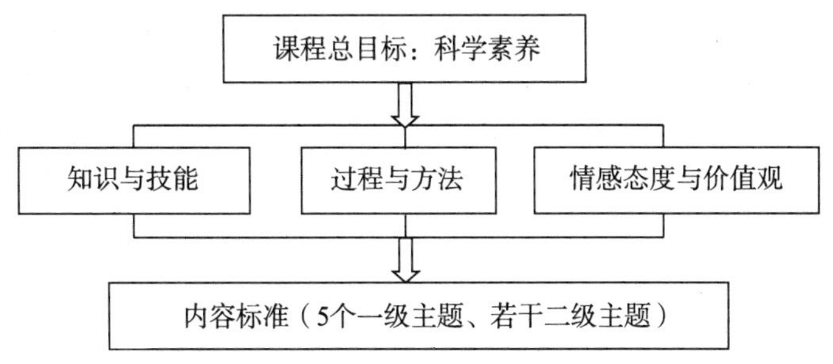

图 1—1　义务教育化学新课程目标的构成

【阅读材料】 义务教育化学新课程目标

通过义务教育阶段化学课程的学习，学生主要在以下三个方面得到发展：

一、知识与技能

(1) 认识身边一些常见物质的组成、性质及其在社会生产和生活中如何应用，能用简单的化学语言予以描述。

(2) 形成一些最基本的化学概念，初步认识物质的微观构成，了解化学变化的基本特征，初步认识物质的性质与用途之间的关系。

(3) 了解化学与社会和技术的相互联系，并能以此分析有关的简单问题。

二、过程与方法

(1) 认识科学探究的意义和基本过程，能提出问题，进行初步的探索活动。

(2) 初步学会运用观察、实验等方法获取信息，能用文字、图表和化学语言表述有关的信息，初步学会运用比较、分类、归纳、概括等方法对获取的信息进行加工。

(3) 能用变化与联系的观点分析化学现象，解决一些简单的化学问题。

(4) 能主动与他人进行交流和讨论，清楚地表达自己的观点，逐步形成良好的学习习惯和学习方法。

三、情感态度与价值观

(1) 保持和增强对生活和自然界中化学现象的好奇心和探究欲，发展学习化学的兴趣。

(2) 初步建立科学的物质观，增进对“世界是物质的”、“物质是变化的”等辩证唯物主义观点的认识，逐步树立崇尚科学、反对迷信的观念。

(3) 感受并赞赏化学对改善个人生活和促进社会发展的积极作用，关注与化学有关的社会问题，初步形成主动参与社会决策的意识。

(4) 逐步树立珍惜资源、爱护环境、合理使用化学物质的观念。

(5) 发展善于合作、勤于思考、严谨求实、勇于创新和实践的科学精神。

(6) 增强热爱祖国的情感，树立为民族振兴、为社会的进步学习化学的志向。

资料来源：中华人民共和国教育部制订：《全日制义务教育化学课程标准（实验稿）》，北京，北京师范大学出版社，2001。

义务教育化学新课程目标不仅从宏观上确定了科学素养的三个基本维度，对每一个维度进行了说明，而且还针对各个主题的学习目标，以“内容标准”的形式进行了细化。在化学课程标准的内容标准中，一级主题下属的二级主题的“内容标准”都是针对相关内容的学习目标，“活动与探究建议”则列举了有利于教学目标达成的观察、调查、讨论、实验等活动建议。例如，化学课程标准关于“几种化学反应”的学习目标为：初步认识常见的化合反应、分解反应、置换反应和复分解反应，并能解释与日常生活相关的一些现象；能用金属活动性顺序表对有关置换反应进行简单的判断，并能解释日常生活中的一些现象；了解人们如何利用化学反应改善和提高自身的生活质量。

（二）化学新课程目标的分类与水平

对知识与技能、过程与方法、情感态度与价值观三维目标，化学新课程目标是以结果性学习目标和体验性学习目标的形式呈现的（见图 1—2）。结果性学习目标主要用于对知识与技能目标领域的描述，侧重于学习活动的结果；体验性学习目标主要用于反映过程与方法、情感态度与价值观等目标领域的要求，侧重于学习活动的过程。

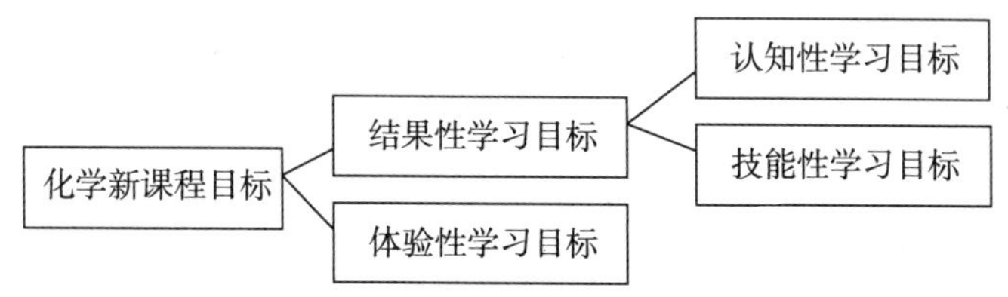

图 1—2　化学新课程目标依据目标内容性质的分类

结果性学习目标和体验性学习目标两者之间存在着紧密的逻辑联系，即结果性学习目标是通过体验性学习目标实现的，体验性学习目标随着结果性学习目标的形成可以向着深度和广度不断延伸、拓展，这就使认识的过程与认识的结果在化学课程教学过程中得到了统一。

根据学习目标的要求，结果性学习目标和体验性学习目标可以分为不同的水平层次，通常采用不同的词语来描述。

1. 知识与技能目标

知识与技能领域的目标包括认知性学习目标和技能性学习目标。知识与技能目标，常用可观测的、指向学习结果的行为动词来说明。如对认知性学习目标，常用说出、举例、识别、了解、区分、解释等来描述（见表 1—1）；对技能性学习目标，常用初步学习、初步学会等来描述（见表 1—2）。

表 1—1　　认知性学习目标的水平层次

目标层次	行为要求	化学课程标准中的案例
从低到高	知道、记住、说出、举例、找到	记住一些常见元素的名称和符号 知道元素的简单分类 能根据原子序数在元素周期表中找到指定的元素
	认识、了解、看懂、识别、能表示	初步认识常见的化合反应、分解反应、置换反应和复分解反应 认识物质的三态及其转化 能从组成上识别氧化物，区分纯净物和混合物、单质和化合物、有机物和无机物 能用化学式表示常见物质的组成
	理解、解释、说明、区分、判断	理解反应现象与本质的关系 能用金属活动性顺序表对有关的置换反应进行简单的判断，并能解释日常生活中的一些现象

表 1—2　　技能性学习目标的水平层次

目标层次	行为要求	化学课程标准中的案例
从低到高	初步学习	初步学习使用过滤、蒸发的方法对混合物进行分离 初步学习运用简单的装置和方法制取某些气体
	初步学会	初步学会根据某些性质检验和区分一些常见的物质 初步学会配制一定溶质质量分数的溶液

2. 过程与方法目标

关于过程与方法目标，常用与方法应用或过程体验有关的行为动词来说明。如体验、感受、认识、意识等（见表 1—3）。

表 1—3　　过程与方法目标的水平层次

目标层次	行为要求	化学课程标准中的案例
从低到高	体验、感受	体验科学探究是人们获取科学知识、认识客观世界的重要途径
	认识、意识	认识定量研究对化学科学发展的重大作用 意识到提出问题和作出猜想对科学探究的重要性
	初步形成 初步学会	初步学会通过比较、分类、归纳、概括等方法认识知识间的联系，形成合理的认知结构

过程与方法领域的目标贯穿于所有的知识与技能的学习过程之中。因此，在进行化学教学目标设计时，要重视对该目标领域内容的挖掘。

3. 情感态度与价值观目标

情感态度与价值观目标是指伴随化学课程的学习，学生所具有的情感体验及对待事物的态度与观点，它属于体验性目标，常用与学生的感受、认同、领悟等体验相联系的动词来说明（见表1—4）。

表1—4　　情感态度与价值观目标的水平层次

目标层次	行为要求	化学课程标准中的案例
从低到高	体验、感受	能体验到探究活动的乐趣和学习成功的喜悦
	意识、体会、认识、关注、遵守	认识新材料的开发和社会发展的密切关系
	初步形成、树立、保持、发展、增强	初步形成物质是变化的观点 初步形成正确、合理地使用化学物质的意识

（三）化学新课程目标的特点

1. 三维目标的整体性

化学新课程提出的知识与技能、过程与方法、情感态度与价值观的课程目标，是一个相互联系、相互渗透的整体，是学生在学习活动中实现科学素养提升的多个侧面，它从根本上改变了重知识技能而轻学生的科学素养、重结论而轻过程以及重传授而轻探究的传统教学思路，突出了关注、体验、感受等心理过程在学习中的作用。在实际教学中，要全面关注多维目标并将它们整合于统一的教学过程，即以知识与技能为载体，渗透情感态度与价值观，并充分地体现在过程与方法中，而不应当将它们设计为三个环节并分别操作。

2. 外显行为与内隐变化目标的整合性

化学课程标准是以结果性学习目标和体验性学习目标的形式来陈述课程目标的。结果性学习目标主要用于对知识与技能目标领域的描述，侧重于学习活动的结果；体验性学习目标主要用于反映过程与方法、情感态度与价值观等目标领域的要求，侧重于学习活动的过程。

结果性学习目标和体验性学习目标两者之间存在着紧密的逻辑联系，即结果性学习目标是通过体验性学习目标实现的，体验性学习目标随着结果性学习目标的达成可以向着深度和广度不断延伸、拓展，这就使认识的过程与认识的结果在化学课程教学过程中得到了统一。

3. 规范与灵活开放的兼容性

化学新课程目标规定了学生在化学课程中需要学习的内容和学习的要求，对教学起宏观指导作用，为化学教学目标的确定提供了理论上和实际操作上的依据。而教学目标是课程目标的进一步具体化，它规定学生在指定的教学过程中需要学习的内容和要达到的学习要求，其制定更着重考虑学生的特点，因此具有较强的实用性和灵活性。

从上面的分析可以看出，以提高学生的科学素养为主旨的化学新课程目标是一个由不同维度、不同类型、不同水平目标构成的有机体系。实施新课程，需要把握多维目标的内涵，理清多维目标之间关系。在实际教学中，要全面关注多维目标并将它们整合于统一的教学过程。

二、对过程与方法目标的理解

（一）过程与方法目标的重要性

化学新课程的过程与方法目标，就是要使学生了解科学探究的一般过程，体验积极生动的学习过程，在过程中构建合理的化学知识结构，学习和掌握一定的科学方法，培养良好的化学思维，发展化学学科能力，形成正确的化学情感态度与价值观等。化学新课程提出的知识与技能、过程与方法、情感态度与价值观的课程目标，是一个相互联系、相互渗透的整体，是学生在学习活动中实现科学素养提升的多个侧面。从过程与方法目标的意义来看，过程与方法处于实现三维整体目标的“枢纽”位置。知识与技能是过程与方法的前提基础，只有与一定的内容联系起来，过程与方法才有意义，才可被理解。过程与方法目标是知识与技能目标达成的中介和途径，一定的知识内容总是通过某种探究或学习过程而获得的，且过程不同，探究或学习的效果或结果也往往不同。在化学学习中，过程是获取知识、形成技能、培养能力、内化情感、形成正确价值观的“桥梁”，而情感态度与价值观又为过程与方法提供动力支撑。

过程与方法目标是科学素养教育的重要组成部分。对于学生的学习而言，获取知识与技能固然是重要的，但知道怎样获取知识与技能则更为重要。强调让学生经历学习的过程，强调学生在过程中的体验，这是促进学生学习方式由被动接受转向主动探究，在亲身经历、体验中形成终身学习的方法和能力的有效途径和载体，也是培养学生科学素养的重要途径。

从具体的一堂课的三维目标的实践操作来看，知识与技能目标是显性的，情感态度与价值观目标是隐性的，而过程与方法目标是具有可操作性的。因此，抓住过程与方法目标，可以使认识的过程与认识的结果在化学课程教学过程中得到统一，使隐性目标融合在显性目标中而得到具体的落实，从而达到三维目标的整体实现。

因此，在化学教学中，要分析具体的教学内容对学生科学思维方法等方面发展的价值，要突出“过程”的体验，通过观察、实验、经历事实等一系列的实践活动，充分挖掘和利用教学内容潜在的过程与方法方面的教育意义。

（二）过程与方法目标的内容构成

根据《全日制义务教育化学课程标准（实验稿）》，过程主要是指化学科学探究的过程，即指提出问题，收集资料和事实，整理加工资料和事实，提出和验证假说，得出结论和交流应用的过程；亦是指学生的学习过程，即学生获得知识技能以及情感体验的过程。方法主要是指观察、实验、记录、分析、比较、分类、归纳、概括等一般科学方法；也指化学研究与学习的科学方法，即化学科学研究活动及学生学习化学中所运用的独特的科学方法和思维方式，如化学学科中的物质制备及合成的方法、物质性质分析与检验的方法、化学模型建立的方法等，以及与人交流、讨论、表述自己观点的方法等。

过程与方法是相互联系、本质统一的。对课标中有关过程与方法目标的内容标准进行具体分析，可以发现，过程与方法目标的内容包括三个方面：一是客观性的过程与方法，即知识的形成过程、事件的发生过程、事物的变化过程、科学探究的过程、化学实验的一般过程等，目的是让学生在经历和体验客观性过程的同时领会其中蕴涵的学科思想与方法，如“了解从铁矿石中将铁还原出来的方法”、“了解防止金属锈蚀的简单方法”。二是主体性的过程与方法，即学生主体通过经历、体会、感受，主观内化的过程，目的是使学生得到科学思维和方法的训练，促进其对科学本质的理解，如“认识化学变化的基本特征，理解反应现象和本质的联系”、“知道物质发生变化时伴随有能量变化，认识通过化学反应获得能量的重要性”、“能依据一定的标准对物质及其变化进行简单的分类”等。三是规定性的过程与方法，即规定学生必须掌握的具体而明确的过程，如“初步学习在实验室制取氧气和二氧化碳”、“会用酸碱指示剂和 pH 试纸检验溶液的酸碱性”、“学习运用多种方式对物质及其变化进行观察”等。

（三）过程与方法目标的要求

就过程与方法目标而言，学生要在以下三个方面得到发展：一是在过程体验方面，包括经历具体的观察、描述、实验等操作过程，经历猜想、推断、证明、想象等思维过程。如“在教师指导下或通过小组讨论，提出活动方案，经历制定科学探究活动计划的过程”。二是在认识发展方面，要增进对科学探究、科学本质的理解，如“知道科学探究可以通过实验、观察等多种手段获取事实和证据；认识到科学探究既需要观察和实验，又需要进行推理和判断”等。三是在行为表现方面，如“能够独立地或与他人合作对观察和测量的结果进行记录，并运用图表等形式加以表述”、“初步学会配制一定溶质质量分数的溶液”、“能进行药品的取用、简单仪器的使用和连接、加热等基本的实验操作”等。过程与方法目标的这三个方面是一个有机的整体，根据不同的学习内容，学生要在过程体验、认识发展和行为表现三个方面都有所收获，而不仅仅是在某一个方面。但在考虑学生已有经验和认识发展阶段的前提下，过程与方法目标的学习水平应有不同要求。

化学课程标准对过程与方法的目标要求的描述所用的词语指向体验性学习目标，并且按照学习目标的要求分为不同的水平，对同一水平的学习要求可用多个行为动词进行描述。了解过程与方法的目标要求，确定相应的学习水平，规范相应的学习行为，可以保证过程与方法目标具有一定的清晰度和可操作性。

（四）教学实践中的常见问题分析

在实施化学新课程的实践中，教师们逐渐转向了从知识与技能、过程与方法、情感态度与价值观三个维度来设计和表述教学目标，但在确定与表述的教学目标的准确性及教学目标与教学过程的一致性方面存在一些值得反思的问题。

1. 对过程与方法目标界定不清

从现实情况来看，一是所制定的过程与方法目标笼统不具体，缺乏针对性。在实际教学中可操作性不强，且难以对其目标达成情况进行检测，教学目标的落实就要打折扣。二是一些教师对过程与方法目标的认识还不十分清楚，不知道什么过程与方法。有的教师把教学环节设计和教学方法当做过程与方法，甚至有的教师在课堂上有很好的过程体现，却不能适当地界定教学目标。

导致对过程与方法目标界定不清的原因是多方面的。和知识与技能目标相比，过程与方法目标的实现贯穿于“获得基础知识和基本技能的过程”之中，存在于学生的体验、感受与经验中，其结果更多的是隐性的，难以测量。这是造成其界定不清的原因之一。过程的设定，常常有灵活性。针对学生的实际和具体的内容，一节课采用什么样的学习过程，在过程中让学生学习什么方法，并不是很容易把握的，不同的教师会有不同的设计思路。这是原因之二。从教学实践层面看，每节课能测量的多是知识与技能方面的目标，关于过程与方法、情感态度与价值观这两个维度的目标，绝对不是靠某一节课能完成的，它们更多的是靠在一个比较长的时段，通过教师的教学去熏陶，由学生去体验，通过潜在的积累去获得的。因此，对过程与方法方面的阶段性目标把握不好是造成上述问题的另一个主要原因。

2. 注重教师“教”的过程，忽略了知识与技能目标的落实

在课堂教学中，一些老师设计了大量的学生活动，把自己的教学过程当成了学生的学习过程，却忽略了知识与技能目标的落实。例如，不少教师设计的实验探究活动一般包括提出问题、学生猜想、小组交流讨论设计实验方案、小组合作

实验以及汇报实验结果等过程，整个探究活动安排得很有条理，看起来很好地调动了学生的积极性和主动性，活跃了课堂气氛，但往往流于形式，基本上是学生配合教师顺利完成了教学过程。

为什么是这样？首先，由于现行的大部分考试主要关注的是知识与技能，加上新的教学方式适应起来还有些困难，教师还没能跳出过去传统教学的框架，仍习惯于思考教师的“教”，认为按照预设的教学程序，使教学过程有一个“好”的开始和“圆满”的结束，才算完成了教学任务。其次，尽管教师在教学设计中写出了知识与技能、过程与方法、情感态度与价值观这三个方面的教学目标，但由于缺乏对过程性目标的精心设计与清晰把握，即便设置了问题或障碍，但由于教学进程太快，容易使许多具备探究价值的内容不经意间滑过，致使学生亲身体验、感悟的机会无形中流失。这样的学生探究活动表面上是突出学生的主体地位，实质上不可避免地使教学仍停留在浅层面上运作，学生仍然还是不知道为什么要去发现问题并如何解决这些问题，甚至会认为这样很费时，还不如老师把知识的结论直接教给他们省事。

课堂教学中，教师注重的是“教”的过程，必然造成对学生的体验关注不够。体验是“过程”的显著特征，要达成三维教学目标就要加强学生在学习活动中的体验、感悟和反思。如果教师总是想着完成知识点的教学、顺利讲完一节课，而不是注重设计、引导学生的经历、体验探究的过程，学生对知识与技能的学习将停留于记忆性层面，很难有对方法的感知，更难有对情感态度与价值观的领悟。

3. 注重了学生“学”的过程，但缺乏思维与方法的指导

在一些课上，教师注重了科学探究的过程，但由于过程与方法目标的不可量化，所以其在实现方式上也显得比较难把握，给人的感觉是“为了活动而活动”，缺乏科学思维与方法的指导。例如，关于二氧化碳与氢氧化钠溶液反应的探究，一位教师设计了以下活动：

(1) 教师引导，由已学过的 CO_2 与 $Ca(OH)_2$ 反应，类推 CO_2 与 NaOH 溶液的反应，并写出反应方程式。

(2) 学生演示实验：在盛有 CO_2 气体的集气瓶中加入 NaOH 溶液，观察实验现象。

(3) 学生设计实验装置，验证 CO_2 与 NaOH 溶液反应的发生。

教学中，当教师把上述活动（3）提出来时，学生一时不知该如何进行设计。于是，教师出示了一些仪器及一些常见的物品如矿泉水瓶、气球，以开阔学生的思路。即使这样，学生好像还感觉困难，于是教师又用动画作了一些提示，想把

学生引向自己设计好的标准答案上来。最终，当学生设计出了一些验证 CO_2 与 NaOH 溶液反应的实验装置时，这个探究活动也就随之结束了。

在上述案例中，教师更多的是从知识层面考虑，所关注的是获得知识结论。由于活动徒有形式，缺乏思考和领悟，学生的学习容易处于一知半解、似懂非懂的状态。让学生经历探究过程的目的，不应仅满足于追求某一具体问题的答案，让学生停留在对知识的简单加工、机械记忆的浅层次认知水平上，而应是从中引导学生科学思考，把握知识的规律，学习科学思维和方法。

三、学习如何制定化学教学目标

课程目标要通过教学目标得以实现。教学目标是指化学课堂教学中教师对学生学习结果的预期。从操作层面上讲，化学教学首先要确定需实现哪些目标。

（一）确定化学教学目标的依据

1. 根据化学新课程目标和内容标准确定教学目标

化学新课程目标和内容标准是制定化学教学目标的基本依据。对于初中学生在化学课程中需要学习的内容和学习的要求，《全日制义务教育化学课程标准（实验稿）》作出了概括性的描述和明确的界定。在标准中，每一个主题下属的“内容标准”都是针对相关内容的学习目标，这为化学教学目标的确定提供了理论上和实际操作上的依据。例如，《全日制义务教育化学课程标准（实验稿）》中有关“质量守恒定律”的要求如下：

（1）认识质量守恒定律，能说明常见化学反应中的质量关系。

（2）能正确书写简单的化学反应方程式，并进行简单的计算。

（3）认识定量研究对于化学科学发展的重大作用。

其中两处都用到行为动词“认识”，但两者有所不同。前者属于认知性学习目标，是对质量守恒定律本体的学习要求；后者则属于体验性学习目标，是促进学生在情感态度与价值观方面得到发展的目标，是一种观念性的体会，而不是具体的化学知识与技能。应该注意的是，目标类型不同，教师在帮助学生实现这一教学目标的教学过程的设计上也应有所不同。对于体验性学习目标，学生需要通过具体的活动才可能获得体验而落实，在这里可以结合质量守恒定律的发展史来引导学生学习。因此，在教学中可以围绕质量守恒定律的发展史设计一个探究活动，让学生体验一下科学探究的过程，这样在教学目标上就增加了过程与方法目标。

在进行教学目标的设计时，既要了解化学课程内容标准中对该项学习内容的基本要求，也要根据实际情况将它分解转化为教学目标。例如“能根据物质的组成和性质对物质进行分类”是内容标准作出的要求，在进行教学目标设计时，可以从以下几个方面进行分解，如表1—5所示。

表1—5　　“根据物质的组成和性质对物质进行分类”的教学目标

目标维度	内容标准	教学目标
知识与技能	根据物质的组成和性质对物质进行分类	1. 了解化学物质及其变化的简单分类方法 2. 知道可以按不同的分类标准对物质及其变化进行简单的分类
过程与方法		3. 尝试从物质的组成、性质等角度，依据不同标准对物质进行分类 4. 尝试对常见的化学反应进行简单的分类 5. 初步体会研究物质及其变化的思路和方法
情感态度与价值观		6. 感受分类方法在化学科学研究和化学学习中的重要作用

2. 根据具体的教学内容确定教学目标

化学教学目标的设计一定要结合具体的教学内容，在把握教学内容的深广度的基础上，设计合理的学习要求；与此同时，要分析教学内容的特点，充分挖掘和利用教学内容潜在的过程与方法、情感态度与价值观方面的教育意义，有效整合三维目标。

案例1　“天然气——甲烷”内容分析与教学目标设计

“天然气”是人教版初三化学新教材第七单元“燃料及其利用”中的内容，包括两个方面：一是天然气的存在与储量、主要成分、用途；二是甲烷的性质、组成、存在等。

由于这部分知识内容比较简单，学生已有一定的化学知识与技能基础，本课可以考虑以甲烷为载体，引导学生进一步学习设计实验方案、确定实验装置，通过计算等研究甲烷的组成，促进学生进一步体会探究物质组成的基本思路，提升学生的科学探究能力。

从初中课标看，“天然气”属于“主题五——化学与社会发展”下的二级主题“化学与能源和资源的利用”中的内容。因此，本课的学习目标不仅仅是学习甲烷的组成和性质，还应该将甲烷性质的学习与天然气、燃料的有效利用和化石燃料资源的重要性等有机整合起来，引导学生关注实际，体会学习化学的价值。

基于上述分析，本课的教学目标设计如下：

知识与技能：

（1）认识甲烷的重要性质及组成，了解甲烷是天然气的主要成分；

（2）通过对甲烷燃烧产物的检验，知道在化石燃料中天然气是比较清洁的燃料。

过程与方法：

（1）初步学会运用观察、实验等方法获取有关信息，学会对数据信息处理的基本方法；

（2）通过设计实验方案、确定实验装置等探究活动，进一步体会研究物质组成的基本思路。

情感态度与价值观：

（1）认识天然气是人类社会重要的自然资源，在生活和生产中起着重要作用；

（2）树立安全、节约使用天然气的意识。

由于每节课确定的教学目标代表着学习结果的不同类型，化学教学目标的设计在注重教学目标全面性和整体性的同时，还应注意保持教学目标间的平衡和侧重。有的课程内容宜通过“亲历过程”获得方法的启示，就可以突出过程与方法目标；有的课程内容蕴涵丰富的思想道德因素，就可以着重进行情感态度与价值观的教育，这样才能增强教学目标的针对性和有效性。

3. 根据学生基础和学生学习阶段确定学习水平

教学目标应该是在学生已有学习准备的基础上，经过学生的努力而能够达到的目标。确定学习水平是指依据化学课程标准和学生现有的水平确定单元、课时所列知识点的学习水平。由于学生所处的学习阶段不同，对于相同的知识点，在初学阶段、单元复习阶段、学期复习阶段的要求也各不相同。因此，同一类型的知识在不同教学阶段所对应的教学目标亦不相同。故化学课堂教学目标的制定，还要考虑学生原有的知识与技能基础、心理发展水平和成熟状况，以及情感态度与价值观的发展状况。

总之，化学教学目标的制定要以化学新课程目标和内容标准为基本依据，并要考虑具体的教学任务和内容特点，根据学生学习的不同阶段，把本学段的课程目标分解为单元或章的教学目标，并进一步分解和制定节的教学目标和课时教学目标，从而将化学课程目标落实到每一节课的教学之中。这一分解过程如图1—3所示。

从课程目标到课时教学目标的这种层次化和具体化的分解，是课程目标的进

图 1—3　化学课程目标分解过程

一步细化，只有这样，才能通过具体教学目标的落实，最终实现课程目标。

（二）把握教学目标陈述的四要素

教学目标的制定一方面要考虑它能直接指导教学，另一方面要考虑使它便于评价。因此，教学目标的陈述应该是非常明确、可操作、可观察和可测量的，这样才有利于教师在教学时对目标的把握与测量。

1. 当前教学目标陈述中存在的问题分析

案例 2　　**“二氧化碳的性质”一课的教学目标**

知识与技能：

了解二氧化碳的物理性质和用途；掌握二氧化碳的化学性质。

过程与方法：

通过对实验的探讨与研究，培养学生从现象到本质、从感性到理性的科学认识方法；培养学生的观察能力、实验能力、归纳总结等能力。

情感态度与价值观：

通过实验培养学生的学习兴趣、合作精神和创新精神。

上述案例代表了当前许多教学设计中有关目标的陈述形式，其主要问题是：

(1) 行为主体的矛盾或不一致。如“培养学生……”等，是把教师作为目标的行为主体，而规范的行为目标主体应是“学生”，尽管有时行为主体“学生”两字没有出现，但也必须是隐含着的。

(2) 与知识与技能目标相比，过程与方法、情感态度与价值观方面的目标笼统不具体，这是一些教师表述教学目标时的习惯做法。实施新课程的关键是落实课程目标，其根本是确定合理明确的教学目标。由于一节化学课中所涉及的有关实验方面的能力可能较多，如果不明确此节课要重点关注学生哪一项实验技能，教师的教学及指导就会缺乏针对性，教学目标落实的操作性就要打折扣。

(3) 有的教师设计的教学目标流于形式，貌似教学目标定得很全，但教学随意性很大，教学目标在教学中没有发挥什么作用，课堂教学实践与教学目标是脱节的或是不一致的。

（4）一些教师对过程与方法目标的认识还不十分清楚，不知道什么是过程与方法。有的教师把教学环节设计和教学方法当做过程与方法，甚至有的教师在课堂上有很好的过程体现，却不能适当地界定教学目标。

2. 教学目标陈述的四要素

传统的教学目标一般是用描述内部心理状态的词语来描述的。如教师以往常用的教学目标的陈述是“培养学生的××能力”、“加深对××的理解”等。这些目标提到的“能力”、“理解”都是指内部心理状态，但是我们怎么知道学生已经形成了这些“能力”和加深了“理解”呢？在这样的目标陈述中，我们是无法知道的，也是无法观察和测量的。

一个完整、具体、明确、规范的教学目标应包括主体、行为、条件和标准四个要素。

（1）主体。说明教学的对象是谁。教学目标陈述的是学生的预期学习结果，而不是陈述教师的教学行为或教师打算做什么。因此，教学目标的行为主体必须是学生，而不能以教师作为目标的行为主体。我们不能用“使学生……”、“提高学生……”、“培养学生……”等陈述方式。

（2）行为。行为指通过学习以后，学生能做什么，或者有什么心理感受或体验。教学目标的陈述应力求明确、具体，可以观察和测量，应尽量避免用含糊的和不切实际的语言陈述目标。一般用行为动词来描述学生所形成的可观察、可测量的具体行为。课程标准中的目标主要是按照结果性学习目标和体验性学习目标来描述的。结果性学习目标主要用于对知识与技能目标领域的刻画，而体验性学习目标主要用于反映过程与方法、情感态度与价值观等目标领域的要求。可以用那些能够外观和测量的行为动词如写出、背出、列举、辨别、解释、计算等，来表述知识与技能方面的结果性学习目标；用难以观测的表示内在意识或心理状态的动词如了解、关注、经历、感受、领会、体验等，来表述过程与方法、情感态度与价值观方面的体验性学习目标。

教师要根据课程标准对不同教学内容的要求，恰当选择行为动词来刻画表述教学目标，以使其便于理解、操作和评估。案例 2 中，“培养学生的观察能力、实验能力”等目标含糊不具体，针对性不强，操作性差。这是一些教师在表述教学目标时的习惯做法，应引起注意。

（3）条件。条件是指影响学生产生学习结果的特定的限制或范围，主要说明学生在何种情境下完成指定的学习目标。条件的表述包括以下因素：环境因素（如地点等）；人的因素（如个人独立完成，还是在教师指导下完成等）；设备因素（如借助工具、使用特殊设备等）；信息因素（如“无须参考资料的帮助”、“使用手册”等）；完成行为的情境（如“在课堂讨论时”、“通过实验”等）。“行为发生条件”不仅要写得具体，而且还要写得确切。

（4）标准。标准是指目标达成的最低表现水平，用以评量学习表现或学习结果所达到的程度。除了在行为动词上体现程度的差异外，还可以用其他的方式表明所有学生的共同程度。行为标准的说明可以是定量的或定性的，也可以二者都有。一般行为标准分为三类：1）完成行为的时间限制。例如，“一分钟内完成”。2）准确性，即正确操作、运算的百分比或数字。例如，“二十题中至少答对十五题”。3）成功的特征。

一个较为规范的化学课堂教学目标设计举例如下：

案例 3　“二氧化碳的实验室制法”一课的教学目标

（1）掌握实验室制取二氧化碳的反应原理，能正确书写实验室制取二氧化碳的方程式。

（2）能进行初步的科学探究活动，通过与氧气的实验室制法的对照比较，探究二氧化碳制取实验的装置。

（3）会根据二氧化碳气体密度、水溶性确定其收集方法；知道验证二氧化碳生成、集气瓶中二氧化碳已经充满的方法，并会解释其原理。

（4）通过问题讨论，认识实验室制取气体时药品的选择，仪器的组装，气体的收集、验证等一般的思路和方法。

（5）通过二氧化碳实验室制法的探究，丰富科学体验，激发探究兴趣。通过讨论，增进交流与表达的意识。

综上所述，陈述得好的教学目标应符合以下标准：（1）教学目标陈述的是学生的预期学习结果，而不是陈述教师的教学行为或教师打算做什么。（2）教学目标的陈述应力求明确、具体，可以观察和测量，应尽量避免用含糊的和不切实际的语言陈述目标。（3）教学目标的陈述应反映学习结果的类型和层次水平。

以提高学生科学素养为主旨的化学新课程目标是一个由不同维度、不同类型、不同水平目标构成的有机体系。实施新课程，需要把握三维目标的内涵，理清三维目标之间的关系。在实际教学中，要全面关注三维目标并将它们整合于统一的教学过程。

课程目标要通过教学目标得以实现。化学课程目标规定了学生在化学课程中需要学习的内容和学习的要求，对教学起宏观指导作用，为化学教学目标的确定提供了理论上和实际操作上的依据。而教学目标是课程目标的进一步具体化。教师要在深入理解和掌握课程目标和内容标准的基础上，依据学习的内容和学生的实际设计教学目标。

化学教学目标的制定，主要涉及教学目标的确定和教学目标的陈述两个方面的问题。在设计时，要从整体着眼，在明确课程目标、单元目标的基础上，去把握设计课时目标；目标的构成要注意外显行为与内隐变化的结合；针对不同的内容，在注意教学目标全面性和整体性的同时，三维目标的要求应当有所选择、有所侧重。教学目标的陈述应该非常明确，应是可操作、可观察和可测量的。

思考与活动

1. 谈谈你对化学新课程目标的理解。
2. 在你的化学教学中，你是如何设计教学目标的？
3. 化学教学目标设计的依据是什么？化学教学目标的表述应注意哪些方面？
4. 选定教材中的某一节（课），制定教学目标。

参考文献

[1] 中华人民共和国教育部制订. 全日制义务教育化学课程标准（实验稿）. 北京：北京师范大学出版社，2001

[2] 郑长龙编著. 化学课程与教学论. 长春：东北师范大学出版社，2005

[3] 何彩霞主编. 初中化学课堂教学设计. 北京：同心出版社，2007

第二讲
科学主题与中学化学观念的建构

北京教育学院　何彩霞

初中化学新课程以提高学生的科学素养为主旨，其中最重要的是使学生形成基本的化学观念。所谓化学观念，是指人们在现代化学知识的基础上，通过学习和研究化学科学概念、原理、方法、规律而建立起来的对化学学科的本质、特征、价值的基本认识。化学观念不是具体的化学知识，而是在对具体的化学知识、技能和方法的学习与实践活动过程中，通过内化、升华逐渐形成、发展起来的。在新课程实施中，如何通过具体化学知识的教学帮助学生准确地建立起基本的化学观念是当下必须认识到并需要解决的一个问题。在此，以科学主题为视角，探讨初中化学基本观念的建构。

一、什么是科学主题

以同一自然界为研究对象的自然科学的各门学科，从不同的方面、不同的层次、用不同领域的概念来研究同一个世界中事物的形态及其变化。科学的发展需要人们不断揭示不同物质运动形式内在的共同属性与共同规律。实际上，不同领域的科学学科、学科各分支之间都有着千丝万缕的联系，在许多知识内容、概念发展和研究方法上是相互交叉、相互作用的，其中也存在着一些渗透到各门学科中的、具有普遍意义的共同概念，如物质、能量、资源、平衡、稳定性、系统、相互作用、变化、运动、结构和功能、演化和变异等。所谓科学主题，就是在这些共同的概念中，提炼出一些跨越学科界限、将各分支学科统一起来的关键性概念或核心概念。

在科学教育中，将“能量”、“演化”、“变化的形式”、“尺度与结构”、“稳定性”、“系统与相互作用”提炼为科学主题。科学主题具有普适性和统摄力，可以揭示科学知识的本质及其相互联系，能够将不同学科、不同分支分立的信息片段融入广阔的、有逻辑内聚力的结构中，在这样的结构中，信息片段的关系可以被显现出来。

二、化学学科中科学主题的体现与化学观念的形成

（一）化学研究的物质层次（尺度与结构）

人类对于化学现象的认识过程，是由宏观到微观、从现象到本质的过程。尽管化学研究的物质形式多种多样，但涉及的物质结构层次大致是原子及原子以下的层次、分子及分子聚集态的层次。分子是一种可以在通常条件下独立存在、具有一定化学特性的物质微粒。除惰性气体原子可以生成单原子分子外，其他元素的分子则是由 2 个或多个原子通过共价键或共价配键联结而成的。从原子、分子到分子聚集态，又可以分为以下层次：单原子分子、小分子、高分子、生物大分子、非生物大分子、超分子、分子聚集体。

根据化学研究的物质层次结构来划分尺度，可分为微观、介观和宏观。微观是指原子和小分子的尺度范围；宏观是指人眼能够直接观察到的尺度；介观是指介乎宏观和微观之间的尺度，大致从 1nm 到 100nm。

在中学化学中，涉及的物质有构成物质的分子、原子、离子等微观粒子；有被分为气体、液体和固体的宏观的具体物质，如氧气、水、石灰石；也有像胶体、纳米材料等由具有某种尺寸（1～100nm）的质点形成的介观物质，等等。

物质有纯净物和混合物之分。纯净物可分为单质和化合物。由两种或两种以上的物质组成的分散体系，主要有溶液、胶体和浊液。其中溶液是均匀的分子或离子分散体系；胶体是由具有某种尺寸的质点形成的相对稳定的分散体系；浊液是由更大质点形成的不稳定的分散体系。

不同层次水平上的物质都拥有某种特定的结构，物质层次不同，物质组成的基本结构单位也不同。原子的基本结构单位是原子核和电子，分子的基本结构单位是原子，胶体的基本结构单位是胶粒。在物质层次结构中，一个层次的重要性取决于所研究的尺度范围，当系统的尺度范围增加或缩小时，系统内部的不同特性、性质或关系都会发生变化。因此，在考察系统的结构、功能或物质的性质时，首先要明确是在哪种尺度上进行考察。

化学家在研究物质时，往往注重宏观与微观相结合，把外在的性质、现象归因于物质内在的组成、结构的特点。物质的化学组成结构单位之间的相互关系（数量关系、位置关系、结合关系等）就是物质的结构。金刚石、石墨和足球烯，它们的组成元素都是碳，但因结构不同，它们的性能差别很大。在有机化学中，碳、氢、氧、氮等少数几种元素能够形成数百万种性质各异的有机化合物，其根本原因是因为存在碳链异构、位置异构、官能团异构、几何异构等现象。化学正

是通过研究物质微观结构——分子—原子层次的化学组成、几何空间结构，以求解决物质的宏观化学性质、物理性质以及物质的特性与用途等问题。大量的事实表明，一种化学物质只有具有某些化学原子—分子结构，才能具有某些特定的化学性质，即物质的内部结构决定了它的典型化学性质。物质的化学结构的变化必然引起物质的化学性质的变化，通过物质所反映出的化学性质，可以认识和确定它的结构。

学生学习这部分内容，要逐步建立起以下化学观念：

（1）物质是由微粒（分子、原子、离子）构成的，不同的微粒具有不同的结构。

（2）物质的组成、结构决定物质的性质，物质的性质反映物质的结构。物质的性质不仅与其组成、结构有关，还与物质的聚集状态即物质存在的尺度有关。

（3）物质的性质与它在自然界中的存在状态及用途是直接联系着的。

（4）化学物质有宏观、介观、微观的不同结构层次。物质结构的层次和尺度不同，其研究方法也就不同。

（二）化学中的相互作用（系统与相互作用）

从微观粒子到宏观物质，从无机界到有机界，客观世界都是以系统的形式存在和演化着的。从化学组成来说，地球上的一切客观物体都是由百余种化学元素所组成的，即使是生物体的化学成分也仅仅是由碳、氢、氧、氮等为数不多的元素组成的。一切同类的基本粒子，无论是天上来的还是地上来的，都具有同样的性质。物质依据一定的条件可发生变化和转化。物质的转化遵循质量守恒定律、能量守恒和转化定律。

化学上常以一定种类和质量的物质所组成的整体作为研究对象，这种整体被称为体系或物系。从微观来看，化学研究的对象是具有一定功能的分子—原子体系，它具有特定的结构。所谓结构就是物质的组成要素之间的关系，如原子是怎样形成分子或晶体的、分子与分子之间是如何影响的。这种关系，反映着物质分子中原子之间直接或间接的相互作用。用化学术语来说，这种关系就是“键”。物质分子中直接联结的原子之间因形成离子键或共价键而发生相互作用；不直接联结的原子之间通过分子间相互作用力、氢键等发生相互作用。

学生学习这部分内容，要逐步建立起以下化学观念：

（1）物质都是由元素组成的。物质可以按照元素组成进行分类。

（2）化学主要研究物质原子—分子的运动。组成分子的原子之间、分子与分子之间是相互影响、相互作用的。

（3）在一定的条件下，一种物质可转化为另一种物质，物质间的转化是元素原子间的重新组合，其本质是旧化学键的断裂与新化学键的形成。

（三）化学变化的形式（变化的形式）

变化的形式有三种：(1) 趋向性变化，是指必然朝着一定方向进行的变化。如铁器暴露于潮湿空气中，经过一定时间会慢慢锈蚀，其相反的过程却不会自动发生。(2) 循环变化，是指经过一定时间间隔进行的重复运动或再次发生的一系列现象。如自然界中的物质循环，可逆反应的正反应和逆反应。在化学中，人们还发现一系列化学振荡反应也呈现出循环性与周期性，体积有节律地发生周期性胀缩、反应气体有节律地多寡出现等。(3) 不规则变化，是指系统具有的自然的随机性变化。如分子的热运动、布朗运动、微观粒子的相互作用。一些随机性变化在细节上是不可预测的，但在一定程度上可统计某个事件发生的可能性大小，即需要概率和统计的观念与方法予以描述。

化学变化是通过物质间的相互作用进行的。从宏观上看，化学变化是物质发生了变化，表现为旧物质的消耗、新物质的生成。从微观上看，是构成物质的微观粒子如原子的最外层电子发生转移或共享，表现为分子中化学键的断裂与形成、原子的重新组合。若从时间方向上看，化学变化的过程可分为不可逆过程、平衡过程、循环过程和演化过程。

化学反应的形式多种多样。根据反应物和生成物的类别以及反应前后物质种类的多少，可将化学反应分为化合、分解、置换、复分解四种基本类型；根据反应是否有电子发生转移，可将化学反应分为氧化还原反应和非氧化还原反应；根据反应中是否有离子参加，可将化学反应分为离子反应和非离子反应等。

学生学习这部分内容，要逐步建立起以下化学观念：

(1) 化学变化是有新物质生成的变化，其本质是原子的重新组合。

(2) 化学变化的形式多种多样，依据不同的标准化学变化有不同的分类。

(3) 化学变化遵循质量守恒定律。

(4) 物质在一定条件下能发生化学变化，许多化学反应都能够自发进行。

（四）化学反应中的能量（能量）

自然界所发生的一切运动都伴随着能量的变化。在化学反应中，物质发生变化的同时，体系的能量也发生着变化。化学反应一般是以热、光、功的形式跟外界环境进行能量交换的，有的反应发光发热，有的反应只有在光照或受热条件下才能发生，还有火药爆炸产生膨胀功等。在一般化学反应中最常涉及的是热量变化，因而化学反应有吸热反应和放热反应之分。化学变化的本质归根到底是反应物原有化学键的断裂和生成物新化学键的形成。破坏化学键时，需要一定的能量来克服原子间的相互作用；形成新化学键时，由于原子间的相互作用而放出能量。化学反应的反应热就来源于旧化学键的破坏和新化学键的形成所发生的能量变化。化学反应以化学能的形式为人们提供能源，煤、石油和天然气等化石燃料燃烧产生的能量是当今世界上最重要的能源。化学体系可以是一种储能体系，如蓄电池、炸药、火箭推进剂等，通过控制温度、浓度、催化剂等条件，可有效调节和控制能量的储存和释放过程。通过电解池和原电池，可实现化学能与电能之间的相互转化。

学生学习这部分内容，要逐步建立起以下化学观念：

(1) 一切化学反应都伴随有能量变化。化学反应所释放出的能量是当今世界上最重要的能源。

(2) 伴随化学反应的能量变化有不同的形式，能量能从一种形式转化为另一种形式，如化学能与热能、化学能与电能之间的转化。

(3) 能量与人们的生活生产息息相关。要节约能源，保护环境。

(五) 化学变化的快慢与限度（稳定性）

世界上的一切事物都在变化之中，又都具有相对的稳定性。稳定与不稳定是自然界一切事物所固有的性质，一切事物都是稳定与不稳定的辩证统一。物质自发地发生化学变化的方向，总是由相对不稳定的状态变为相对稳定的状态，最终达到一种均衡的稳定状态或是一种平衡状态。变化与稳定是互相对立的，化学变化需要在一定的条件下进行。物质能不能发生化学变化以及变化的快慢，首先决定于物质的性质。此外，化学变化的快慢还受变化进行时所处的条件如温度、浓度、压强和催化剂等的影响。

一个系统要保持自身的平衡稳定，首先是系统自身各要素之间、系统和它所处的环境之间通过相互关系而形成限制和约束。在一定条件下，可逆反应进行到一定的限度可达到化学平衡。化学平衡可分为溶解平衡、电离平衡、水解平衡等。平衡是系统结构稳定的前提。稳定性绝不意味着固定性和不变性，稳定系统并不是不变化的系统，只要变化本身保持不变，系统就是稳定的。化学平衡是动态平衡。当浓度、温度等条件改变时，化学平衡即被破坏，并将在新的条件下建立新的平衡状态。

学生学习这部分内容，要逐步建立起以下化学观念：

(1) 化学变化需要在一定的条件下进行。物质能不能发生化学变化以及变化的快慢，决定于物质的性质和外界条件。

(2) 在一定条件下，可逆反应会达到化学平衡。化学平衡是动态平衡。当浓度、温度等条件改变时，化学平衡即被破坏，并将在新的条件下建立新的平衡状态。

(3) 在化学研究和化工生产中，只考虑化学反应速率是不够的，还需要考虑化学反应所能达到的最大限度。

（六）化学进化（演化）

地球上或宇宙间的物质，是通过多种多样的化学变化从简单到复杂、从低级到高级逐步演化而成的。化学运动是物质运动的一种特殊形式，是从非生命运动形式向生命运动形式转变的中介和桥梁。化学进化包括元素的起源和演化、分子的进化等。

学生学习这部分内容，要逐步建立起以下化学观念：

(1) 物质既不会凭空产生，也不会消失，但可在一定条件下发生转化。

(2) 化学变化与生命运动息息相关，既是生命的基础，又可危害生命。

(3) 化学与社会应可持续发展。

三、科学主题统整下的化学观念与课程内容

在科学教育中，科学主题和科学观念是选取和组织课程内容的两个制约要素。科学主题是选择内容的主要依据和组织课程的重要线索，科学观念则是从学习内容中提炼出的重要科学思想和观点。科学观念展开的知识内容，基本上就是学生学习的内容。因此，可以简单地说，科学主题是科学内容的“脉络”，科学观念则是科学内容的“浓缩和提炼”。

六个科学主题可以有多种组合，不同的科学主题可以从不同的角度描述同一个系统，也可以用于描述同一个系统中的不同部分。例如，“尺度与结构”与“系统与相互作用”这两个科学主题就是紧密联系的，因为对系统的研究与尺度有关，系统的尺度范围不同，系统内部的不同性质或关系就会发生变化，因此在考察系统的结构、功能及相互作用时，首先要明确是在哪种尺度上进行考察。当“系统与相互作用”主题与“能量”主题交叉时，就涉及作用的原因与本质，对问题的分析和认识就会深入一步。若“系统与相互作用”主题与“稳定性”主题交叉，可以对不能直接测量的体系的“稳定性”性质进行解释或预言。

初三学生的认知心理特点倾向于直接的形象思维，习惯于从整体上观察认识事物，课程内容可以阐述具体的事物为主。与“身边的化学物质”、“物质构成的奥秘”、“物质的化学变化”、“化学与社会发展”内容主题相对应，初中化学新课程中的科学主题主要集中在“尺度与结构”、“变化的形式”、“系统与相互作用”和“能量”四个方面。科学主题、化学观念、课程标准中的内容主题和人教版初

三化学新教材中的知识内容载体之间存在着对应关系（见表1—6），当然这种关系又互相交叉。

表1—6　　科学主题统整下的化学观念与课程内容

科学主题	化学观念	课程标准中的内容主题	人教版初三化学新教材中的知识内容载体示例
尺度与结构、系统与相互作用	化学研究的物质层次、化学中的相互作用	身边的化学物质、物质构成的奥秘、化学与社会发展	我们周围的空气、自然界中的水、碳和碳的氧化物、燃料及其利用、金属和金属矿物、溶液 酸与碱，盐和化肥，化学与生活，分子、离子、原子的构成 化学元素（元素符号） 物质的组成与构成、物质的分类
变化的形式	化学变化的形式	物质的化学变化	物理变化和化学变化 化学反应的基本特征与类型 化学反应方程式 质量守恒定律
能量	化学反应中的能量	物质的化学变化、化学与社会发展	燃料及其利用

"物质"、"结构"、"反应"反映了化学学科内容本体的核心内容。在初中化学新课程的四个内容主题中，"身边的化学物质"、"物质的化学变化 "选取了学生日常生活中接触的、有代表性的物质和物质变化的内容，引导学生对周围的物质及其变化现象进行科学观察和分析，是学生学习化学知识的基础。这两个内容主题之间贯穿着"系统与相互作用"和"变化的形式"两个科学主题的思想。"物质构成的奥秘"内容主题在观察和认识常见物质及其变化现象的基础上，向学生介绍分子、原子、元素、化学符号、化学方程式等基础知识。这部分内容有助于引导学生从宏观向微观、从表面到内部去初步认识化学研究的物质对象、物质的组成与构成、物质化学变化的类型及用基本的化学语言和符号描述物质及其变化等，其中贯穿着"尺度与结构"科学主题的思想。总体上看，前两个内容主题是学生观察认识的实体和基础，后两个内容主题是在前两个内容主题基础上向物质内部、现象本质的推进和深入，这样能循序渐进地引导学生学会从化学的角度认识我们周围的物质世界。

学生化学观念的形成以基础的知识与技能为载体，是经过长期积累和思考逐渐形成的。低年级的学生在观察化学现象、学习简单的化学事实的基础上形成一些低层次的观念，高年级的学生对化学事实的认识更加深刻，能抓住事物的本质特征，从而可形成较高层次的观念。在这样的循环学习过程中，学生对客观世界的认识越来越丰富，同时逐步建立起对自然和科学的稳定兴趣、观点和态度，最终上升为科学观念。传统的教学注重具体的事实性知识和概念的教学，容易使学生得到一些支离破碎的、孤立的知识概念。化学教学要使学生牢固地、准确地形成化学的基本观念，一方面可以借助反映自然界本质和联系的科学主题为组织内容的内在线索，选取合适的、能有效形成化学观念的化学具体知识和核心概念；另一方面，要以科学主题的视角将学习活动与学生的思维过程联系起来，注重培养学生的思维方法，引导学生了解同类事物之间的联系、领悟共同规律、结合具体事例和实际现象加深对化学核心概念的理解，不断提高学生头脑中知识的系统性和概括性水平，从而促进学生形成化学的主要观念。

使学生形成基本的化学观念是中学化学的一个重要教学目标。在化学教学中，以科学主题为组织内容的内在线索，选取合适的、能有效形成化学观念的化学具体知识和核心概念，将学习活动与学生的思维过程联系起来，注重培养学生的思维方法，使其加深对化学核心概念的理解，促进学生形成化学的主要观念。

思考与活动

1. 谈谈你对科学主题和化学观念的认识。
2. 在初中化学教学中，如何引导学生建构化学观念？

参考文献

[1] 李晶，何彩霞. 化学新课程与学科素质培养. 北京：中国纺织出版社，2002

[2] 徐光宪. 物质结构的层次与尺度. 科技导报，2002（1）

[3] 何彩霞. 对科学主题科学观念的认识. 北京教育学院学报，2001（3）

第二编

化学教学任务分析与教学设计

第一讲
化学单元教学设计

北京教育学院 何彩霞

本讲将阐述单元教学是落实化学新课程三维目标的基本教学过程，同时对教学单元的含义、教学单元的选择与建构、化学单元教学设计及其意义进行探讨。

一、为什么要进行单元教学设计

新一轮的基础教育课程改革以学生的发展为本，关注每一个学生的发展。如何将新课程的理念、目标付诸实施，就成为新课程改革与教学研究的核心问题。

问题1：三维目标怎么在一节课内实现？

化学新课程提出的知识与技能、过程与方法、情感态度与价值观三维课程目标，是一个相互联系、相互渗透的整体，是学生在学习活动中实现科学素养提升的多个侧面。从一般意义上说，教师的每一堂课都应当体现知识与技能、过程与方法、情感态度与价值观三维目标，因为这些目标是难以分割地融合于一体的。但是，就一堂具体的课堂教学而言，又有一个更需要突出什么目标的问题。有的课程内容宜通过“亲历过程”获得方法的启示，就可以突出“过程与方法”目标；有的课程内容蕴涵丰富的思想道德因素，就可以着重进行“情感态度与价值观”的教育。那种将三维目标不加分析机械地套用在每一堂课上的做法，并不是很妥当的。笔者认为，在实际教学中，要全面关注三维目标并将它们整合于统一的教学过程之中；落实三维目标的基本单位不应当是一节课，而应该是一个单元。

问题2：如何保证三维目标的有效落实？

化学课程标准是以结果性学习目标和体验性学习目标的形式来陈述课程目标的。结果性学习目标主要用于对知识与技能目标领域的描述，侧重于学习活动的结果；体验性学习目标主要用于反映过程与方法、情感态度与价值观等目标领域的要求，侧重于学习活动的过程。结果性学习目标和体验性学习目标两者之间存在着紧密的逻辑联系，即结果性学习目标是通过体验性学习目标来实现的，体验性学习目标随着结果性学习目标的达成可以向着深度和广度不断延伸、拓展，这就使认识的过程与认识的结果在化学课程教学过程中得到了统一。

从教学实践层面看，任何教学目标的达成都要经过一个“时段”，但不同类别目标达成的“时段”并不一样。一般来说，知识与技能目标往往可以在相对较短的时间内实现；过程与方法目标需要较长时间的体验、积累而习得；情感态度与价值观目标则可能需要经过更长时间的熏陶和渗透等潜移默化的过程才能达到。因此，笔者认为，只有进行单元教学，才能够保证三维目标的实现。

二、如何理解和建构“单元”

（一）如何看待新教材中的“单元”

与以往化学教材采取章—节编排结构不同，人教版初三化学新教材采用单元—课题式编排结构，上下两册共编入了 12 个单元。这些单元是：走进化学世界，我们周围的空气，自然界的水，物质构成的奥秘，化学方程式，碳和碳的氧化物，燃料及其利用，金属和金属材料，溶液，酸和碱，盐和化肥，化学与生活。其中每个单元都由几个相关课题组成。这些单元都有一个共同点，即以某一方面的知识内容或专题为主，也就是说组成单元的每个课题之间都有共同的、相互联系的内容，这就体现了单元构成的目的性与整体性。

由于不同单元所突出的知识内容有着明显的不同，教师一般认为这样的单元与旧教材中的“章”没有太大的差别，只是在新教材的单元中增加了一些联系生活实际的内容。

但到底有没有差别？从化学课程标准来看，有关“碳和碳的氧化物”的内容（见表 2—1）不仅为学生学习化学概念、形成化学的基本观念提供了感性基础，也为学生了解化学与生活、化学与社会发展之间的密切关系提供了丰富的素材，关于碳和碳的氧化物的组成、性质、用途方面的内容，也为学生进行实验探究提供了课题。课程标准这样的处理，突破了传统的物质中心模式，不再追求从结构、性质、存在、制法、用途等方面全面系统地学习和研究有关的物质，而是从学生已有的生活经验出发，引导学生学习身边的常见物质，将物质性质的学习融入有关的生活现象和社会问题的分析解决活动中。

表 2—1　　课程标准中与“碳和碳的氧化物”相关的内容

内容标准		与“碳和碳的氧化物”有关的内容
一级主题	二级主题	
科学探究	增进对科学探究的理解	初步了解和体验科学探究的价值、过程和方法
	初步形成科学探究的能力	
	学习基本的化学实验技能	二氧化碳的制取原理、装置和方法
身边的化学物质	地球周围的空气	二氧化碳的主要性质和用途
	生活中常见的化合物	碳酸、碳酸钙
物质构成的奥秘	化学物质的多样性	同一种元素可以组成不同单质，如金刚石、石墨、C_{60}等 相同两种元素可以组成不同化合物，如一氧化碳、二氧化碳
物质的化学变化	认识几种化学反应	化合、分解、还原
化学与社会发展	化学物质与健康	一氧化碳有损健康

因此，关于“碳和碳的氧化物”单元，就不能仅从元素知识的角度来看待这部分内容，不能把学习重心放在物质结构、性质、存在、制法、用途等知识的记忆上，而要在学习这些知识的同时，让学生获得探究物质及其变化的亲身体验，享受到探究物质的乐趣，初步了解研究物质组成、性质和变化的方法，初步形成对化学学科的核心概念和思想方法的认识。

从这个角度来看，化学新教材中的“单元”就不仅仅是知识与技能单元，也是过程与方法单元，同时也是情感态度与价值观单元。

（二）从三维目标的实现的角度理解“单元”

“单元”不是一个新的概念。从课程理论得知，单元是教材或教学的基本单位。教材中的单元是很清楚的，单元不是现成的吗？为什么还要设计单元？目前教师们较多地将单元理解为“教材单元”。在新课程实施中，需要从三维目标的实现的角度赋予“单元”新的内涵：

● 单元是一个相对完整的教学过程，是实现教学目标的基本单位，也是学生发展知识、思维方法和情感态度与价值观的基本单位。

● 单元是一个教学系统，由若干节具有内在联系的课所组成。这些具有内在联系的若干节课相互间形成一个有机的教学过程，其知识、方法、态度等内容也集合成了一个统一的板块。

● 单元是衡量教师教学和教材驾驭能力的基本单位，是教学设计的基本单位，也是教师专业知识结构诊断、形成和发展的基本单位。

● 一个教学单元应该有多大，并没有严格的规定，要根据目标、内容、学生发展的需要等方面来确定。

（三）教学单元的建构

应该说，教材作为构成教学系统的最基本的要素，是教师教和学生学不可缺少的重要载体。但在课程改革中，最现实的问题之一是如何实现三维目标。因此，在实际教学中，教师就不能照本宣科地“教教材”，必须从三维目标的实现的根本立场上去认识和建构教学单元。也就是说，教师必须从教材中的单元里走出来，将其转化、重组或重新建构成适宜学生科学素养提升的教学单元，“用教材”去教。

教学单元的构建，涉及确立教学目标、界定学习者的需要，以及选择和组织内容等要项。教师在构建教学单元时，一方面依赖于教师对教材的选择和使用，另一方面取决于实际教学的需要。因此，教学单元的构建需要注意以下几个方面：

1. 根据课程标准和教材内容构建教学单元

化学课程标准及其实验教科书是确定教学单元的重要依据。依据课程标准和教科书，在深入分析并准确把握教材内容及其呈现方式所体现的课程目标和教育理念，钻研并开发教材中蕴涵的丰富教育资源的基础上，确立教学单元，使之成为学生学会学习和形成正确价值观的基本单位过程。例如，“碳和碳的氧化物”是初中阶段唯一较为全面研究元素及化合物知识的单元，如何根据这部分知识内容的特点，指导学生建立有序的知识结构，这无疑是极为重要的。因此，可以根据这个教材单元进行单元教学设计，将单元知识内容按其内在联系和规律性进行梳理和提炼，引导学生将零散的知识整体化、条理化，形成知识结构，以此提高学生对本单元知识的理解力。

2. 对教材内容进行重组来构建教学单元

依据知识内容的相互联系或学习规律，将教材中的某些内容，按照一定的目的，从不同角度或不同层面进行调整、重组来构建教学单元，使繁杂的内容简单化、条理化，更符合学生的认知规律和心理发展规律。如在人教版初三化学新教材中，有很多的化学实验是同气压变化相联系的，明确和把握初中化学教材中“化学实验与气压变化”知识内容的前后关系，对于有序引导学生深入学习是有帮助的。因此，可以确立“化学实验与气压变化”单元进行整体设计教学。

3. 根据学生认知特点和实际来构建教学单元

教师构建教学单元，必须依据学生的实际情况，一切从学生的发展需要出发，这样有利于引导学生利用已有的知识和经验，主动探索知识的发生和发展，同时也有利于教师创造性地进行教学，做到用教材教而不是教教材。如初三学生初学化学用语时，常会感到困难，为此，可以采取“循序渐进，化整为零”的单元教学策略，即从学生学习化学、接触物质开始，就把元素符号、化学式当做代表某种物质的普通符号陆续呈现给学生，让学生多见多写，通过反复呈现，引领学生从形式上先对化学式有一个最初步的熟悉和了解，为后面正式学习化学式打下基础。

4. 根据当地的教学资源来构建教学单元

在实际教学中，教师要认真分析并明确教材内容所要实现的课程目标，在此基础上紧密联系当地的社会实践和学生的生活经验，选择具体的教学内容构建教学单元，从而保证三维教学目标的落实，如“北京水资源情况的调查”的探究活动单元。

教学单元的构建是为实现教学目标服务的，确立什么教学单元是受教学目标制约的。教学单元的内容与组织，会直接影响学生对教学信息的接受、处理和转化的质量。面对思想、感情、智力水平各不相同的学生，教师必须根据学生的实际情况和本地的实际，对学生已有的经验、学生在社会生活中可能接触到的以及化学教材中给出的所有课程资源进行开发、选择，合理构建教学单元，从而保证教学目标的实现。

三、化学单元教学设计的主要内容

单元教学以一个“单元”为相对独立的教学内容单位，强调从单元整体出发设计教学，突出内容和过程的联系性与整体性。“单元”和“单元教学”的基本思想最终都要通过单元教学设计的过程和步骤加以实施。

化学单元教学设计的一般流程可以分为分析、设计、实施、反思与再设计几个环节，其主要内容如表 2—2 所示。

表 2—2　　化学单元教学设计的主要内容

步骤	环节	主要内容
分析	教材分析与课标分析	1. 知识类型、水平与知识结构的分析 2. 知识的教学价值分析（这是教学活动设计的重要依据，直接反映教师把知识作为目的还是作为手段的价值取向）
	学生分析	1. 学生已有认识基础的调研 2. 学生学习本单元可能出现的问题或困难的探查 3. 学生认识发展可能性分析

续前表

步骤	环节	主要内容
设计	单元教学目标设计	1. 在前期分析的基础上整体制定单元教学目标时要考虑： (1) 学科角度：理解学科的概念原理，把握知识的前后联系，识别核心的学科思想与学科的脉络，形成结构化的知识。 (2) 方法角度：进行超越事实的抽象思维，有序进行学科思维和技能方法的学习。 (3) 情感角度：要始终考虑“激发和保持对化学的兴趣和热情”。 2. 将单元教学目标合理分解到单元课时中
	单元学习活动设计	1. 整体设计结构化的单元学习活动要考虑： (1) 以核心概念、原理或方法的建构为目的和方向，从学生思维发展和方法的学习角度考虑学习活动的设计。 (2) 考虑如何通过设计情景、素材或活动把核心概念或方法转化为学生容易理解和接受的内容。应注意怎样逐渐展开概念的学习、技能的学习、微观的建立等不同类别的知识。 (3) 把学生的困惑和问题转化成“脚手架”式的问题串，以一系列问题推动教学的展开。 (4) 通过活动使学生体验相关的概念原理和科学方法。 2. 确定单元课时中的关键活动
	单元学习评价设计	注重多样化的作业或练习的设计 从课时到单元：难易梯度、思维和方法训练
实施	单元教学实践	进行教学实践，可结合具体情况进行过程中的动态调整
反思与再设计	单元教学反思与再设计	1. 通过单元教学之中和之后的学生调研来进行反思 2. 从自身的角度反思 3. 进行单元教学设计的调整或再设计

进行单元教学设计必须注意以下几个关键问题：

第一，学生调研是进行单元教学不可缺少的环节，是有效落实三维目标的基本前提。从单元教学的角度看，学生调研贯穿于单元教学的始终。学生调研是制定单元教学目标、设计教学过程、进行教学评价的重要依据之一，也是诊断学生学习情况、进行单元教学反思与再设计的重要方式之一。将学生调研贯穿于单元教学的始终，可以有效落实“关注每一个学生发展”的教育理念。

第二，单元是实现教学目标的载体和过程，教学目标是单元教学设计的灵魂。在新课程实施中，需要把握多维目标的内涵，理清三维目标之间的关系，要全面关注三维目标并将它们整合于统一的单元教学过程中。

第三，在一个单元教学中应该整体设计结构化的学习活动，这是体现单元整体教学的关键所在。所谓单元结构化的学习活动，可以从以下几个方面来理解：

● 不同类型、水平的知识需要不同的学习方式和活动。

● 活动必须是有效的，内容选择从学生实际出发，活动内容真正触及学生认识中待发展的问题，活动过程和学生的认识真正发生作用。

● 活动与活动之间有明确的内在线索，即用知识结构统领教学过程，根据学生的困惑来建构学生的认知结构。

● 活动与活动之间是相互关联和影响的。从一个活动到下一个活动，学生认知和情感发展脉络是连续的，并且是上升爬坡、不断递进的过程。

单元结构化学习活动设计的关键是，需要思考如何将单元的知识逻辑结构与学生的认知结构和谐地结合起来，即用知识结构统领教学过程，根据学生的困惑来建构学生的认知结构。

四、化学单元教学案例分析

单元教学是由教师基于对课标、教学内容的理解和学生发展需要的分析来确定的。“学生发展需要”可以认为是学生在已有的经验、知识、思维、情感态度与价值观的基础上的“最近发展”。

化学新课程以提高学生的科学素养为主旨，重视学生在学习化学基础知识的基础上，体验化学学习的过程，培养科学思维和方法，形成基本的化学观念，树立正确的价值观。因此，化学单元教学不仅要重视知识的学习，更要深入分析和挖掘知识的认识价值和情意价值，要分析教材内容背后所蕴涵的思想、观点和方法。

（一）“物质构成的奥秘”单元

北京市丰台区王兴芳等老师在2008年北京市初中化学“春风化雨”培训中，围绕“物质构成的奥秘”单元进行了如下研究：

1. 单元内容分析

人教版初三化学新教材第四单元“物质构成的奥秘”分为原子的构成、元素、离子、化学式与化合价四个课题，涉及原子结构模型、相对原子质量、元素、元素符号、核外电子排布观念、离子、化学式、化合价、相对分子质量及其有关的计算等知识内容。本单元的学习，要使学生进一步建立物质是由微粒构成的、一切物质都是由最基本的元素组成的以及化学变化过程中元素不变的观念；从量的角度认识物质的组成，从而体会物质的多样性和统一性；学习化学特有的语言——化学用语（元素符号、化学式），建立“宏观—微观—符号”的化学思维方式；同时，进一步体会建立模型研究微观粒子的科学方法。本单元知识内容抽象，远离学生的生活经验，是学生学习的难点。

2. 单元教学策略

(1) 做好前续单元的教学，为本单元的学习做好铺垫。

从五彩缤纷的宏观世界步入充满神奇色彩的微观世界，由于对微观世界的想象比较贫乏，感性认识不足，学生一时难以接受、理解看不见又摸不着的微观粒子以及抽象的化学概念。根据奥苏伯尔的有关建立"先行组织者"的理论，在呈现学习材料之前，应呈现一个抽象概括水平较高、能将新旧知识联系起来的引导性材料，为学习新观念提供一个"观念固定点"，使新知识顺利地纳入已有的认知结构中去，有效地促进教学。因此，在进入第四单元学习之前，教师应帮助学生在头脑中初步建立物质、元素、分子、原子、离子之间的关系，通过水的化学式、水的宏观组成和微观构成帮助学生初步体会宏观—微观—符号三重表征思维方式，为第四单元新知识的学习提供一个"观念固定点"。

(2) 发挥模型、实验、类比、图表等在微观概念学习中的作用。

本单元抽象概念较多，教师需选择适当的教学手段，如实物模型、图表、电化教学、多媒体课件、影视录像等，加强直观教学，把抽象概念具体化、形象化，以丰富感性认识，从而推进抽象思维的发展。如若将原子的构成及相关内容告诉学生，学生只是进行机械的记忆，若教学中注重学习原子结构发现的过程，体验模型、假设、实验验证等科学探究的一般方法，利用图片、录像、表格数据，注重学生的观察、分析和思维，可增强学生对原子结构的感性认识。又如元素概念的教学，可用学生熟悉的英文字母类比元素，26 个英文字母可以组合为无数个英文单词，26 个英文字母就是英文的基本元素，在类比中深化对元素概念的理解。

(3) 以典型的物质为载体学习微观概念与化学符号。

对微观概念与符号的学习应以学生熟悉的、典型的物质为载体，一方面让学生在熟悉的知识内容基础上学习新知识，有利于学生把握新旧知识之间的联系，做好旧知识向新知识学习的转化；另一方面，引导学生从多个角度认识同一物质，加深学生对化学知识的理解，培养学生多角度看问题的思维习惯。如第三单元的学习，是以水为载体，介绍了水的组成、结构，以水的蒸发、电解为例，介绍化学变化和物理变化。在本单元教学中，可以水为例讲解化学式的含义和根据化学式进行计算。有关离子和离子符号的教学，可以典型的物质——熔融的食盐的导电原因为载体，展开探究。

(4) 围绕重点设计活动，不断完善对"物质构成的奥秘"的认识。

从单元整体的角度出发，围绕单元重点知识设计活动，使学生在参与活动的过程中学习科学方法，激发学生学习化学的兴趣，不断完善学生对"物质构成的奥秘”的认识。如原子的构成部分，可设计以下活动：采用体验原子结构发现过程的方法，展示不同时期科学家所做的实验及其现象，让学生分析不同阶段的原子模型的特点；利用录像、图片等材料，引导学生对科学家所做的实验及其现象进行分析，指出其不足之处，并提出自己的假设。引导学生对几种原子的构成的数据进行观察、分析、推理，使学生意识到原子由原子核和核外电子构成，原子核由质子和中子构成。而对于离子的教学，首先，可通过熔融食盐（氯化钠）的导电实验，提出问题：为什么熔融食盐（氯化钠）能导电？以激发学生的学习兴趣，引入新课。然后，从学生已有的知识和生活经验入手，分析物质导电和原子不导电的原因，并作出猜想：熔融食盐（氯化钠）中可能存在着某些带电的微粒；原子核外的电子可能会得失，以使原子带上电。其次，可通过展示原子结构图片，根据原子核外电子排布规律，分析元素的化学性质与元素最外层电子数的关系。利用钠在氯气中燃烧的实验视频和动画、图示，简明呈现钠原子和氯原子发生电子转移形成氯化钠的过程，帮助学生实现由形象思维到抽象思维的认识过渡，在新知识学习的基础上验证猜想。最后，可通过动画展示熔融食盐（氯化钠）的导电过程，升华学生的探究欲，使学生充分认识离子是构成物质的一种微粒，从而解决问题。

（5）在把握“宏观—微观—符号”的相互联系中学习科学思维方法。

本单元的核心目标之一是宏观—微观—符号的三重表征思维方式的建立。在离子的教学中，给学生提供宏观现象——熔融食盐（氯化钠）导电和钠在氯气中燃烧的实验视频，引导学生进行微观分析；在元素的教学中，通过展示微观分子图片，使学生意识到元素和原子的关系，从而体会和把握宏观与微观的联系；在化学式的教学中，以水为例，介绍化学式的宏观和微观含义，以此在把握“宏观—微观—符号”的相互联系中学习科学思维方法。

（6）在对实际问题的分析中加深对“宏观—微观—符号”相互联系的认识。

学习物质组成的目的是要解决实际问题。如何根据化学式进行计算？由符号（化学式）的含义可知化学式既体现宏观含义，又体现微观含义；质子数相同的一类原子的总称为元素，物质中某元素的质量即为其对应的原子质量之和。根据分析、推导，使学生认识到根据化学式可以计算物质的相对分子质量、化合物中各元素质量比及化合物中某一元素的质量分数，在分析实际问题的过程中进一步加深对“宏观—微观—符号”相互联系的认识。

（二）“碳和碳的氧化物”单元

人教版初三化学新教材第六单元“碳和碳的氧化物”，是初中阶段唯一较为全面研究元素及化合物知识的一个单元，涉及的知识内容较广，化学反应方程式繁多，物质之间的联系较为复杂。学生普遍感到这部分知识繁、杂、乱，好学、易懂、难记。为此，从单元整体的角度进行教学设计，引导学生从单一物质的学习向一类物质的学习迈进，把握物质之间的联系，将知识结构化，以此提高学生对本单元知识的理解力。

1.“碳和碳的氧合物”单元的教学价值

（1）丰富对物质多样性的认识。

本单元涉及由碳元素组成的一系列物质，如碳的多种单质、氧化物及碳酸、碳酸钙等，一方面是物质的组成与结构、物质多样性的具体体现，另一方面，碳的多种单质、一氧化碳与二氧化碳等内容，反映了同一种元素可以组成不同的单质、相同两种元素可以组成不同化合物的化学观念，有利于学生加深对物质的组成与结构、物质的多样性的认识。

（2）初步形成结构决定性质的化学学科思想。

由碳的几种单质的性质与用途的比较、一氧化碳与二氧化碳性质的比较，初步建立物质的组成与结构特点决定物质的性质，物质的性质是结构特点的反映；物质的性质影响用途，物质的用途反映出物质的一定性质等化学学科思想。

（3）加深对实验室制取气体有关知识的理解。

初步学习运用简单的装置和方法制取某些气体，是初中化学学习的基本实验技能。二氧化碳制取的探究，是在氧气制取的基础上的拓展和加深。

（4）学习“对比”科学方法。

本单元教材内容的编排思路，蕴涵着“对比”这一科学方法的学习。如碳跟氧气的反应，若实验条件不同，反应产物也不同。通过对照、比较，可以找出不同物质性质的共同点和不同点。寻找共性可以建立物质之间的必然联系；而发现特性是为了发现不同物质之间的区别，从而理解物质的鉴别方法以及不同物质在一定条件下相互转化的原理。

（5）认识化学知识与社会生活实际以及工农业生产的联系。

碳元素与人类关系密切。金刚石、石墨、一氧化碳、二氧化碳、碳酸钙是生活中常见的物质；一氧化碳有损健康，二氧化碳对环境有影响。木炭和一氧化碳的还原性在实际生产中可用于冶金工业，与后续学习内容“第八单元—金属和金属材料”有联系。通过这些内容的教学，可以有意识地引导学生从多个角度对有关的问题作出价值判断。

（6）进一步体会元素化合物知识的学习方法。

“碳和碳的氧化物”，是初中阶段唯一较为全面研究元素与化合物知识的单元。在这之前，学生通过氧气相关知识的学习，对化学上研究某一具体物质的一般思路已有了初步的了解和认识，本单元的重点是引领学生从单一物质的学习向一类物质的学习迈进，学会把握物质之间的联系，找寻物质之间的转化规律，初步建立物质的转化观，最终使学生对元素化合物知识的学习方法有一个更加清楚的认识，并逐步形成物质的结构决定性质、性质决定用途、用途体现性质等化学学科思想。

2. 确立凸显物质联系的单元教学思路

本单元主要研究碳单质及其化合物的有关性质和用途，其内容的特点有“四多”：物质种类多、物质性质用途多、化学实验多、化学方程式多，并且各种物质的性质也有诸多相似或差异之处，彼此间的关系又较为复杂。但是本单元的知识内容并不是一盘散沙，而是有其内在联系的。

本单元知识内容的内在联系体现在哪里呢？第一，从组成上看，本单元研究的物质中都含有碳元素。如金刚石、石墨、C_{60}是由碳元素组成的不同单质；一氧化碳、二氧化碳是由相同两种元素组成的不同化合物等。这体现了这些含碳元素物质的统一性和联系性。第二，从性质上看，物质组成上的统一性（含有某种相同的元素）是这些物质能够相互转化的前提。例如单质碳、一氧化碳、二氧化碳之间，二氧化碳与碳酸、碳酸钙之间可以通过化学变化而实现相互转化，这种相互转化构成了这些物质间的必然联系。第三，对各种物质的性质用途的学习，是有规律可循的。例如金刚石、石墨和C_{60}，主要是碳原子排列方式不同造成物理性质及用途不同；一氧化碳、二氧化碳主要是分子结构不同造成化学性质及用途的差异。又如单质碳和一氧化碳可以通过化学变化转化成二氧化碳，并且变化形式相似，这说明单质碳和一氧化碳的性质有相似之处。单质碳和一氧化碳性质的相似性便是它们之间的联系性。还有，对二氧化碳制取的探究，不仅仅是氧气制取的延续，更是学生进一步学习实验室制取气体一般思路的拓展和加深。

针对本单元内容的特点和学生的实际进行教学设计时，需要将单元知识内容按其内在联系和规律性进行梳理和提炼，引导学生将零散的知识整体化、条理化，形成知识结构，以此提高学生对本单元知识的理解力。为此，笔者在教学中确立了凸显物质联系的单元教学思路，对教材内容进行了调整和重组，即按照课题1—课题3—课题2的顺序来组织教学。这样的安排主要考虑到，从课题1“碳的单质”到课题3“二氧化碳和一氧化碳”是一个整体，这两个课题的教学不仅要让学生初步认识到含碳物质间的紧密联系及彼此间的互相转化，形成明晰的知识网络，还承载着对学生进行化学物质观的教育与渗透。根据循序渐进的原则，在碳单质的学习中，通过金刚石、石墨的比较，使学生初步体验物质结构与其性质用途的密切关系，感受物质的统一性与多样性。在进行课题3“二氧化碳和一氧化碳”的教学时，主要是引导学生根据已有知识和生活经验猜测物质性质，然后自主进行探究学习，使他们通过自己的亲身体验进一步了解各类含碳物质间的紧密联系，不断完善自己的认知结构，形成正确的化学学科思想观念。在课题2“二氧化碳制取的研究”的教学中，注重引导学生在回顾实验室制取氧气的方法与研究思路的基础上，探究制取二氧化碳的方法，最终使学生掌握实验室制取气体的一般方法与思路。

3. 构建把握物质联系、将知识结构化的单元教学策略

“碳和碳的氧化物”单元的内容大多是事实性知识，在教材中多以描述性为主。为使枯燥的事实性知识的学习变得生动深刻，一方面，要以实验为基础，丰富学生的感性认识；另一方面，要注意结合学生已有的认识基础和生活经验，引导学生理清各种物质间的相互关系，从点到线，从线到面，形成知识网络，使学生掌握元素化合物知识的学习方法。

（1）探索丰富多彩的化学物质世界，感知物质性质与用途的密切关系。

在教学中，为使学生获得丰富的感性认识，首先，要以实验为基础。通过对实验现象的观察来了解、掌握物质的性质及物质间的相互反应，可以充分调动学生运用各种感官进行学习，从而获得鲜明、生动的印象，使抽象的结论与具体的形象相结合。其次，提供多样化的学习素材，将所学内容与学生的生活经验联系起来，在学生熟悉的具体物质（事实材料）及已具备的日常概念和体验的基础上，从具体物质的用途和性质开始教学。例如，金刚石、石墨的物理性质，可通过对一些生动感性材料如玻璃刀、电池中的碳棒等的观察，从用途推测而得出，再经过进一步讨论，初步形成物质用途取决于性质的思想。再次，要充分发挥学生的主动性，让他们以小组为单位，选择某一个专题，互相协作，共同研究，然后再互相交流，共同提高。这样的专题可包括“金刚石和石墨”、“奇妙的足球烯”、“碳纳米管”、“CO_2 与温室效应”、“CO_2 的妙用”、“CO的功与过”等。通过这样的合作学习与交流，不仅能使学生了解相关物质的重要用途，体会性质与用途的密切关系，同时也培养学生搜集处理信息的能力、自学能力、与人合作的能力及表达交流能力，并且开阔学生视野，丰富学生的知识面。

（2）采用对照、比较的科学方法，体会物质性质与变化的差异性。

“碳和碳的氧化物”单元涉及碳的单质、碳的氧化物等多种物质，如前所述，本单元教材内容的编排，蕴涵着“对比”这一科学方法的学习。因此，本单元的教学活动设计要突出对照、比较等方法的运用。例如金刚石与石墨、一氧化碳与二氧化碳、木炭的燃烧（条件不同，产物不同）等内容，可以让学生根据自己的学习体验总结有益识记的方法，如列表对比、绘关系图等，引导学生建构知识间的联系。又如，关于二氧化碳制取的探究，需联系前面已学过的氧气的实验室制法，通过对反应的原理、药品、装置、收集、验满方法的比较，加深对实验室制取气体的一般思路和方法的理解。如何充分运用好“比较”方法？笔者认为，必

须对教材进行深度分析，要从单元整体的角度创造性地使用教材。例如课题 3 “二氧化碳和一氧化碳”的教学，共分 2 课时。常规的教学思路是第 1 课时安排学习二氧化碳，第 2 课时安排学习一氧化碳。尽管有的老师在讲授完这两个物质的性质之后可能会让学生把两者进行对比，但这样的教学是按课时一个物质一个物质进行的，由于缺少了整体上的把握，结果造成不同物质各部分内容之间的相互隔离，容易导致学生获得的知识是局部的、孤立的和零散的。既然新教材把二氧化碳和一氧化碳这两个原本独立的两节课内容编排在一个课题，必然有一定的用意。笔者改变了以往的授课方式，以两者性质的对比为主线，第 1 课时以二氧化碳为主，先引导学生根据已有的知识经验回忆二氧化碳的性质，然后猜测一氧化碳有没有类似性质，再通过对比实验等手段对这些性质进行探究，让学生逐步体会两者性质的差异；第 2 课时以一氧化碳为主，让学生猜测一氧化碳的可能性质，再来验证二氧化碳有无类似性质，边探究边以表格的形式总结如下（见表 2—3）。

表 2—3　　**CO 与 CO_2 性质比较**

		CO_2	CO
物理性质（常态）	色态味	无色、无味、气体	无色、无味、气体
	密度	比空气大	比空气略小
	溶解性	能溶于水	难溶于水
化学性质		通常不可燃、不助燃	可燃
		与石灰水反应	—
		与水反应	—
		—	与 CuO 反应，有还原性
		—	有毒性

这样的对比与分析，不仅有利于学生掌握二氧化碳和一氧化碳的性质，分清两者的区别，还可以使学生深刻体会物质的组成决定物质化学性质的化学学科思想，并能加强学生对“对比实验”这一科学探究方法的理解与认识，提高科学素养。在课堂练习中有这样一道题：“如何鉴别 CO_2 和 CO?”学生的答案五花八门，几乎涵盖了 CO_2 和 CO 的所有相关性质。这充分说明了在元素化合物学习中运用比较的学习方法确实是有效的。

（3）打通物质间的联系，将知识结构化。

微观与宏观的联系是化学不同于其他科学最具特点的思维方式。对元素化合物知识的教学，需要在学生丰富的感性认识的基础上，根据学生的认知特点，引导学生对感性材料进行思维加工，形成一些基本的认识，如物质的结构决定物质的性质，物质的性质反映物质的结构；物质的性质决定物质的用途、制取、存在和保存，物质的用途反映物质的性质等。依据这种思路，可以理顺物质结构、性质、存在、制法、用途等知识之间的关系，这样可以把一些貌似孤立的内容联系起来，建立知识间的联系。但是这种知识间的联系，通常是以某一具体物质的化学性质为核心构建的。

在“碳和碳的氧化物”单元，学生学习的不是一种物质，而是含有碳元素的一系列物质。在实际教学中，教师按照上述的思路将碳和碳的氧化物知识传授给学生，而学生却没有形成良好的知识结构，其原因在于，教师平时教学是以某一种物质的化学性质为核心来展开的，就不同物质的相关知识来说，还缺乏一定的沟通和联系。因此，本单元学习的关键，就是要引导学生寻找、把握不同物质间的联系，形成结构化的知识网络。

那么，如何把握不同物质之间的联系呢？针对“碳和碳的氧化物”单元的内容特点，依据“物质（组成、结构）—变化（性质）—转化（制法）”的线索，突出“物质之间的相互转化关系”，即物质间的相互转化是通过化学变化实现的，这种转化关系就是反应规律。在教学过程中，要重在引导学生寻求各种物质之间的转化关系，逐步形成结构化的知识网络（见图 2—1），使不同物质之间的联系及转化关系更加清晰。

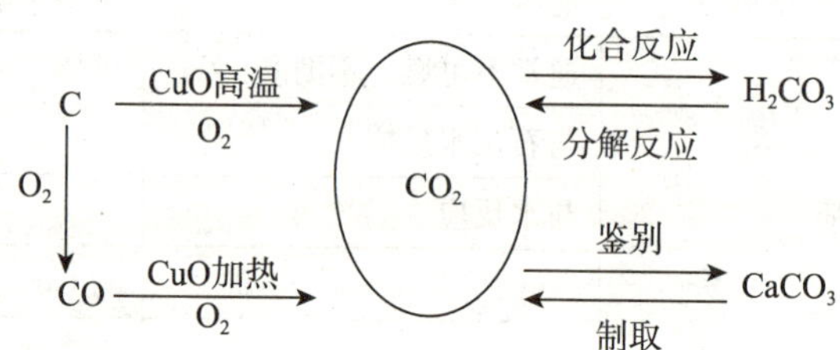

图 2—1　不同物质之间的联系与转化关系

物质之间的转化关系不仅体现了不同物质各自的化学性质，还为物质的制备提供了理论支持。另外，还可以运用这些物质间的转化关系，解决一些较复杂的化学问题，比如物质的推断等。如果建立不起这种联系，学生就只能死记字面意义，而无法形成真正的理解，也就无法形成知识结构。因此，寻找不同物质间的联系，使单元知识结构化，是学习元素及化合物知识的有效策略。

总之，“碳和碳的氧化物”单元教学，强调把握物质之间的联系，把学生学习的过程变成学生自主完善认知结构、构建知识网络的过程。学生建构知识结构的过程，实际上是学生通过思维去把握知识间的联系的过程，更是学生学习科学方法和发展科学思维的过程。具体地说，把握物质之间的转化关系是对本单元内容在认识上的升华，也是学生在从学习单一物质转向学习一类物质的学习方法上的提升。

五、化学单元教学设计的意义

（一）单元教学设计与课时教学设计的比较

单元教学的着眼点是“单元”。从教学内容看，单元教学以一个“单元”为相对独立的教学单位，强调从“单元”这个整体出发设计教学，突出内容和过程的联系性和整体性。从教学目标看，单元教学是一个相对完整的过程，在这个过程中，三维目标的有机融合和有效落实问题逐步得以实现。从教学方法看，单元教学不是对单元内各课题平均使用力量，而是依据学生的认知特点和某个单元的教学内容，设计合理的、有一定思维梯度的科学教学过程，注重教学的阶段性和层次性。

目前，教师们的教学设计大多拘泥于单课时内容的就课论课，一方面缺少了整体上的把握，另一方面对各种教学要素的选择和应用缺乏回旋余地。因此，“单元教学”跟传统的单课时教学的一个明显的区别在于，前者是系统教学，后者是先分散后总结式的教学。此外，还可以从多个方面来看单元教学设计与传统课时教学设计的区别（见表 2—4）。

表 2—4　　单元教学设计与传统的课时教学设计的比较

	单元教学设计	传统的课时教学设计
教学的基本单位	有机联系的内容组块	单一的一节课
教学设计的层面	介于课程与课时之间所展开的教学系统设计 属于教学设计的中观层面	针对某节课层面所进行的教学系统设计 属于教学设计的微观层面
教学目标设计	首先制定单元整体教学目标，然后将单元目标合理有效分解到单元课时中	根据一节课的教材内容制定课时教学目标
学习活动设计	依据单元目标设计单元结构化的学习活动	依据课时内容设计一节课的教学活动
教学目标的达成度	关注学生科学素养的提升 有利于三维目标的融合与落实	关注具体知识点的落实 不利于三维目标的融合与落实

系统的力量在于整体功能大于部分功能之和，单元就是由个别课时所组成的系统。单元教学要通过课时教学来实现，课时与课时之间的关系使得单元教学的效果大于个别课时教学效果的总和。单元教学与课时教学存在着如下联系：

（1）单元教学目标是通过课时目标群落实的。

由于学科内容的内在逻辑性，决定了学科整体的教学目标必然由具有内在逻辑联系的单元目标和课时目标群构成，这是教学目标间的纵向关系。也就是说，化学课程总体目标总是要细化为学段目标、单元目标或课堂目标后才能得以落实。

（2）只有在整体把握单元目标的基础上才能合理设计课时目标。

一节一节地备课、上课，容易导致教学目标的孤立和分割，所以制定具体课时的教学目标一定要从整体着眼，在明确学段目标、单元目标的基础上去把握设计课时目标，这样才能做到既有阶段性，又有连续性，并能注意前后衔接，照顾到各个课时之间的影响和递进性。从这个意义上说，单元教学中的课时教学与传统的单课时教学是有着明显区别的，前者是单元教学整体中的组成要素，课时与课时之间有着有机的联系，这种联系使得一个课时的结果，能够在先前课时结果的基础上产生。通过计划好的许多课时的共同作用，知识、技能和理解得以逐渐发展，从而产生出越来越复杂的结果。而传统的单课时则是一个相对孤立的教学单位。

（二）化学单元教学设计的意义

对化学教师而言，虽然单元教学设计比传统的课时教学设计更具有挑战性，但其优越性是特别明显的。通过单元教学，教师的教学设计视野从单课时的微观范畴转向更为宽阔的单元中观范畴，能够从单元整体上把握教学目标、内容和方法，有利于使宏观层面的课程目标落到实处，同时又能使单元内的课时教学变得更加富有弹性，有利于优化教学效果。

弄清楚了单元教学设计的含义，就可以从化学教学必须解决的核心问题，即教学目标、教学内容、教学方法三个方面，来理解单元教学设计的教育意义。

（1）单元教学目标的整体性和可测性，避免了传统课时教学的随意性与盲目性，有利于实现多维目标的融合，真正实现化学新课程提出的总目标。

（2）单元教学内容的相关性和层次性，避免了传统课时教学中知识点的孤立学习和机械练习，有利于化学教学过程与结构的优化，提高化学教学质量和效率。

（3）单元学习活动的结构化和教学方法的灵活性，着眼于学生科学素养的全面发展，有利于培养学生的实践能力和创新能力，促进学生科学素养的提升。

以上只是从单元教学目标、单元教学内容、单元教学方法三个方面说明了单元教学的意义，当然这并非全部。但这些意义足以说明：单元是实现三维目标的载体，单元教学设计是提高化学教学质量和效率的有效途径，值得我们深入地研究与实践下去。

单元是发展学生知识、思维方法和情感态度与价值观的基本单位。单元教学强调从单元整体出发设计教学，突出内容和过程的联系性和整体性。“单元”和“单元教学”的基本思想最终都要通过单元教学设计的过程和步骤加以实施。通过单元教学，教师的教学设计视野从单课时的微观范畴转向更为宽阔的单元中观范畴，能够从单元整体上把握教学目标、内容和方法，有利于使宏观层面的课程目标落到实处，同时又能使单元内的课时教学变得更加富有弹性，有利于优化教学效果。

1. 以人教版初三化学新教材中的“金属和金属材料”、“溶液”单元为例，分析其对学生发展的教学价值。

2. 选取某部分内容，尝试进行单元教学设计。

参考文献

[1] 何彩霞. 化学单元教学设计的探索. 化学教育，2008(3)

[2] 季苹. “学生调研”是教师教学基本功之基本. 基础教育参考，2005(4)

[3] 何彩霞. “碳和碳的氧化物”单元教学. 基础教育课程，2005(12)

第二讲
化学教学活动结构化设计

北京教育学院　何彩霞

课堂教学过程是教师指导学生进行学习的活动过程，一节课的教学过程是由多个相互关联的活动组成的。教学活动是师生双边活动，从学生的“学”这个侧面来说，它属于学习活动，主要是认知活动和情感活动，应当遵循人类学习过程的认知规律。从教师的“教”这个侧面来说，它属于教学活动，是一种影响学习活动的外部条件或“外因”。化学课堂教学活动的结构化设计，需要考虑如何将知识的逻辑结构与学生的认知结构和谐地结合起来，对各个活动的内容、活动的顺序等进行合理安排并进行整合，构成外显的结构化的活动系列。

课堂教学活动的结构化是促进教材的知识结构向学生的认知结构转化的中介和动力。

一、课堂教学过程设计的原则

教学过程设计就是根据教学目标和学生的特点，对教学中师生的活动过程、形式、涉及的教学媒体和方法等多种要素进行整体优化的安排，形成一定的教学活动过程。

（一）课堂教学的一般过程

一般说来，一堂课包含启动、展开和结尾三个部分，分为五个阶段，如图2—2所示。

组织教学 ⇒ 检查复习 ⇒ 学习新知识 ⇒ 巩固新知识 ⇒ 布置作业

图2—2　课堂教学的一般过程

（1）课堂教学启动部分，包括组织教学和检查复习两个环节。

（2）课堂教学展开部分，也是课堂教学的中心部分，主要包括学习新知识环节，学生进行实验操作（实验课）、练习（练习课）、复习（复习课）等也是这一环节的具体表现形式。

（3）课堂教学结尾部分，包括巩固新知识和布置作业两个环节。

也有学者认为，一般说来，化学学习活动过程可以划分为发动—定向、感知—预备、加工—形成、联系—巩固、应用—发展和检查—调控等阶段。当学习内容、学习情景不同时，各阶段的具体活动内容也有所不同。图 2—3 是活动建构教学模式的结构，它着眼于教师和学生的双向活动，教师的“教”是为学生的“学”创设必要的外部条件，帮助学生更加有效地学习。

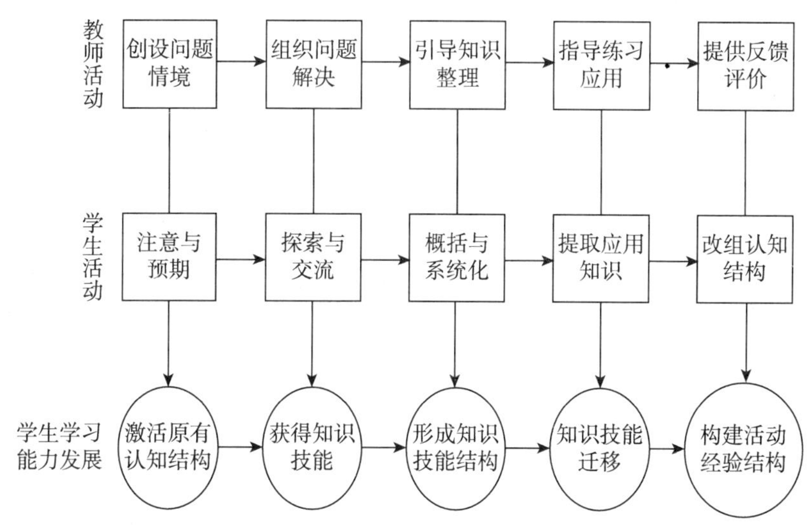

图 2—3　活动建构教学模式的结构

上述教学活动的一般过程具有一定的普遍意义，但在教学设计时应因地制宜地加以采用。

（二）课堂教学过程设计的原则

1. 体现新课程理念，以为了每一位学生的发展为根本

新一轮基础教育课程改革把“学生发展”作为基本的课程理念，在这种背景下，化学课堂教学结构的设计应体现这一理念，为每一位学生的发展创造合适的学习条件。

2. 以实现新课程三维目标为导向

化学新课程提出的知识与技能、过程与方法、情感态度与价值观三维课程目标，是一个相互联系、相互渗透的整体，是学生在学习活动中实现科学素养提升

的多个侧面。因此，有必要从三维目标的实现的根本立场上去进行化学课堂教学结构的设计，要根据教学目标设计相应的教学活动。

3. 遵循学习者的认知规律和学习心理

从教学的指向和最终目的来看，学生是学习和发展的主体，教必须促进学。因此，化学课堂教学结构设计一定要坚持“为学习设计教学”的基本理念，要根据学生的特点和认知规律设计教学活动过程。

4. 努力实现教学过程的最优化

化学教学过程的最优化，是运用系统论的方法、整体性的观点来研究教学过程，目的是有效地提高教学效率和教学质量。化学课堂教学结构设计不应恪守一种模式或一种程序，而应在反映教学活动规律的前提下采取多种方式或方法。具体说来，化学教学活动设计，应坚持以问题为纽带，以知识的再发现过程和学生思维发展过程为主线，以师生合作互动、多向信息传递、多种感官协调活动为基本方式，设计出具有驱动性、诱发性、易参与性、可生成性和多重价值的学习活动。

二、化学教学活动结构化设计的内容

一堂课的教学过程设计需要考虑三条线索，即教学内容线索、学生认知线索和教师的教学行为线索。这三条线索实际上就构成了教学活动结构化设计的三个维度。

化学教学活动的结构化设计，首先，要根据教学目标和教学内容的知识逻辑确定教学内容的安排顺序；其次，分析学生已有的知识经验与科学概念间的差异，确定教学过程中学生的认知线索；再次，把学生的困惑和问题转化成“脚手架”式的问题链，以一系列问题推动教学的展开；最后，结合学生已有的知识技能水平，以科学概念和方法的建构为目的和方向，从学生思维发展和方法的学习角度确定学生学习活动的方式。这一过程如图 2—4 所示。

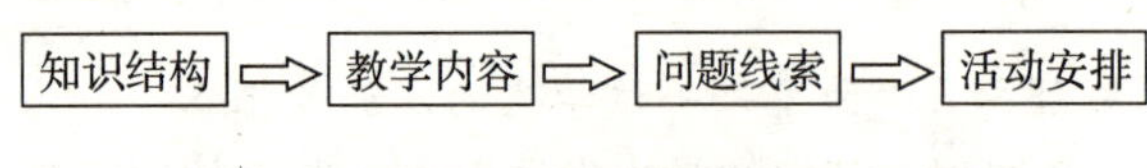

图 2—4　化学教学活动结构化设计过程

（一）提供清晰明确的知识结构

知识结构反映了各知识点之间的关系，客观上为我们的教学顺序安排提供了依据。清晰明确的知识结构，可以使知识之间的层级关系更为清楚，也能较容易地鉴别重难点内容，为确定教学策略、安排教学活动打下基础。

教师在呈示知识结构的过程中，要根据化学学科知识的特点，抓住知识的中心要领，构建知识网络。可以运用以下两种方式：一是抓知识的上下位关系，构建起按包摄性由大到小排列的层次化知识结构；二是抓住并列与相关的知识间的横向联系，进行横向整合。

案例 1　　**“离子”一课的教学内容**

本课是人教版初三化学新教材第四单元课题 3 的内容。离子是构成物质的一种基本微粒，离子是化学的基本概念之一。对于这部分内容，初中化学课程中要求达到了解水平。在学习分子、原子的基础上学习离子，可以进一步深化对物质的微粒性的认识，使初中学生对构成物质的微粒有一个较为系统的认识。在化学反应中，原子通过得失电子的方式变成离子，阴、阳离子也可以通过得失电子的方式转化成原子。这个过程和原子结构示意图、元素的化学性质与原子结构的关系等知识点又有密切联系。因此，对离子有关知识的学习可以加深学生对原子的认识，也可以为以后学习化合价奠定基础，同时也是学生形成微粒观的重要基础。本节课的教学内容主要如下：

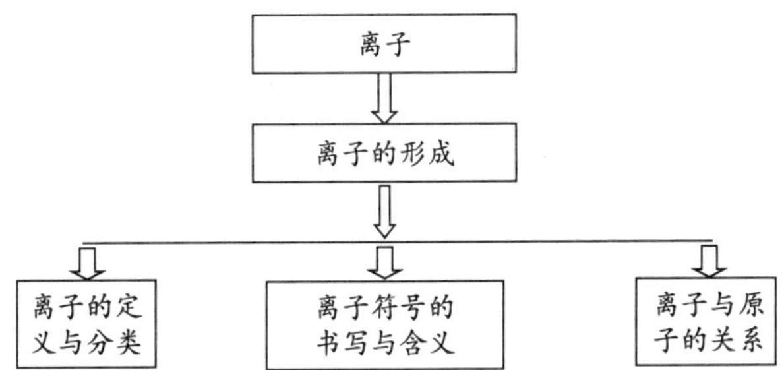

（二）设计合理的认识途径

教学过程是由一系列有序的活动组成的，是随着时间的进程而展开的。在教学中先进行什么活动，后进行什么活动要做合理的安排。

新知识的认识途径，是指从学生可直接接受的知识经验到目标知识之间的认识过程。认识途径的设计，就是围绕教学目标设计出活动的大致框架，明确各个活动的学习目标是什么。认识途径设计是对教学目标的进一步细化，是对课堂活动的进一步明确化和具体化，需要充分了解学生现有的知识水平和思维水平。

1. 明确学生已有知识与新学内容之间的逻辑关系

在新内容教学之前，教师要充分了解学生已有的认知状况，特别要注意研究学生原有认知结构中与新知识有密切关系的内容，这是选择和设计优化教学结构的依据。

奥苏伯尔根据新知识与认知结构中原有知识的概括和包容水平不同，提出了三种不同的新旧知识相互作用关系，如表 2—5 所示。

表 2—5　　新旧知识的相互作用关系与有意义学习的三种类型

有意义学习类型	新旧知识间的关系	实例	
上位学习	认知结构中原有的概念在概括和包容水平上低于要学习的新概念。新旧概念相互作用的结果是习得新的上位概念。	新知识	化合反应
		旧知识	碳＋氧气　硫＋氧气　磷＋氧气
下位学习	认知结构中原有概念的概括和包容水平高于要学习的新概念。新旧概念相互作用的结果是习得新的下位概念。	旧知识	化学反应
		新知识	化合反应　分解反应　置换反应　复分解反应
并列学习	要学习的新概念与原有概念无上位、下位关系，但在横向上有彼此吻合或类比关系，这时新知识的学习为并列结合学习。	旧知识	常见的酸　酸的通性
		新知识	常见的碱　碱的通性

奥苏伯尔认为，从教学角度看要研究以下内容：(1) 学生认知结构中能与新知识内容建立联系的有关概念；(2) 学生认知结构中易与新知识内容产生混淆的概念；(3) 认知结构中起固定点作用的概念是否稳定、清晰。在设计教学活动时，必须充分考虑到学生原有认知结构的特点，针对学生的实际选择不同的教学过程，促进学生顺利地进行认知同化学习。

2. 新知识的认识途径设计

每一节课的教学内容的认识途径并不是唯一的，有的是按教学内容的逻辑顺序进行的，有的是按学生的认知能力进行的，有的是按教学任务的特殊要求等进行的。采用哪种认识途径，首先应该考虑哪种认识途径更能体现新课程三维目标的要求，其次要考虑适合学生的能力和兴趣。

案例 2　“化学式”

“化学式”一课包括化学式的概念及其意义、常见的一些单质和化合物的化学式的读与写等内容。学生在学习这部分内容之前，对物质的化学符号表达式已有一定的了解。至学习本节课时，学生已经会写二十多种物质的“化学符号表达式”，而且也已经知道了物质的宏观组成和微观构成。所以在介绍化学式的写法和读法以及化学式的意义时，教师要注意调用学生已有的知识经验。如通过引导学生对已学一些物质的化学式的书写、观察和分析，根据物质的不同分类，总结、归纳化学式的书写和读法；通过对化学式组成和构成的分析，认识化学式的意义等。本节课的教学过程设计如下：

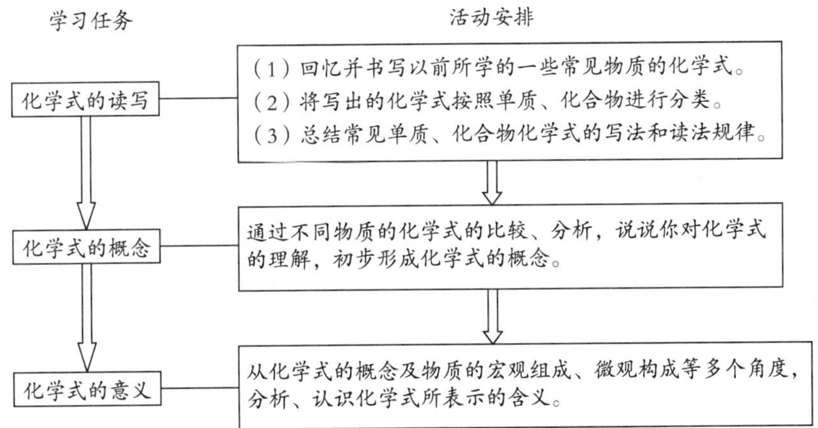

奥苏伯尔在认知同化学习理论中提出，对教师来说，教学中重要的是使学生把新知识与头脑中已有的有关知识联系起来。只有把新的学习内容中的要素与已有认知结构中特别相关的部分联系起来，才能有意义地习得新内容。新知识教学中的思维活动，主要是由新的教学内容与学生原有的知识结构之间的矛盾运动所构成的，所以首先需要分析“新旧知识之间的同化关系”，其分析的结果是明确教学中的思维类型。根据新旧知识同化关系分析的结果，新知识的认识途径设计可以大致分为以下几类：

（1）抽象概括类的认识过程：是通过列举一类典型事物，引导学生去寻找这类事物的共性或发现规律来形成认识新知识的思路（见图 2—5）。如混合物与纯净物、单质和化合物、氧化物、燃烧等概念的学习，从教学程序上看，符合这种思路。

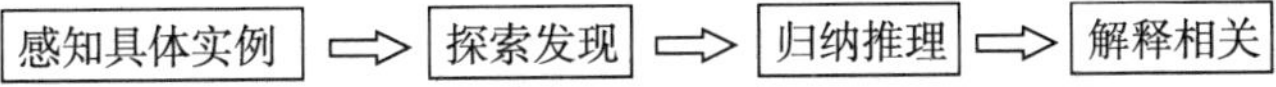

图 2—5　抽象概括类的认识过程

案例3 “氧化物”概念的教学

化学上，通常根据物质的组成特征，对物质进行分类，如下表所示。

物质类别	物质举例
氧化物	水（H_2O）、四氧化三铁（Fe_3O_4） 二氧化硫（SO_2）、氧化铝（Al_2O_3）

认真观察上表，你有什么发现？

高锰酸钾（$KMnO_4$）、氯化钠（NaCl）在组成上与上表中的物质有何不同？

（2）演绎推理类或类比推理类的认识过程：是将原有知识经验中的知识属性或思维逻辑推理演化到新知识学习中。

案例4 “常见的碱”（片段）

这节课的引入有这样的考虑：酸在结构上的共同特征决定了酸有通性，利用这个道理，设计者将三种未知物质与指示剂反应，通过共同的现象或性质引导学生推断出三种物质有相同的结构，从而较轻松地引入常见的碱的概念。具体设计如下：

【提问】

（1）盐酸与硫酸有哪些共同的化学性质？

（2）它们为什么会有这些共同的性质？反映了什么问题？

【实验】

现在有四瓶无色的溶液，请一个同学利用紫色石蕊试液和无色酚酞试液，来给它们分分组。（在点滴板上操作，实物投影。）（四瓶溶液分别是氢氧化钠溶液、氢氧化钙溶液、氢氧化钾溶液和水，先不告知学生。）

【讨论】

大家思考讨论一下，这三种溶液都能使紫色石蕊试液变蓝、无色酚酞试液变红，表明什么？（在副板书上写出四种试剂的化学式。）

【讲解】

三种物质都含有OH根，这就是它们与指示剂反应具有相同实验现象的原因。这一类物质都称为氢氧化物，又称为碱。

这节课我们就来认识一下两种常见的碱……

（3）认知冲突类的认识过程：是通过揭示矛盾和冲突，寻找产生矛盾的原因，来形成认识新知识的思路。

案例 5　氢氧化钠溶液与二氧化碳是否反应的探究

对于二氧化碳与氢氧化钠溶液是否发生了反应这个问题，某老师为了使学生真正参与到探究活动中来，设计了如下系列问题，通过问题引发学生思考，并在问题解决的过程中促进学生有效学习。

(1) 由已学过的 CO_2 与 $Ca(OH)_2$ 反应，是否可以类推 CO_2 与 NaOH 溶液能发生反应？

(2)（学生演示实验。）在盛有 CO_2 气体的集气瓶中加入 NaOH 溶液，观察实验现象。对一个没有现象的实验，我们能作出怎样的判断？

当学生演示 CO_2 与 NaOH 溶液反应的实验时，大家并没有观察到什么现象，从中能得到什么结论呢？可能的结论有两个：一是这个反应并没有发生；二是反应发生了，但没有明显现象。这时可引导学生分析、验证没有现象的原因。可另取 Na_2CO_3，将其溶于水，发现 Na_2CO_3 易溶于水且得到无色溶液，并不像石灰水会出现混浊。这是我们看不到现象的原因。只有在这个基础上，CO_2 与 NaOH 溶液发生反应的结论才成立，进而值得进一步探究。

(3) 如何把看不见的变化变为可观测的变化？学生设计实验方案验证 CO_2 与 NaOH 溶液反应的发生。

由于 CO_2 与 NaOH 溶液反应没有明显的现象，我们无法直接作出判断，这样就必须通过其他方法或途径来间接验证这个反应的发生。也就是说，要通过其他方法，把这个看不见的变化变为可观测到的变化。寻找解决问题的方案，要从问题的特性入手。对 CO_2 与 NaOH 溶液反应来说，间接验证的方法有：一是可利用化学方法检验生成物的存在来判断；二是根据这个反应有气体参与的特点，利用“在密闭容器中，有气体参与或生成的反应前后容器内外有压差”这个原理，通过观察明显的物理现象如气球的膨胀、U 形管中液面高度的变化等来判断。

(4) 不少同学选择上述方法二来设计方案。大家想一想，到底是什么因素导致容器中的气压减小？

NaOH 溶液中有水，CO_2 能溶于水，究竟是 CO_2 溶于水使气压减小，还是 CO_2 与 NaOH 溶液反应导致了气压减小？对实验现象这样追问，目的是引导学生思考影响实验的多种因素，并想办法做对比实验进行深入探究。于是教师设计了如下的对比实验：取两个同样大小的充满 CO_2 的软塑料瓶，分别注入体积相同的氢氧化钠溶液和水，振荡，比较瓶子变瘪的程度。

(5) 上述对比实验能不能充分说明二氧化碳气体和氢氧化钠溶液一定是发生了反应？

化学变化的本质特征是有新物质生成，最有效的办法是需要验证二氧化碳气体和氢氧化钠溶液混合后是否有新物质生成。根据前面的推断，若发生了反应，反应后会有碳酸钠生成，这时可进一步做对比实验：取少量二氧化碳气体和氢氧化钠混合后的溶液于试管中，再取与上述溶液等体积的氢氧化钠溶液于另一试管中，分别滴加少量稀盐酸，观察现象。若前者有气体生成，就能说明二氧化碳气体一定和氢氧化钠溶液发生了反应。

（三）设计系列问题，构建课堂教学过程的问题框架

学习过程就是学生不断发现问题、分析问题和解决问题的过程。教学要尊重学生的学习规律，促进学生的发展，就要大力倡导以问题为中心的教学和学习，通过问题来组织、引导和调控教学，使学生积极主动地参与学习过程。设计系列问题就是在确定各个活动的学习任务之后，还要实现对学习任务的问题转化，即将知识内容的教学序列转化为认知框架的问题序列，包括基本问题、教学环节问题及内容问题，这些由概括到具体的系列问题，构成了教学过程的问题框架。教学过程中的系列问题是实现教学目标的程序，是教师引导学生思维的策略。

化学教学活动的过程需有明晰的结构，系列问题可以反映活动过程的结构。关于系列问题，应该注意以下几个方面：

(1) 系列问题对学生来说是系列学习任务，它是思维活动的“脚手架”。教师的主导作用通过问题来实现，系列问题构成一节课的结构，教师设计系列问题是备课的重要任务。

(2) 系列问题构成化学问题解决过程的结构框架。问题的起点是学生已有的知识经验，系列问题的目标是化学知识的学习和问题的解决。系列问题的目标可以是一节课的教学任务，也可以是一部分内容的教学任务。

(3) 建构主义学习理论认为，学生的学习与学习情境有着密切的联系。首先，知识是情境性的，是在不同的情境中被个体重新建构并获得意义的；其次，学习不仅仅是为了获得具体的知识，还要求学生能够在不同的情景中进行具体的思维和行动，能够运用所学的知识来解决实际问题。因此，问题的设计要注意创设问题呈现的情境，问题要有思考价值，但要控制问题的难度，安排好问题的梯度。

案例 6　氢氧化钠和碳酸钠

氢氧化钠和碳酸钠分别属于典型的碱和盐的代表物，但两者在性质上具有相似之处，且存在相互转化关系。在第十单元“常见的盐”新课结束之后，翻阅学生的作业和小测验，发现学生对这两种物质的性质的认识还存在一些问题，于是考虑要上一节复习课。复习课怎么上呢？一个基本想法是不能简单重复学生已学

过的知识，要讲究复习的针对性和有效性。因此本节课的定位是要对碱的通性和盐的化学性质进行复习，同时对氢氧化钠和碳酸钠知识进行适当梳理，并将物质的鉴别、变质和除杂等问题渗透其中。具体设计如下：

【教学目标】

（1）通过对比，归纳出两者在性质上的相同和不同之处，了解两者的俗称和物理性质，熟练掌握两者的化学性质。

（2）学会设计实验鉴别 NaOH 和 Na_2CO_3，探究 NaOH 变质问题，除去 NaOH 中混有的 Na_2CO_3，初步明确物质鉴别、除杂的思路与方法。

（3）通过解决实际问题，进一步体会化学实验是解决化学问题的重要手段。

（4）进一步体会从定性到定量的认识事物的一般规律，树立严谨求实的科学态度。

【教学内容】

（1）鉴别氢氧化钠和碳酸钠。

（2）探究氢氧化钠变质问题。

分两种情况进行探究：是否变质；是否完全变质。

（3）除去氢氧化钠中混有的碳酸钠。

【教学活动】

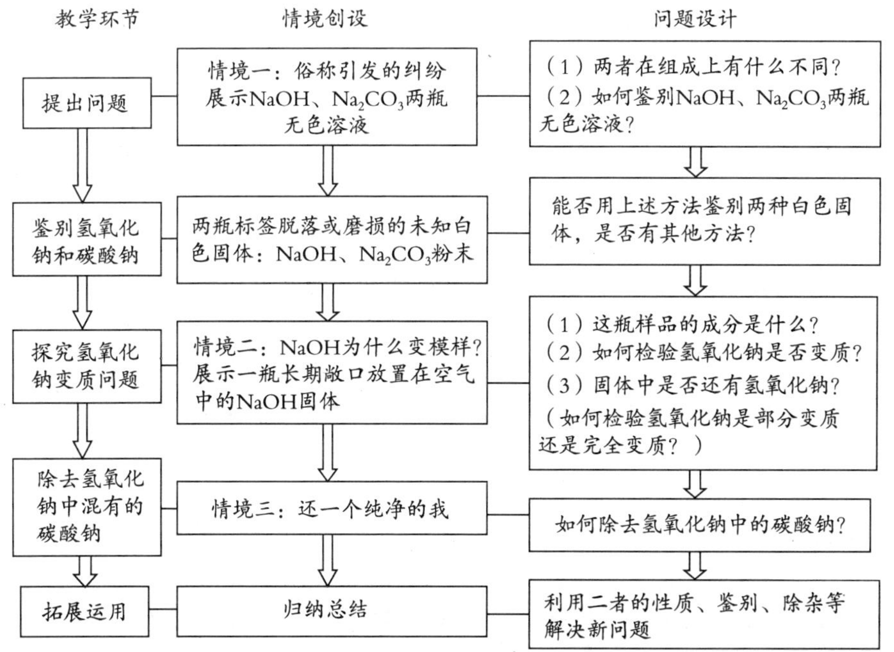

（四）创设学生参与学习的活动过程

1. 创设学生参与学习的各种机会

学生是学习的主体，化学教学活动的结构化设计应努力为学生创设参与学习的活动过程，引导学生多观察思考、多动手实验操作、讨论发表自己的见解、练习等，促进学生发现问题、解决问题、全方位的参与学习过程。

案例7 化学式与化合价

化学式应该怎样书写，有没有一定的规律？以往的教学，一般是将化学式的书写规律和读法规律通过讲解传授给学生。这种重结果不重过程、重知识传授不重方法指导的教学方式，限制了学生的思维，不利于学生学习能力的提高。

为了启发学生积极思维，调动学生自主参与、获取知识、形成技能，在课前布置练习内容，要求学生写出下列物质的化学符号表达式：硫粉、木炭、红磷、铁丝、镁条、铝条、氧气、氢气、氮气、氩气、氖气、三氧化二铝、二氧化碳、氯化钠、二氧化硫、五氧化二磷。课上，通过问题引导，让学生通过自己的思考及相互间的交流讨论，将上述化学式进行合理适当的分类排列，总结出化学式的书写规律和读法规律。这样的教学处理，不是简单地教给学生知识，而是让学生在轻松活跃的气氛中经历发现化学式读写规律的过程，掌握化学式的读和写。在这个过程中，学生运用了观察、比较、分类、归纳的方法，思维得到了训练，对化学式的认识进一步深入，初步实现了从感性到理性的突破。

学生的学习过程是一个不断地发现问题、分析问题、解决问题和再去认识更高层次问题的过程。“问题”对于学习过程来说，有着至关重要的引导作用。这节课，教师设计了多个练习及后续问题思考，这些练习的编排顺序，包括每个练习中化学式的出现顺序也是有目的和暗示作用的。对于这些练习及问题思考的设计，是这样考虑的：

前面所述的课前练习，其作用是通过将学生已学过的化学式按一定的顺序重现，引导学生比较这些化学式的异同，从而找出化学式在读法和写法上的初步规律。果然，学生在此处很顺利地通过问题引导，初步找到化学式的读写规律。

课堂练习1：写出下列化学式

氧化铜、五氧化二氮、氧化镁、七氧化二氯、氧化钠、氧化铝、二氧化碳

这个练习是利用课上总结出来的化学式的读写规律，学习书写化学式，落实简单化学式的写法，并由氧化钠和氧化铝的写法争议，引出化合价，锻炼学生要多角度地看问题。

课堂练习 2：书写下列化学式

氧化钾、氯化镁、硫化锌、氟化钙、氧化镁

这个练习让学生尝试使用化合价书写化学式，进一步印证规律的使用，让学生在规律的应用上找到自信。目的首先是解决课堂练习 1 的遗留问题，其次是让学生思考观察，寻找正负化合价数值之间的关系是正负化合价的代数和为零。

课堂练习 3：计算中间元素的化合价

$KMnO_4$、H_2SO_4、HNO_3、$K_2Cr_2O_7$

这个练习通过找到的正负化合价之间的关系，计算可变价元素的化合价，巩固化合价法则，并给学生以成功的体验。

这些练习及问题的设计，其目的是引导学生通过练习寻找规律，通过规律寻求方法，通过方法解决问题。在这个过程中，虽然学生是顺着教师设计的思路往下学，但在本课堂上，教师的思路是暗线，学生在心理上会觉得所有的规律都是自己通过习题发现总结出来的，并且有一部分规律和自己原有的猜想是吻合的，学下来有很强的成就感，能够感受到学习的乐趣。当学生用自己总结出来的规律书写出陌生物质的化学式时，学生的兴奋是发自他们内心的："那些烦人的、要死记硬背的化学式，原来是有规律可循的！"在参与知识学习的活动中，学生体会到了学习的方法，这是学生的主要收获。

2. 设计合理的活动结构

化学教学过程是通过一系列教学活动完成的。在一个单元或一节课中，应该整体设计结构化的学习活动，按最优化的原则合理安排学生的学习进程。

案例 8　**"初步认识酸和碱"教学活动结构化设计**

知识线索		教学线索		学生认知线索	
概念	基本内容	教学程序	教学内容	问题或素材	学生活动
酸碱	酸、碱与指示剂的作用	情境引入	初识几种酸	图片：碳酸、醋酸、胃酸	回忆已学知识
		学习新知	酸、碱与指示剂的作用	(1) 碳酸能使石蕊试液变红，其他的酸是否有类似的性质呢？ (2) 澄清石灰水能不能使石蕊试液变红呢？ (3) 通过实验，你发现了什么？ (4) 一些酸具有什么共同的性质？澄清石灰水和氢氧化钠具有什么相同的性质？	问题分析 实验探究

续前表

知识线索		教学线索		学生认知线索	
概念	基本内容	教学程序	教学内容	问题或素材	学生活动
	酸、碱的含义 常见的酸、碱		酸、碱的组成特点	分析这些酸/碱的化学式，它们在组成上有什么共同的地方？	比较一些酸/碱的化学式，发现其组成特点
		拓展应用	酸和碱的区分	一组问题与练习	课堂练习
			生活中其他的酸、碱	生活实例：乳酸、柠檬酸、果酸等	观察一些商品标签，区分酸和碱
		总结提升	从物质分类的角度看身边的物质	C、CO_2、H_2CO_3 Ca、CaO、$CaCO_3$	写化学式，初步整理已学的相关知识

所谓结构化的学习活动，可以这样理解：(1) 不同类型、水平的知识需要不同的学习方式和活动。(2) 活动必须是有效的，内容选择从学生实际出发，活动内容真正触及学生认识中待发展的问题，活动过程和学生的认识真正发生作用。(3) 活动与活动之间有明确的内在线索，即用知识结构统领教学过程，根据学生的困惑来建构学生的认知结构。(4) 活动与活动之间是相互关联和影响的。从一个活动到下一个活动，学生认知和情感发展脉络是连续的，并且是上升爬坡、不断递进的过程。(5) 应根据教学内容的特点、教学活动的形式等选择相应的教学媒体和教学方法。

案例 9　原子的构成

在初三化学中，“原子的构成”这部分内容比较抽象，难教、难学。A 老师是怎样进行教学的呢？

【教学设计的基本思路】

1. 制定适宜的三维教学目标

本节课的内容包括原子的构成与相对原子质量两部分。根据课标和教材，本节课的知识与技能的学习目标是：

(1) 知道原子是由原子核和核外电子构成的，原子核带正电，电子带负电。

(2) 了解原子核是由质子和中子构成的，质子带正电，中子不带电。原子的质量主要集中在原子核上。

(3) 知道原子内的定量关系，质子数与核电荷数及核外电子数相等。

本课的教学目标不能简单地停留在知识与技能的层面上，应该让学生的思维得到科学的培养和提升。建立模型的研究方法是人们认识微观世界的重要方法。原子结构模型的发展史能充分展现科学发现的过程，展现科学探究的一般方法。若以此作为学生思维的提升点，就可以使学生全面而系统地体会科学探究方法。于是，就确定了这节课的过程与方法目标：

(1) 了解原子结构模型的发展历程，感悟模型方法在微观世界研究中的作用，初步建构正确的原子结构模型。

(2) 通过对 α 粒子散射实验的分析，体验假说、实验、模型、实验验证等科学探究的一般方法。

这节课，若学生在教师的引导下沿着原子结构模型发展的历程，在体验科学探究一般方法的过程中进行学习，则学生获得的认识应该是多方面的，如原子是可分的，三个原子模型的提出是随着技术的发展而不断发展的。由此本节课的情感态度与价值观目标设计如下：

(1) 树立世界是物质的、物质是可分的辩证唯物主义观点。

(2) 认识到人们对物质世界的认识是不断深入的。

(3) 体会科学态度、科学精神、科学方法在科学发展历程中的重要作用。

2. 设计结构化的学习活动

基于上述的教学目标定位，教学过程的设计体现出两条主线：一是认识“原子的构成”；二是体会“假说——实验——模型——实验验证”的科学探究过程与方法。将这两条主线有机整合融合，就构成了结构化的学习活动。

在原子结构模型的发展历程中，卢瑟福的原子结构行星模型很好地解释了 α 粒子散射实验，标志着人类认识原子结构的征程迈进了一大步，他采用了实验、模型的科学方法。为了实现这部分内容在科学探究方法方面的教育意义，本课的教学过程设计，体现了如下的过程与方法：

● 发现问题——葡萄干面包原子模型不能解释 α 粒子散射实验。

● 提出假设——原子中有一个很小的带正电荷的核，运动着的电子和原子核组成一个体系。

● 实验检验——α 粒子轰击金箔，绝大部分直线穿过，少数偏转，个别反弹回来。

● 得出结论——原子结构行星模型。

这个过程，是卢瑟福的原子结构行星模型的探究过程，也是本节课中学生学习“原子的构成”的过程，更是学生体验科学探究方法的过程，还是学生对科学发展的认识态度和情感的提升过程。

为了让学生主动参与学习的过程，本课注重设计一些“提示性或启发性的问题”，搭建引导学生探索问题、促进深层理解的“脚手架”，在一定程度上给予学生科学思维与方法的引导，让学生沿着科学家的足迹，通过自己的探索，去发现原子的奥秘，形成自己的观点，获得科学认识。

3. 利用信息技术的优势实现教学效果的优化

“原子的构成”这部分内容的教学，一直让教师感到不好处理，其主要问题是这部分内容不管怎么讲述，都让学生感觉抽象、难以理解。在本课的教学设计中，主要是利用计算机多媒体教学课件，通过演示多媒体课件、展示原子结构模型示意图、模拟微观粒子的运动与实验等内容，将抽象的内容形象化，将微观看不见的内容形象可视化，这样不仅激发了学生的学习兴趣，而且增强了学生的感性认识，课堂教学变得活泼丰富起来，对提高课堂教学效果起到了很好的促进作用。

【教学过程设计】

教学环节	活动设计	信息技术应用
活动1 复习旧知 引入新课	【问题驱动】分子和原子都是构成物质的微粒，分子和原子主要的不同在哪里呢？在化学变化中分子可以分解成原子，那么原子是否可以再分？ 请以“我想象中的原子结构”为题，提出自己的假设。	ppt课件呈现问题
活动2 介绍思路 引导探究	【问题驱动】原子这么小，科学家如何探索原子的内部奥秘？ 【内容介绍】 (1) 介绍道尔顿的原子结构模型。 (2) 19世纪末，英国科学家汤姆生发现原子中存在带负电荷的微粒——电子这一事实，提出了“葡萄干面包”模型。 【思维提升】 (1) 道尔顿和汤姆生都采用模型的方法来揭示原子的内部结构。这是为什么？ (2) 道尔顿和汤姆生提出的原子结构模型不同，从中你知道了什么？	ppt演示道尔顿的原子结构模型图 ppt演示汤姆生的原子结构模型图

续前表

教学环节	活动设计	信息技术应用
活动 3 体验过程 拓展探究	【问题驱动】原子究竟具有一个什么样的结构呢? 【实验观察】“α 粒子轰击金箔实验”视频。 【问题思考】α 粒子轰击金箔时，为什么绝大部分都穿过了金箔，少数粒子发生偏转，而极少数粒子又被弹回呢? (师生共同完成对实验现象的分析与讨论) 【思维提升】 (1) 经过对实验现象的分析，你对原子的构成有哪些新的认识? (2) 卢瑟福的行星原子模型的提出过程体现了科学探究的哪些过程与要素?	播放“α 粒子轰击金箔实验”多媒体动画，演示卢瑟福的原子结构模型图 金箔 α-粒子发生器 探测屏 扶键 α 粒子 1 2 3 4
活动 4 自主阅读 建构知识	【阅读】教材中的有关内容 【问题思考】 (1) 请你用“关系图法”归纳原子的构成。 (2) 各微粒带什么电荷? 质子数、核电荷数、电子数有什么关系? (3) 为什么原子不显电性?	ppt 课件呈现“原子的构成”
活动 5　反馈练习　课堂小结		

化学课堂的教学过程设计需要考虑三条线索，即教学内容线索、学生认知线索和教师的教学行为线索。这三条线索实际上就构成了教学活动结构化设计的三个维度。化学课堂教学活动的结构化设计，首先，要根据教学目标和教学内容的知识逻辑确定教学内容的安排顺序；其次，分析学生已有的知识经验与科学概念间的差异，确定教学过程中学生的认知线索；再次，把学生的困惑和问题转化成

"脚手架"式的问题链，以一系列问题推动教学的展开；最后，结合学生已有的知识技能水平，以科学概念和方法的建构为目的和方向，从学生思维发展和方法的学习角度确定学生学习活动的方式。化学教学活动的结构化设计是一项处理多种教学要素的创造性劳动。教师要通过设计和实施科学合理的"教"与"学"活动，有效地促进教材的知识结构转化为学生的认知结构，不断提高课堂教学质量。

思考与活动

1. 请对本讲所列案例的教学过程设计进行研讨，你有哪些改进意见？
2. 从教材中选一节内容，设计学生和教师活动，然后进行交流和讨论。

参考文献

[1] 皮连生主编. 教学设计——心理学的理论与技术. 北京：高等教育出版社，2002

[2] 何彩霞主编. 初中化学课堂教学设计. 北京：同心出版社，2007

第三讲
化学教学任务分析

首都师范大学化学系　陈康叔

使课备得更流畅，使教学设计的逻辑更清晰，使教学设计更具有可操作性，是本讲想要达到的目标。本讲讨论了任务分析教学论的基本观点和如何运用任务分析教学论的基本观点进行备课和教学设计。

一、任务分析教学论的基本观点

我们在这里简单介绍一种教学理论——任务分析教学论。任务分析教学论实际上是以学习的结果（或学习目标）逆推如何进行教学的一种教学理论。

这个理论最初是由 R. B. 米勒提出的，而这一教学理论的发展应归功于 R. M. 加涅。

加涅按照学习的结果，对学习进行了有领域、有层次的分类，由低到高依次为：

（1）认知领域：言语信息；心智技能：辨别、概念、规则、高级规则；认知策略。

（2）态度情感领域（略）。

（3）动作技能领域（略）。

加涅的学习结果分类汲取了现代认知心理学的最新成果，他阐明了每类学习结果得以实现的过程和条件，以及各类学习结果检测的行为指标。因此，他的学习结果分类有助于导学和导教。

在任务分析教学论中导入了加涅的学习分类方法及其过程、条件、检测的行为指标，使得这一教学理论有了更清晰的教学指导意义，也有了更强的可操作性。

任务分析教学论渗透了以下观点：

1. 学习可以分类

学习有不同类型，不同的学习结果分属不同的学习类型，如表 2—6 所示。

表 2—6　　不同的化学学习结果分属不同的学习类型

学习结果	学习类型
学生能背述化学方程式定义	言语信息
学生能在各种烧瓶中指认具支烧瓶	心智技能（辨别）
在初中阶段，学生能说明在氢气还原氧化铜的反应中氢与氧结合生成水是氧化反应	心智技能（概念）
进行化学方程式配平	心智技能（规则）
学生能规范地按线—台面—立柱—灯—圈网—烧瓶及塞—漏斗—铁夹—集气瓶—胶塞—烧杯—导管顺序画出实验室制氯气装置图	认知策略及动作技能
每学习一类无机化合物知识后，学生就进行归纳，而后形成“八点图”	认知策略及态度情感

2. 学习具有层次性

不同类型的学习并不是并列的，是按一定层次联系在一起的。特别是在心智技能学习中，由低到高可分为：知觉辨别学习—概念学习—规则学习—高级规则学习。而心智技能学习的层次又在言语信息学习之上，在认知策略学习之下。较高级层次学习的发生要以较低层次学习的存在为先决条件。例如，还原必须在氧化的基础上才能学习；先要有氧化剂、还原剂的初步定义，才能在具体反应中去辨别；有了氧化、还原等概念，才能分析氧化还原反应中电子的转移过程。有了这些结果，才可能分析电解、原电池等原理。

也可以这样说，高一级的学习中包含了低一级的学习，但高一级的学习不能代替低一级的学习。

3. 学习具有条件性

不同类型、层次的学习具有不同的条件。条件分为两种：

（1）内部条件。内部条件是指学生自身的知识结构、认知结构、发展水平等。内部条件又分为必要条件（不可缺少的前提条件）和支持性条件。例如，学习共价化合物概念（不是认识共价化合物），必须先掌握共用电子对、共价键和化合物等概念。而且，还要有辨别、综合等认知操作能力，才能掌握共价化合物概念。上述这些知识、能力是学习共价化合物概念的先决条件（必要条件），而像现实学习动机、语言理解技能等条件，有助于化学基本概念的学习，但不是非有不可。因此，这些条件属于支持性条件。

不同学习类型所需要的内部条件如表 2—7 所示。

表 2—7　　不同学习类型的内部条件

	必要条件	支持性条件
言语信息	一套有组织、有意义的信息	认知策略、态度
心智技能	较简单的心智技能的构成成分（规则、概念、辨别）	态度、认知策略、言语信息
动作技能	部分技能（有时需要）、操作程序规则（有时需要）	言语信息、态度
态度情感	心智技能（有时需要）、言语信息（有时需要）	其他态度、言语信息

（2）外部条件。外部条件是指相应的教材、教师的讲解、板书等一系列教学情境。

当我们把任务分析教学论的这些观点转化为具体运作时，就成为一种教学任务分析的方法和教学设计技术。

二、化学教学任务分析

（一）教学任务分析的起点和终点

由于任务分析教学论所用的是逆推过程，所以，教学任务分析的起点和终点与学生学习的起点（学生已有的发展水平）和终点（学生本次学习的终点目标）刚好相反。教学任务分析一般是由学生学习的终点目标开始分析，反复提问和回答这样的问题：学生要掌握这一水平的知识和技能，需要预先获得哪些更简单的知识和技能（先决条件）？然后一直分析到学生已有的发展水平，即学生本次学习的起点。

（二）教学任务分析的三个方面

1. 学习任务分析

学习任务分析是要揭示学生的学习在达到本次学习终点目标前（请注意：一次学习的终点目标未必只是一个），预先必须进行什么学习的分析。为了达到学习终点目标而要预先学习并且达到的目标，称为使能目标。达到学习终点目标之前必须先实现一系列的使能目标。这是教学任务分析中学习任务分析的主要内容。这些目标的实现，为终点目标的实现创造了学习的内部条件。

2. 学习类型分析

学习类型分析揭示使能目标和终点目标的学习类型及相应的学习内部条件。

它可以使教师明确创设哪些有效的学习条件，才能使学生顺利达到学习的使能目标和终点目标。

3. 信息加工分析

揭示顺利完成终点目标的外显和内隐的过程，这个分析为教学设计提供了程序基础，其实质就是教学过程设计的框架。可用信息加工流程图来描述。

（三）教学任务分析示例

下面介绍初中“化学方程式配平”教学的教学任务分析。

1. 确定学习终点和起点

(1) 学习终点（分析的起点）：

- 了解质量守恒定律；
- 认识化学方程式；
- 初步掌握化学方程式的配平及方法。

(2) 学习的起点（分析的终点）：

- 化学反应的文字表达式或符号表达式；
- 已学过的一些化学反应和化学实验。

2. 教学任务分析

(1) 学习任务分析（逆推），如图 2—6 所示。

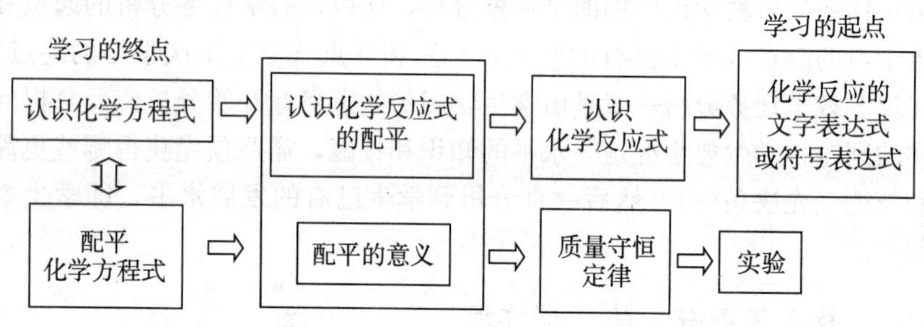

图 2—6 “化学方程式配平”教学的学习任务分析

(2) 学习类型分析。教师将教学目标中明确陈述的学生行为样品归入加涅提出的学习结果分类就可以完成这一分析任务。

使能目标：化学反应式（言语信息）；配平的意义（辨别）；质量守恒定律（概念）。

终点目标：质量守恒定律（概念）；化学方程式（言语信息）；化学方程式的配平及方法（概念、法则）。

从教科书和教参上可看出，“化学方程式的配平”要求学生“初步学会”，再加上教师对教学目标的陈述，可知“化学方程式的配平”属心智技能学习中的规则学习。心智技能学习的内部条件是较简单的心智技能的构成成分（规则、概念、辨别）。具体到这一教学内容学习的内部条件为：对质量守恒定律推论的认识；对化学方程式基本意义的认识等。支持性条件为：联想数学方程式（认知策略）；能读、写化学反应式中的化学式、符号（言语信息）；进一步学习有关化学反应表达方式的愿望（态度）。

（3）信息加工分析，如图 2—7 所示。

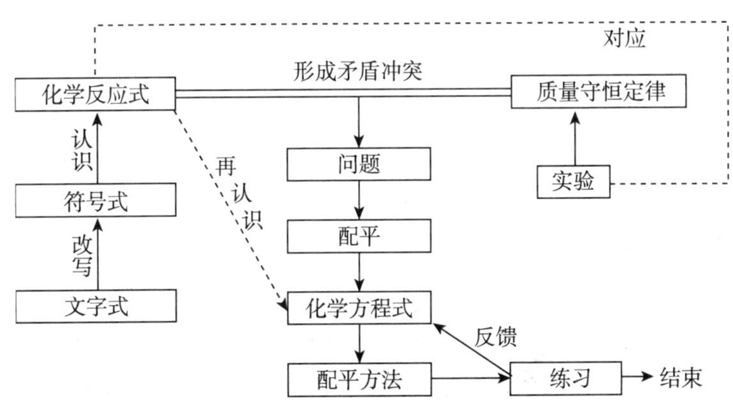

图 2—7　“化学方程式配平”教学的信息加工流程图

对“化学方程式配平”信息加工分析的几点说明：

● 是从“文字式”还是从“符号式”开始，要依教师本次课以前的教学情况而定。若以前一直用“文字式”表达化学反应，如碳 + 氧气 $\xrightarrow{\text{点燃}}$ 二氧化碳，就从“文字式”开始引入；若已经引入了“符号式”如 $\underset{（碳）}{C} + \underset{（氧气）}{O_2} \xrightarrow{\text{点燃}} \underset{（二氧化碳）}{CO_2}$，就从“符号式”导入。

●“实验”要与“化学反应式”相对应。若化学反应式举例是铁与氧气的反应，那么，实验就要做“铁在氧气中的燃烧”。举例应是学生学过的化学反应，相应实验要能准确表述质量守恒定律，且能让学生比较容易地看出化学反应式确实需要“配平”。如磷在氧气中燃烧的化学反应式与实验对应就比较好：$P+O_2 \xrightarrow{\text{点燃}} P_2O_5$。从实验的结果与化学反应式的对照很容易看出两者之间的“矛盾冲突”，便于提出问题。若选 $C+O_2 \xrightarrow{\text{点燃}} CO_2$，就不太容易构成明显的“矛盾冲突”。

●“质量守恒定律”主要是要求了解，关键是对质量守恒定律推论的认识：

在化学反应中参加反应的各元素的原子个数并没有变化，只是重新组合成新的物质。这是“配平”的依据。

● 认识化学方程式要强调“方程式”，可以用“数学方程式”强化“方程”的意义；而后应及时与化学反应式相对照，强化化学反应式经过“配平”才能形成化学方程式。

● 在“化学方程式”、“配平方法”、“练习”之间构成一个小循环，强化概念，巩固方法。课后再布置一些练习题。

本讲小结

本讲通过化学教学实例介绍了任务分析教学论的基本观点，讨论了应用任务分析教学论如何进行教学设计，最后以案例的形式讨论了如何进行教学任务分析和教学设计。

思考与活动

1. 根据学习结果对学习进行分类，在初中化学教学中有什么优势？

2. 你认为学习的外部条件对学生的化学学习会产生什么影响？

3. 选择一节课，用任务分析教学论派生出来的教学任务分析方法进行教学设计。

参考文献

[1] 刘知新. 化学教学论. 3版. 北京：高等教育出版社，2006

[2] 皮连生. 学与教的心理学. 修订本. 上海：华东师范大学出版社，1997

第四讲
以“问题连续体”设计教学

北京教育学院　贾晓春

目前“问题解决”教学（instruction through problem solving）已经被很多教师所接受。“问题解决”教学是指在教学过程中，师生通过封闭性或开放性等不同类型问题或任务的提出与解决，引导学生主动发现、积极探索、实践体验，以便深层理解并掌握和运用基本知识，实现从能力到人格整体发展的一种教学策略。

在“问题解决”教学中，问题以及问题的分类是一个非常值得重视的关键要素，因此在这里介绍的“问题连续体”（problem continuum）理论就是给一线教师提供一种工具，以便他们在教学中运用这个工具更好地实施“问题解决”教学。

一、关于课程的教学设计

要想真正达到化学课的教学目标，精心进行教学设计是化学教师进行教学的重要环节。

教学设计是对教学活动的计划和安排。任何计划或设计都需要依据有关教育教学的知识经验去分析教学的目标状态和学生的初始状态，确定教学所要解决的问题，然后设计解决问题的方法策略，安排具体的教学活动。教学设计所依据的不仅是教育理念、学科知识和教学经验，而且还要应用人类长期对教育活动的研究成果，即学习心理学理论和教学理论，并通过系统的分析和设计，可操作地将这些理论知识与教师的个人经验相结合，创造性地应用于教学实践。

当今学习心理学分为三个主要的流派，所以相应的教学设计也分为三个主要的模式，即行为主义教学设计、认知主义教学设计和建构主义教学设计。从实践者的角度看，这三种教学设计在教学中都有相应的应用领域。

“问题解决”在教学设计中的运用与建构主义的兴起有关。建构主义是认知主义的进一步发展。在建构主义学习理论中，问题成为建构学习的载体。由于问题是多种多样的，提出不同类型的问题，可以实现不同的教学目标，体现不同的教学价值观。

二、关于问题及其分类

(一)“问题”是什么

我国学者陈琦认为，“问题”一般都包含四个成分：

(1) 目标：在某个情景下想要干什么。

(2) 个体已有的知识经验：具备哪些有关的知识技能。

(3) 障碍：需要解决的因素。

(4) 方法：可用于解决问题的程序、步骤、策略等。

美国学者纽威尔和西蒙则提出了“问题空间”的概念，他们把“问题空间”的成分分为三个方面：

(1) 初始状态：个体经验、已有的有关条件等。

(2) 目标状态：期待获得的结果。

(3) 达标通路：由初始状态转化到目标状态的过程。

对于“问题”这个概念，这里我们采用广义的解释。“问题”既包括我国教师所熟悉的在布置作业练习题或出考题时所提出的封闭性的问题，也包括我国教师在教学改革中让学生解决如“一题多解”或“一解多问”之类的半开放性问题，更包括某些西方教师所熟悉的全开放性问题。

(二) 有关“问题”的分类

1. 一般的分类

多数学者把“问题”分为两大类，例如分成简单问题或复杂问题，常规问题或非常规问题，结构完善、界定清晰的问题或结构缺陷、界定含糊的问题，对抗性问题或非对抗性问题，语义丰富的问题或语义贫乏的问题，等等。

这种分类的缺点一是有的划分过于简单化，与学生学习过程中所面临或所需要解决的多样性问题无法相对应；二是有的划分的标准过于表面化，无法揭示不同问题类型之间的实质差异；三是这些分类使得各个类型问题之间间隔太大，甚至不同类型的问题各执一端，使得各类型问题之间相互隔绝，相互之间形成相对或相反的关系，非此即彼，不相连贯，用于教学很难加以统整。

2. 问题连续体

以美国亚利桑那大学梅克教授为首的学者提出的问题分类是体现在“问题连续体”之中的。在“问题连续体”中，各类问题的性质和认知要求都不相同（见表2—8)。在教学中要有效地应用这些不同类型的问题就要先了解它们各自的性质特点和体现的认知水平。

表 2—8　　问题连续体矩阵

问题类型	问题		方法		答案	
	师 问题呈现者	生 问题解决者	师 问题呈现者	生 问题解决者	师 问题呈现者	生 问题解决者
一	一个/知	一个/知	一个/知	一个/知	一个/知	一个/未知
二	一个/知	一个/知	一个/知	一个/未知	一个/知	一个/未知
三	一个/知	一个/知	系列/知	系列/未知	系列/知	系列/未知
四	一个/知	一个/知	系列/未知	系列/未知	系列/未知	系列/未知
五	系列/未知	系列/未知	系列/未知	系列/未知	系列/未知	系列/未知

第一类问题：问题简单、封闭，且对于教师（问题呈现者）和学生（问题解决者）来说都是已知的；方法对于师生来说也都是已知的；问题的答案为教师所知，但必须由学生来求出。例如，观察往浓度较稀的氢氧化钠溶液中加入几滴酚酞指示剂后的颜色变化，问题清楚地被限定，方法是观察，学生通过观察得到溶液的颜色变红了的结论。

这类问题基本是事实水平的问题，通常是以了解某个别范例的事实为目标，要求学生在对事实进行感知的基础上解决问题。

第二类问题：问题仍是简单的、封闭的、为教师和学生所已知的。对教师来说，方法和答案都是已知的，但是方法通常是隐蔽的，要由学生来确定，答案要由学生来获得。例如，“用排气取气法收集一瓶二氧化碳气体”，这个问题显然是限定的，问题解决者必须根据二氧化碳的密度比空气大的性质采用向上排空气法，才能解决问题。

这类问题仍然是事实水平的问题，但需进行必要的推理等思维活动方能解决问题。

第三类问题：问题对于师生来说都是已知的，但是更为开放和综合。问题可能有着一系列的正确方法和答案，这些对于教师来说都是已知的，但是方法与答案必须要求问题解决者去获得。例如，“以铁、氧化铜、稀硫酸三种物质为原料可以用几种方法制取铜?”在初中学生的经验范围内，他们可以得出两个答案：$Fe+H_2SO_4 \xlongequal{} H_2\uparrow+FeSO_4$，$H_2+CuO \xlongequal{} Cu+H_2O$；$H_2SO_4+CuO \xlongequal{} CuSO_4+H_2O$，$Fe+CuSO_4 \xlongequal{} Cu+FeSO_4$。第三类问题解决者在决定方法时，必须考虑采用不同操作的可能性，以便获得正确的答案。

这类问题是以形成概念、掌握规律或原理为目标的一类问题。教师应注意引导学生从个别扩展到“类”，再从“类”把握其背后的规律。学生不仅需要完成抽象概括的过程，还要完成从系统化到具体化的过程。

第四类问题：问题对于师生来说都是已知的，但是解决问题的方法和答案双方都是未知的。例如，“今有四种物质：O_2、F_2、S、N_2，将这四种物质从不同角度进行‘分类’，每种分类都可分别挑出一种物质，它跟其他三种物质属于不同的‘类’，说出挑选依据。”这可能会有一系列的方法和答案：可以挑出硫，依据是硫在常温下呈不同物态或其组成元素不属于元素周期表的第二周期元素。本题为典型的结论发散性开放题，分类标准不同，问题结论也不同。第四类型的问题有明确的目标，但是未必有一个“正确”的答案，要求问题解决者搜集尽量多的信息。

这类问题是运用所掌握的概念、规律或原理，把握“范例”的上位主题，以解决主题范围内的定向问题为目的，引导学生发散思维，主动参与，互动合作，解决问题。

第五类问题：对于师生来说，问题、方法以及结论全都是开放和综合的。例如，“初中生学习化学的最大困难是什么，对此教师应当怎么办?”这类问题要求首先从研究问题本身入手，确认是否是存在的问题，如果是，判断都是些什么问题。当分离出某个特定问题之后，提出方法和答案，并要加以评估。这个过程从开始到完成，其解释都是开放的，而最终的答案将广泛依赖于问题呈现者和解决者的不同视角、前观念、评估标准、价值观、分析和意图。

这类问题是在主题范围内自行发现与主题相关的综合性问题，自行提出解决方案，解决问题。要求学生不仅要提高解决真实问题的能力和创造性，同时要实现对人、对世界的态度、情感和价值观。

总之，与其他分类方式不同，梅克教授所创设的问题类型矩阵是把问题按解决该问题所需的创造性的程度来划分等级，从教师和学生两方面，就问题本身、解决问题的方法的已知或未知状况，或从问题的答案是唯一的还是系列的、开放的这些不同层次，把问题分为五个类型。应当注意的是，这五个类型不是相互孤立的，而是一条线上的几个结点，它们相互有别，又相互密切联系。正因为如此，该问题类型模式被称作“连续体”。因此，不应把五个问题类型绝对化，其实介于其中二者之间的问题也是存在的，例如教学中常见的一题多解法，应属于介于第二、第三类问题之间的问题类型，问题是明确界定的，答案只有一个，而解决问题的方法有许多。还应当指出，“连续体”中的“已知”和“未知”对不同的师生来说是相对而言的，对有些师生来说是已知的，对另一些师生来说可能就是未知的；反之亦然。

“问题连续体”理论的核心实际上就是在日常教学中循序渐进地培养学生提出问题、解决问题的能力和创造思维能力。

三、初中化学课用“问题连续体”设计的一些问题及分析

在化学课程教学实验中，可以把梅克教授的“问题连续体”理论作为进行教学设计的一种工具。以下我们给出几个案例，来说明如何运用“问题连续体”理论进行教学过程中的问题设计。

（一）“物理变化和化学变化”教学过程中的问题设计

在学习化学课程之前学生已经接触过很多物理变化和化学变化的事例，只不过他们对这两类变化以及它们的区别没有注意或思考过，对化学变化的本质没有认识。所以在设计本课教学时应结合学生以往的生活经验，通过实验和讲解逐渐深入。表2—9中的内容是运用“问题连续体”理论设计的一些问题，具体做哪些实验可根据教材以及教学的需要选择。这里只是提供一个思路。

表2—9　　运用“问题连续体”理论设计的一些问题

	问题	蜡烛熔化	蜡烛燃烧	镁带弯曲	镁带燃烧
类型一	物体的形状是否变化？	变化了	变化了	变化了	变化了
类型二	是否变成其他物质？	没有，还是蜡烛	变成了水和叫做二氧化碳的气体	没有，还是镁带	白色氧化镁粉末
类型三	如何按变化中是否生成新物质分类	把这种变化定为物理变化	把这种变化定为化学变化	这个变化属于什么变化？	这个变化又属于什么变化？
类型四	生活中还有哪些变化可以归为物理变化或化学变化？				

用“问题连续体”理论设计这段内容时提出了四类问题：

第一类问题：“物体的形状是否变化？”这是事实水平的问题。学生能够通过实验观察到蜡烛熔化或燃烧（或镁带弯曲、燃烧）时物体的形状发生了变化，问题对于师生来说都是明确的，答案教师是知道的，学生是未知的，解决问题的方法是教师与学生都知道的，即通过实验进行观察。在解决问题的过程中，学生要学会动手实验（或观察教师演示实验）并仔细观察实验现象。

第二类问题：“是否变成其他物质？”这仍然属于事实水平的问题，通过观察也能够解决。只不过这个问题比起第一类问题有了一定的难度，学生通过蜡烛熔化实验还不能一下断定是否有其他物质生成，问题是如何理解“其他物质”，或

者进一步实验。对于镁带弯曲，显然形状是改变了，但还是镁带。对于蜡烛熔化后是否变成了其他物质，可以把熔化的蜡烛放到模子里使其重新变成原来的蜡烛，或者由教师讲解一下。对于蜡烛的燃烧实验，学生会看到玻璃片上的水珠是在蜡烛燃烧的过程中生成的，镁带燃烧时他们看到了石棉网上有白色固体粉末。通过学生的亲身体验以及教师的讲解，学生会理解什么叫生成了“其他物质”。

第三类问题：“如何按变化中是否生成新物质分类?”这个问题属于形成概念、掌握规律的问题。学生从个别（蜡烛或镁带的变化）扩展到“类”（物理变化和化学变化）。学生不仅需要完成抽象概括的过程，还要完成从系统化到具体化的过程。

第四类问题：“生活中还有哪些变化可以归为物理变化或化学变化?”这个问题比较开放，学生需要运用所掌握的概念（物理变化是没有生成新物质，化学变化是生成了新物质），解决定向问题。

本课还没有涉及第五类问题，即在主题范围内自行发现与主题相关的综合性问题，自行提出解决方案，解决问题。

（二）“实验室制取气体的装置”教学过程中的问题设计

问题类型：

类型一：实验室制取氧气和二氧化碳气体的装置是什么？

对于学过的学生，这个问题属于事实水平的问题，如果学生记忆力好的话，很快能回答出来。

类型二：从若干制气装置中选出制氧气、二氧化碳的装置，并解释原因。

这个问题仍然是事实水平的问题，但比第一个问题稍微复杂一些，有些是学生上课学习过的常规实验装置，有些可能是以前没见过的简易装置，学生单凭死记硬背是不行的，还必须经过必要的推理才能判断出来。

类型三：实验室制取气体选用装置时应考虑哪些因素？

这个问题已经从个别事实扩展到类，需要在前两个问题的基础上进行归纳，方能总结出实验室制取气体选用装置时应考虑的若干因素。

还可以进一步设计第四类或第五类更为开放的问题。有些中考题目是比较开放的综合题目，大概属于第四种类型的问题。

（三）“金属活动性的应用习题”教学过程中的问题设计

问题类型：

类型一：向硝酸铜溶液中加入适量的锌粉，充分反应后过滤，滤纸上有什么？滤液中的溶质是什么？

此问题对学生来说不难，只要把反应方程式写出来：$Zn+Cu(NO_3)_2 = Zn(NO_3)_2+Cu$，答案就很容易出来了。

类型二：向硝酸铜溶液中加入一定量的锌粉，充分反应后过滤，滤纸上一定有什么？滤液中的溶质一定有什么，可能有什么？

此问题比前一个问题复杂，不是简单地写出方程式就能解决的，需要分析一定量锌粉的含义：适量、过量、少量，然后才能作出正确判断。

上述问题还可以变换成：把过量的锌粉加入硝酸银和硝酸铜的混合溶液中，充分反应后过滤，滤纸上的残留物是什么。这个问题应该介于类型二和类型三之间。

类型三：某化工厂排出的废液中含有 $AgNO_3$、$Cu(NO_3)_2$ 和 $Zn(NO_3)_2$，为了减少废液中 Ag^+、Cu^{2+} 对环境的污染，并回收 Ag 和 Cu，应该怎样做？

此问题对于师生来说比前两个问题更为开放和综合。问题可能有着一系列的正确方法和答案，这些对于教师来说都是已知的，但是方法与答案必须要求学生去获得。

类型四：黄铜（铜、锌合金）单纯从颜色、外形上看，与黄金极为相似，所以很难区分，现请你根据所学的知识，向人们提供几种鉴别真假黄金的方法。

此问题对于师生来说都是已知的，但是，与前三道题相比更加开放，解决问题的方法和答案有可能师生双方都是未知或未全知的。

（四）“原子的构成”教学过程中的问题设计

问题类型：

类型一：前面我们初步了解了分子、原子都是一种构成物质的微粒，那么分子、原子在化学变化中的最大区别是什么？

此问题明确、简单，学生根据以前所学内容能回答出：化学变化中，分子可分，原子不可分。

类型二：是不是原子就是最小的微粒，不能再分了？

此问题比第一个问题稍复杂，但物理课中学生学过，需要借助学生已有经验思考。

类型三：原子结构大概是怎样的？原子核内有什么？讨论原子结构中各微粒的带电情况。由此引出物质的尺度与结构问题。

类型四：随着科学的发展，人们对原子结构的探索也会不断地深入。

（五）“金刚石、石墨和 C_{60}”教学过程中的问题设计

问题类型：

类型一：通过观察图片了解金刚石、石墨和 C_{60} 的用途。

类型二：思考同样都是由碳原子组成的单质为什么有不同的用途。

类型三：三种碳单质的性质（主要是物理性质）不同，与它们原子的排列方式（结构）不同有关。其他的物质性质上的差异也是如此。引出物质的性质主要是由它的结构决定的。

类型四：举例说明物质的结构、性质及用途三者之间的关系。

类型五：把上述结构决定性质的思想应用在其他领域，提出相应的问题并尝试着提出解决办法。

（六）“化学反应中的能量变化”教学过程中的问题设计

问题类型：

类型一：测量下面两个反应的温度变化：

$Ba(OH)_2 \cdot 8H_2O + 2NH_4Cl = BaCl_2 + 2NH_3 \uparrow + 10H_2O$

$2Al + 6HCl = 2AlCl_3 + 3H_2 \uparrow$

类型二：为什么第一个反应温度降低，第二个反应温度升高？

类型三：再举出几个实验的例子，由此说明化学反应的同时伴随着能量的变化，而能量的变化通常表现为热量的变化（有时为光或电），有的化学反应放出热量（放热反应），有的吸收热量（吸热反应）。

类型四：人类需要的大部分能量由化学反应产生，举出生活中的一些实例来说明。

类型五：围绕化学反应与能量的关系自行提出相关问题并尝试提出解决办法。

（七）“溶液”教学过程中的问题设计

问题类型：

类型一：在两支试管里各加入 10ml 水，然后分别向其中加入少量泥土和食盐，振荡一段时间以后，请学生观察实验现象。

类型二：为什么加入食盐的试管变得透明了，而加入泥土的试管变浑浊了？

类型三：用两个其他的试管分别加入蔗糖和植物油做同样的实验，观察并记录结果。通过引导可以形成有关溶液以及悬浊液、乳浊液的概念。

类型四：不仅水可以做溶剂，其他很多物质也可以做溶剂。举出生活中的很多事情都与溶液有关，溶液对动植物的生理活动也有很大影响的实例。

类型五：仔细观察周围的环境并查阅有关资料，去发现还有哪些与上面所学内容相关的现象？你能解决什么问题？

下面是关于“溶质的质量分数”的教学设计，大家可以试着运用“问题连续体”理论分析其中的问题设计。

案 例 溶质的质量分数（二）

课 题	第九单元 溶液 课题3 溶质的质量分数（二）（人教版初三化学新教材）		
授课班级	初三（1）班	授课老师	北京二中分校付红梅

教学目标		
教学目标	知识与技能	初步学习有关溶质质量分数的简单计算； 初步学会配制一定溶质质量分数的溶液。
	过程与方法	通过第一次学生活动，进一步学会反思和自我评价； 在两次课堂讨论中，能主动与他人进行交流，清楚地表达自己的观点，逐步形成良好的学习习惯。
	情感态度与价值观	通过实验活动保持和增强学习的积极性，发展学习兴趣； 通过对实验的分析和反思，发展善于合作、勤于思考、严谨求实的科学精神。
教学重点		有关溶质质量分数的简单计算； 配制一定溶质质量分数的溶液。
教学难点		对实验误差的分析。

教 学 过 程

教师活动	学生活动	设计意图
【引入】 展示图片： 人造海水、生理盐水、葡萄糖溶液 介绍： 溶液与生活的密切关系	观看、倾听，产生学习的兴趣。	从生活出发，激发学生的学习兴趣和主动参与探究的意识。
【活动1】 用固体氯化钠配制一定溶质质量分数的溶液。 (1) 讨论实验药品、仪器、步骤和实验操作中需要注意的事项。 (2) 指导学生实验。 (3) 组织学生组内自评、组间互评由于操作可能产生的误差。 【过渡】 生产生活中常使用浓溶液配制稀溶液。 【活动2】 计算：用市售98%的浓硫酸配制10%的稀硫酸。	学生讨论、动手实验、观察实验操作、积极思考； 分析实验可能产生的误差； 独立思考、完成练习、分析、总结。	通过实验练习实验基本操作，提高实验能力，培养观察能力。 通过组内自评、组间互评，培养分析能力，训练语言能力。 在小组活动中学习交流与合作。 通过练习，培养分析能力，提高计算能力。
【小结】 学会了配制一定溶质质量分数的溶液。	回想、整理思路。	进一步明确重点，整理思路，为下一环节做准备。

【反馈与评价】 设计：用不同溶质质量分数的硝酸钾溶液、固体硝酸钾、水配制10%的硝酸钾溶液。	积极思考，分析讨论，完成练习。	反馈知识掌握情况，进一步提升对知识的掌握。 通过组内讨论、组间互评，培养分析能力，训练语言能力。 在小组活动中学习交流与合作。
【作业】	练习、掌握、反馈课堂知识。	
板书设计	课题3　溶质的质量分数 一、溶质的质量分数 二、配制一定质量分数的溶液 1. 实验过程 2. 仪器	

“问题连续体”理论只是一个工具，运用这个工具可以达到从学生已有的知识、经验出发，经过学习，得出学科的规律，然后把这规律上升到自然科学的普遍观念，进而上升到哲学观念。“问题连续体”理论从表面来看很好理解，但真正领会其内涵、运用它设计出一节好课或几个好问题并不容易。

思考与活动

针对本讲中有关教学活动中问题设计的案例，试着利用“问题连续体”理论进行分析，一是看它的问题属于什么类型，二是看它的问题设计的层次是否合理。

第五讲
化学教学有效教学技术的设计与应用

首都师范大学化学系　陈康叔

中学化学的教学内容各有不同，学生的学习能力存在差异，教师的教学风格也各有千秋。所以我们说：教学有法，教无定法，贵在得法。

在教学中，选择有效的教学技术，也就是选择最适宜的教学方法和选择教学方法的最优组合，是教师的教学基本功。

一、以“概念控制掌握”模式进行教学，促进学生对概念的掌握

（一）概念

“概念控制掌握”模式是指按心智技能形成的自然顺序，对学生学习概念的活动加以控制，以促进概念的掌握的一种模式。

这一教学技术用于学生的概念形成学习，其实质是帮助学生以合乎法则的心智技能操作来学习概念。它所依据的原理是苏联加里培林的“心智动作是按阶段形成的”理论。该理论的基本要点是：(1) 心智动作是外部物质活动的反映，是外部物质活动向知觉、表象、概念方面转化的结果。(2) 这种转化过程是通过一系列阶段来实现的，而每个阶段的活动都会出现更新了的再现和反映，以促成认识系统的改进。(3) 由于心智技能是由一系列心智动作构成的，因此心智动作的形成与心智技能的形成是一致的。

（二）举例：初中化学“复分解反应”概念的教学

(1) 用实例说明复分解反应的特征。

例 1　$H_2SO_4 + NaOH \longrightarrow Na_2SO_4 + H_2O$

例 2　$HCl + AgNO_3 \longrightarrow AgCl\downarrow + HNO_3$

例 3　$HCl + Fe_2O_3 \longrightarrow FeCl_3 + H_2O$

(2) 讲述复分解反应的定义和判断依据，呈现于投影片上。

复分解反应是两种化合物互相交换成分生成另外两种化合物的反应。

判断依据——1. 发生反应物质与生成物质的种类数——两种
2. 发生反应物质与生成物质的种类——化合物
3. 反应过程特点——互相交换成分（各元素化合价不变）

(3) 用投影片呈现下列反应，判断这些反应是否为复分解反应，并说明理由。

反应一：$CuO+CO \longrightarrow Cu+CO_2$

【1】[①] ☑【2】☒【3】☒ 所以：☒

反应二：$CaO+H_2O \longrightarrow Ca(OH)_2$

【1】☒【2】☑【3】☒ 所以：☒

反应三：$NO_2+H_2O \longrightarrow HNO_3+NO$

【1】☑【2】☑【3】☒ 所以：☒

反应四：$MgO+H_2SO_4 \longrightarrow MgSO_4+H_2O$

【1】☑【2】☑【3】☑所以：☑

(4) 背诵复分解反应定义及判断依据，并默写成笔记。

(5) 给出若干复分解反应方程式，要求学生判断并画出化合物组成；标出成分的交换及反应物、生成物的种类数；标出各元素化合价。

(6) 布置适当数量的练习。

（三）应用“概念控制掌握”技术的教学意义

(1) 它既是促进学生掌握化学概念的教学方法，也是一种适于化学概念学习的“活动方式”。

(2) 它有助于学习的迁移，是一种认知策略，对于提高大多数学生认知活动的效率具有较好的作用。

(3) 对于规则的学习，该教学方法也具有一定的促进作用，例如用于解决问题。

二、设计符号、标志，提高学生对新学习材料的知觉程度

（一）概念

符号、标志是指在学习材料中加入的未增加实际内容的标志或词语，以强调

① 其中的【1】是指“判断依据”中的序号1，【2】、【3】类推。

知识的概念结构和组织。它不提供更多的额外信息，却使教学内容更为清晰，一目了然。实际上是这些符号、标志为学习者选择了适当的信息，并把它们关联组织在一起，形成一个概念性的、完整的框架。

在课堂教学中，我们经常使用“板书”这样一种教学手段。好的板书就是“符号、标志”技术的应用。板书可以清晰地表达教学过程的发展思路，可以有效地显示教学内容的组织框架，也可以明确地展示教学思维活动的线索。

我们还可以用“符号、标志”技术设计预习提纲、导学提纲。

（二）举例：氧化物与相应酸、碱的直接转化关系

在初中化学里有酸、碱、盐的溶解性表和它们之间相互转化的关系图（八点图），而氧化物与相应酸、碱的直接转化关系似乎“无案可查”，其实，它们之间的直接转化关系也是“有迹能循”的。有些氧化物能溶于水，有些氧化物难溶于水，我们可以把它们看做“亲水”与“憎水”。用这样的“经验观点”，以“符号、标志”技术来处理氧化物与相应酸、碱的直接转化关系。

先在黑板适当的位置画框，并写出“NaOH”，注明“易溶”（由溶解性表得）。进行分析：“易溶”，表明 NaOH “亲水”，这说明它继承了上一级化合物的“基因”。（边讲边画）所以，氧化钠可直接与水作用生成 NaOH；既然 NaOH “亲水”，乐与水“共处”，所以，NaOH 受热不能分解为氧化钠和水（见图 2—8）。

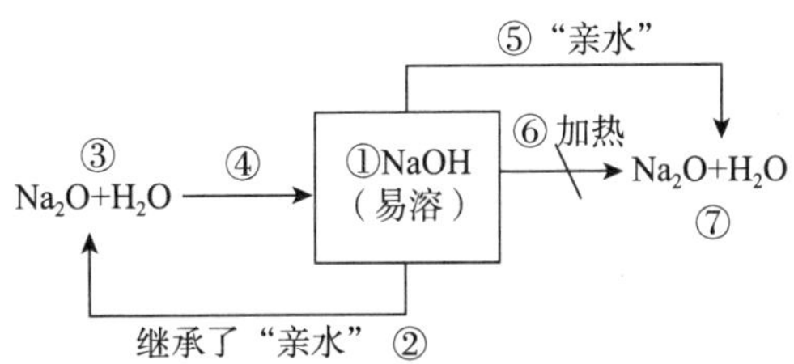

图 2—8 氧化钠与氢氧化钠的转化关系

注：图中编号①、②…表示板书顺序。

用同样的办法分析：$Fe(OH)_3$ “难溶”，表明它“憎水”，这说明它继承了上一级化合物的“基因”。所以，氧化铁不能与水直接作用生成 $Fe(OH)_3$；既然 $Fe(OH)_3$ “憎水”，难与水“共处”，因此，受热易分解为氧化铁和水（图 2—9）。

以同样相似的图示来分析酸性氧化物与酸的直接转化关系，就可以使学生比较清晰、顺利地掌握氧化物与相应酸、碱的直接转化关系。

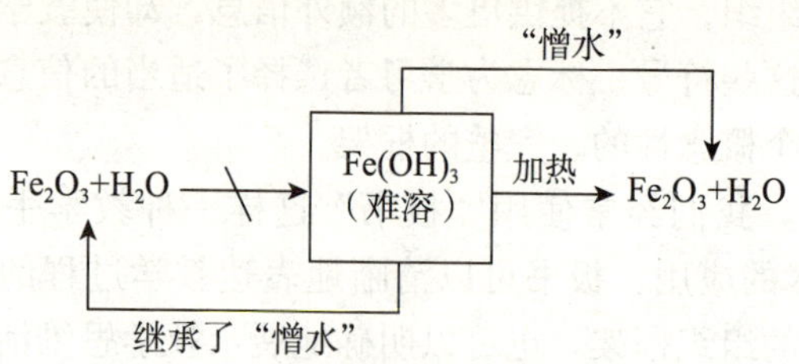

图 2—9　氧化铁与氢氧化铁的转化关系

（三）运用"符号、标志"技术的教学意义

1. 使用"符号、标志"技术，对于学习能力中等或中等以下学生的学习更为有效

对于学习能力中等或中等以下的学生，教师的主导作用体现在引导他们掌握认知策略、提高其认知速度和水平、使他们尽快地形成个体的认知结构上，使用"符号、标志"技术，能起到这样的作用。

2. "符号、标志"技术的作用主要是促进选择性保持和迁移

使用"符号、标志"技术，对机械学习没有帮助，但它能促进概念性材料的保持。使用符号、标志有助于学生理解当前学习的材料，能使他们对材料的内在结构融会贯通，形成知识间的有序联系。所以，使用"符号、标志"技术能发展学生解决问题和学习迁移的能力。

三、设计"先行组织者"，促进知识的保持和迁移

（一）概念

"先行组织者"是使学生更容易地达到学习目标（使能目标或终点目标）的引导性材料。它可以在教学前使用（预习阶段），也可以在教学中使用。

设计"先行组织者"的目的在于改进教学内容的组织和呈现方式，提高教学内容的易懂性。它在概括与包容水平上高于要学习的新知识，但必须要以学习者易懂的、形象的言语呈现。它也可能是新旧知识发生联系的桥梁，但这一桥梁必须是在出发点与目的地的直接路径上。

"先行组织者"适于在两种情况下使用：（1）当学生面对新的学习任务，但其在认知结构中尚缺乏适当的上位观念可以同化新知识时，可设计一个概括与包

容水平高于要学习的新材料的“先行组织者”，让学生先学习这一组织者，以便获得一个可以同化新知识的认知框架（在意识上减小学习的难度梯度），这样的组织者称为陈述性组织者。（2）当学生面对新的学习任务，虽然其认知结构中可能已经具有了同化新知识的适当观念，但原有观念与新知识间的联系尚不清晰或不流畅，学生难以应用时，可设计一个指出新旧知识间异同的组织者，这种组织者称为比较性组织者。

（二）举例：高中化学“反应热”

本节教学要达到下述教学目标：（1）化学反应过程中有能量的变化，这种能量的变化往往以热量的形式表现出来。（2）这种热量的变化同样是物质性质的一种表现形式。（3）如果要定量地认识这种物质性质的表现形式，应该知道与它相关的一些因素。（4）如何通过化学言语定量地表达这种能量变化与物质性质的关系。

根据上述学习目标和教学内容进行了如下设计：

导入：（出示计算题）“如何用98%（d=1.84）的 H_2SO_4 溶液配制成6M的 H_2SO_4 溶液500ml?”要强调配制步骤，引导学生认识化学反应中有热量的变化。【比较性组织者】

举例，生活中取暖：$C+O_2 \longrightarrow CO_2$，实验室制备 H_2：$Zn+H_2SO_4 \longrightarrow ZnSO_4+H_2$，说明人类应用化学反应有两个目的：获取新物质和获取能量。

粗浅、形象地解释为什么化学反应会有能量的变化——原子的化分与化合。这种能量的变化多以热的形式表现出来，这个热被称为反应热。（板书“反应热”）反应过程中放出或吸收的热都属于反应热。【陈述性组织者】

举例，$C+O_2 \longrightarrow CO_2+Q$（放热），而 $C+H_2O \longrightarrow CO+H_2-Q$（吸热）。同是与碳的反应，为什么能量变化不同？说明拆开氧分子比拆开水分子要容易一些。所以，水分子比氧分子要稳定一些。对比 $H_2+O_2 \longrightarrow H_2O$ 和 $H_2O \longrightarrow H_2+O_2$ 反应的条件也可得出同样的结论。（水加热到1 000℃只有0.3%分解）所以，化学反应中热量的变化不但可以被利用，还可以通过热量变化来研究物质的性质和反应规律。【陈述性组织者】

（讲述）化学反应可以用化学方程式来表示，用以说明物质发生了怎样的变化。而伴随着物质的变化，能量也发生了变化（特别是以

“热”的形式表现出来的能量的变化)，这一点，一般的化学方程式无法表现出来。因此，就需要一种特殊的化学方程式——热化学方程式。

(板书热化学方程式的定义）能表明化学反应过程中，放出或吸收的热量的化学方程式叫做热化学方程式。【比较性组织者】

列出下列化学方程式：

(1) $C+O_2 \xrightarrow{点燃} CO_2+392.9KJ$

(2) $C+CO_2 \xrightarrow{高温} 2CO-171.4KJ$

(3) $2H_2+O_2 \xrightarrow{点燃} 2H_2O+483.2KJ$【陈述性组织者】

对方程式 (1)、(2) 说明：“+”、“-”表示放热、吸热。以方程式 (1) 的应用提出问题：已知水的比热是 4.18 焦耳/克·度，392.9KJ 的热量可以使 1 000 克水的温度升高多少度（以℃计)？答案是：94℃。(追问）这些热量是 1 个碳原子和 1 个氧分子反应所放出的吗？那么，各化学式前的系数表示了什么？【比较性组织者】

是 6.02×10^{23} 个碳原子与 6.02×10^{23} 个氧分子反应放出的热。系数表示了物质的量 (mol)。

要想使碳燃烧得更旺，可以采取什么措施？氧气量加大，为什么燃烧会更旺？为什么就会放出更多的热？【比较性组织者】可见，方程式最右面的热量数值与方程式中各化学式前的系数值有着密切的联系，它们是成比例的。即：反应中的热量变化不但与反应本身有关，而且与参加反应的物质的量多少有关。

看方程式 (3)，2mol 氢分子与 1mol 氧分子反应生成 2mol 水，放出 483.2KJ 热量。如果是 1mol H_2 和 0.5mol O_2 反应生成 1mol H_2O，应该放出多少热量？怎样写这个方程式？(提示：物质的量的数值一定是整数吗?)【比较性组织者】结果是：

$$H_2+\frac{1}{2}O_2 \longrightarrow H_2O + 241.6KJ$$

(设问）某学生用 1mol H_2 和 0.5mol O_2 完全反应，得到 1mol H_2O，测得反应过程中放出的热量是 285.5KJ。他的测定结果对吗？与“正确值”相差多少？为什么？

(提问、计算）水蒸气冷凝成液态水要放热，1 克水蒸气冷凝成 1 克液态水放出 2.438KJ 的热量。计算：1mol 水蒸气冷凝成 1mol 液态水放出多少热量？

$$2.438KJ/g \times 18g/mol = 43.88KJ/mol$$

若用该学生测定的热量值减去1mol水冷凝放出的热量值，得：【比较性组织者】

$$285.5-43.88=241.6$$

241.6与“正确值”一样吗？这说明了什么？这说明：方程式后面的热量数值不但与物质的质量有关，而且也与物质的存在状态有关系。

（讲述）热化学方程式中的热量数值表示的是反应热，反应热是化学变化过程中放出或吸收的热量。而化学变化过程中总伴随着物理变化，所以化学变化过程中的热量变化，实质上是化学反应过程中化学变化与物理变化所引起的热量变化的代数和。【陈述性组织者与比较性组织者的结合】

因此，在热化学方程式中，每种物质的化学式后面必须注明其反应时的存在状态。如：

（1）C（固）+O_2（气）══CO_2（气）+392.9KJ
（2）C（固）+CO_2（气）══2CO（气）−171.4KJ
（3）$2H_2$（气）+O_2（气）══$2H_2O$（气）+483.2KJ
（4）$2H_2$（气）+O_2（气）══$2H_2O$（液）+571.0KJ

总结热化学方程式的书写规则。上述例子中的“先行组织者”也可以设计成预习提纲的形式。

运用“先行组织者”技术的基本目的是从外部影响学生的认知结构，使之易于同化新知识。

（三）运用“先行组织者”技术的教学意义

1. 当“先行组织者”用于学生不熟悉的教学内容中时更为有效

这里所谓“学生不熟悉的教学内容”实质上是指当学生学习新材料时，缺乏必要的准备知识。例如：有些化学知识距离生活较远；有些知识前后之间跨度较大；有些知识之间的关系表现得很不明显；等等。这时采用“先行组织者”技术可以有效地促进学习。

2. 运用具体模型作为“先行组织者”更有助于学习

组织者可以用一条定律、一个概念或一段概括性语言文字加以说明。但如果把上述这些转化为具体模型，可能会更有助于为新的学习提供必要的准备知识。因为模型更直观、形象，所以通过类比方式更能促进学生对新材料的理解。这也就是说，组织者的设计必须依据新材料的特点，增强指向性、简捷性。如果组织者本身也需要学生煞费苦心地去理解，那么就会造成注意力的转移，从而违背了设计“先行组织者”的初衷。

3.“先行组织者”有助于促进学习的迁移

这里有两个问题：(1) 运用“先行组织者”技术的对象必须是具有迁移性质的学习，“先行组织者”无助于机械学习。(2) 运用“先行组织者”技术对有意义学习具有促进迁移的作用。所以，学生运用“先行组织者”技术学习，实际上是一种学习策略的学习。例如，将有关知识的复习与将要学习的知识联系起来进行预习。

本讲小结

本讲介绍了三种有效的教学技术，结合中学化学具体教学案例讨论了这些教学技术的设计与应用，并简略地分析了运用它们的教学意义。

思考与活动

1. 谈谈你对“概念控制掌握”教学模式的认识与理解。

2. 应用“符号、标志”技术设计一节课的板书。

3. 你怎样理解“学生运用‘先行组织者’技术学习，实际上是一种学习策略的学习”？

参考文献

[1] 刘知新. 化学教学论. 3版. 北京：高等教育出版社，2006

[2] 皮连生. 学与教的心理学. 修订本. 上海：华东师范大学出版社，1997

第六讲
化学学案设计及其应用

北京市东城区教师研修中心　周业虹

很多教师在完成教学任务的过程中经常为学生编制学习方案，如课前下发预习思考题，在探究性实验过程中要求学生完成有序的实验报告，设计好课堂评价反馈试题等，这些都属于学案的范畴。那么，什么是学案？学案能否替代教材？编制学案的过程中要关注哪些问题？不同知识类型的学案有哪些差别呢？

一、学案的内涵

（一）什么是学案

学案是指教师依据学生的认知水平、知识经验，为指导学生进行主动的知识建构而编制的学习方案。它实质上是教师用以帮助学生掌握教材内容、沟通学与教的桥梁，也是培养学生自主学习和建构知识能力的一种重要媒介，具有“导读、导听、导思、导做”的作用。

（1）学案的关键——问题探究。它能起到“以问拓思、因问造势”的功效，并能帮助学生学会如何从理论阐述中掌握问题的关键。

（2）学案的重点——知识整理。学案的初步目标就是让学生学会独立地将课本上的知识进行分析综合、整理归纳，最终形成一个完整的科学体系。

（3）学案的特色——阅读思考。可根据教材内容进行阅读思考，也可为开阔学生的视野、激发其学习兴趣，设计一系列有教育意义的文章，如与所教内容密切相关的化学史的知识，或是现代化学科学发展的前沿知识等。

（4）学案的着力点——巩固练习。在对某一课时的教学内容进行整理归纳的基础上，让学生独立进行一些针对性强的巩固练习，对探究性的题目进行分析、讨论，达到巩固知识、掌握方法和培养技能、优化学生的认知结构的目的。

案例1　“氢氧化钠”巩固练习的学案

1. 下列物质溶液中能使酚酞溶液变红的是（　　）。

A. NaCl　　B. HCl　　C. H_2O　　D. NaOH

2. 下列关于氢氧化钠的描述中错误的是（　　）。

A. 易溶于水，溶解时放出大量的热

B. 对皮肤有强烈的腐蚀作用

C. 水溶液能使石蕊溶液变红

D. 能去除油污，可做厨房的清洁剂

3. 下列潮湿的气体能被固体氢氧化钠干燥的有（　　）。

A. 二氧化碳　　B. 氯化氢　　C. 氧气　　D. 二氧化硫

4. 向盛有 CO_2 的可乐瓶中注入 NaOH 溶液，可观察到的现象是______，原因是（用化学方程式表示）______，再注入稀 HCl，可观察到的现象是______，原因是（用化学方程式表示）______。

5. 如何确定一瓶氢氧化钠溶液是否变质？如果变质应如何除去杂质？写出相关的化学反应方程式。

在这份学案中，教师编制的巩固练习学案针对性很强，紧紧围绕本节课的教学内容——NaOH 的性质。我们发现教师力图从三维目标的角度帮助学生总结 NaOH 的知识，涉及知识与技能——NaOH 的物理和化学性质、过程与方法——设计实验除去久置 NaOH 溶液中的杂质、情感态度与价值观——NaOH 的用途，学生通过回答这些问题，可以达到巩固知识、掌握方法的目的。

（二）学案是教学辅助手段

1. 学案不等同于教案

学案与教案都是由教师设计的，都指向共同的教学目标。教案本身包含着学生学习活动的设计，学案是在教案的基础上产生的。但学案不能等同于教案，学案是提供给学生使用的，只是设计学生的学习活动，为学生提供必需的学习资料。而教案是教师使用的，是对教与学两方面活动的整体设计、全程设计，具有更为丰富的内容。因此，不能把学案与教案混为一谈，不适宜把教与学一体化设计的“教学案”、“讲学稿”发给学生作为学案使用。

2. 学案不能替代教材

“学案”是针对学生学习而开发的一种学习方案，它能让学生知道教师的授课目标、意图，让学生学习有备而来。但是学案不能替代教材，也不能等同于练习。学案应该是重在设计学生的学习活动，为学生自主学习、问题探究提供材料和指导。有些教师设计的学案，主要是归纳、罗列知识要点，分析、阐述教学重点和难点，在教学中往往抛开教材，只是依照学案展开教学活动。其实，教材不只是概念、规则、方法的介绍和分析，而是具有深刻的思想和丰富的内涵，任何教学手段都不可能替代教材文本。学案如果只是教材的缩写，只是以知识为线索的学习提纲，也就失去了学案的意义，而且还会导致学生忽视对课本的研讨。而有些教师设计的学案，只是罗列大量的练习，用于课堂上讲讲练练，这难以突出学生主体地位，引领学生主动发展，难以突破以教为中心的传统教学模式。

学案作为一种教学辅助手段，作为一种学生使用的学习资料，不是简单地提供问题情境和参考资料，必须在内容选择、活动设计上充分体现新课程的新理念，努力突出学习活动的自主性、探究性、开放性、创造性。学案的应用，要着力引领学生培养自主、探究、合作学习的学习方式和学习习惯，而不是引导学生死记硬背、机械训练。

二、化学学案的设计

（一）学案的设计原则

学案的设计要以教案为依据，体现学生的心理特点，根据不同的教学内容进行设计。为达到最佳教学效果，学案的设计应遵循以下原则：

1. 主体性原则

学案是教师为学生主动求知而设计的学习活动案例，所以在设计学案时要以学生的“学”为中心，做到心中有“人”。备课时，不仅要备课标、教材，了解教学目标、教材重难点、知识编排设计等，更重要的是要备学生，了解学情，研究学生的认知水平和已有的知识水平，使设计的学案有较强的针对性，同时还要考虑学法指导的渗透，使学生懂得如何学。

2. 探索性原则

要使设计的学案让学生学得懂、学得有兴趣，关键在于所设计的导学问题是否有探索性，能否激发学生的求知欲望。因此，教师要依据教学目标和教学内容，依据学情，精心构建导学问题链。问题设置要科学，有启发性和趣味性，并有一定的层次和梯度，符合学生的认知规律，起到“以问拓思、因问造势”的功效。

3. 主导性原则

强调学生的主体性，并不意味着教师可以“放羊”。恰恰相反，教师要立足主导地位，肩负“导演”的责任。学是主线，导是关键，备学案要在“如何导”

上下工夫。

（二）学案的设计模式

学案的设计，应依据学习内容、目标和学习者的情况而变，没有千篇一律、固定不变的模式。另外，由于学生学习的基础不同，在设计学案时，形式上应丰富多彩、灵活多样，内容上也应该尽量调动学生思维的积极性。

化学知识分为基本概念和基础理论、元素化合物、化学实验和复习等板块，不同的知识类型，其学案设计有不同的特点。

1. 概念和理论课型学案的设计模式

化学基本概念和基础理论的知识较抽象，学习难度大，思维要求高，可以说这部分知识是培养和训练学生科学思维方法的良好素材。因此，学案的设计应突出探究过程，让学生沿着科学家研究的思路进行探究性学习。学案的模式可分为五个部分：学习目标、课题引入、探究规律、思维训练、学习小结。

下面以“分子和原子”第一课时学案的设计为例加以具体说明。

（1）学习目标：依据课程标准拟订的学习目标来制定。

（2）课题引入：旨在设置情境，激发学生的学习兴趣和热情，使学生主动完成新旧知识的迁移过渡。因此，所给材料要有趣味性，所设计的问题要有挑战性。

为便于学生理解分子的知识，教师设计了如下课前学案。

案例 2　“分子和原子”第一课时课前准备

一、阅读教材

请预习教材第 49～51 页。

二、家庭小实验

1. 取一滴酒精滴在手上，过一段时间后，酒精________了；这是为什么呢？我猜想：________。

2. 出示一束鲜花后，我闻到了________，但是我________（填“有”或“没有”）看见它们。

3. 往水中滴入几滴红墨水，我看到了________。

思考：以上现象是什么原因造成的呢？你还能举出哪些类似的现象？________。

三、查阅资料，回答下列问题

1. 近代提出分子原子学说的科学家是________和________，使人类逐步认识到物质确实由微小粒子________和________等构成的。你还了解到哪些相关的知识呢？________。

2. 一个水分子的质量是________，一滴水中含有大约________个水分子，说明分子很________，它的________和________都很小。

这部分学案的设计就是为了激发学生的学习兴趣，使学生产生认知冲突。同时借助于资料信息，让学生对所要研究的分子有初步的感性认识。

（3）探究规律：本阶段是课堂教学的重要环节，要充分考虑学生在探究过程中可能会遇到的困难，教师在了解学情的前提下，为学生探究铺设导学问题链，让学生拾级而上，自己“摘桃子”。学生通过亲身实践，经过观察、分析、比较、综合和归纳，形成新知识。这不仅有利于提高学生的学习兴趣和学习效率，同时也能使学生对学习知识持有一种科学的认知方法。

如在开始进行“分子和原子”第一课时的课堂教学时，教师下发了如下学案。

案例 3　　“分子和原子”第一课时课堂学案 

指导实验一：探究分子运动

（一）分子是静止的还是不断运动的呢？你能用哪些方法证明你的结论？

（二）【背景资料 1】浓氨水中含有大量氨分子，有挥发性。

【背景资料 2】浓氨水能使酚酞溶液变红。

1. 我会猜想

看图，预测一下哪个烧杯经过一段时间会有明显变化？________。

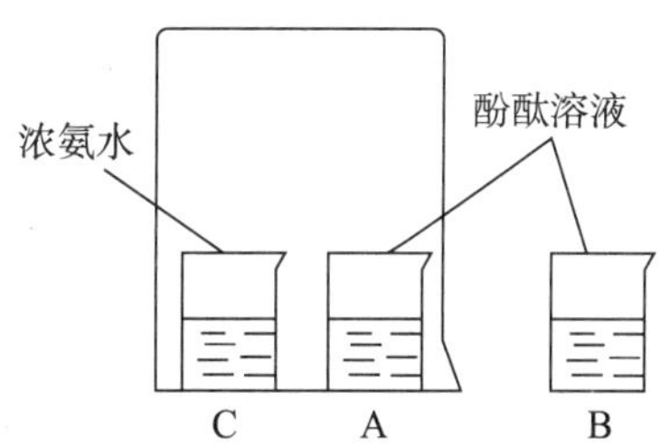

2. 动手实践

将 A、B 烧杯中分别倒入 30ml 酚酞溶液，在另一个烧杯 C 加入约 5ml 的浓氨水，用一个大烧杯罩住 A、C 两个烧杯。将烧杯 B 置于大烧杯外（如上图），观察几分钟，有什么现象发生？

3. 我会解释

结合背景资料，试从分子的角度解释你观察到的现象。________。

结论：分子总是在________。

指导实验二：1+1 是否一定等于 2 呢？

1. 猜一猜：50ml 小米与 50ml 黄豆混合，体积________________。（填“>”、“=”或“<”100ml）

2. 可用两个小烧杯分别量取各 1 体积的黄豆和小米（参考用量 50ml），混合均匀，所得体积是否等于这两种物质的体积之和？注意观察小米和黄豆的位置关系，验证你的猜想并说明原因。______。

3. 根据上述实验，能推测水和酒精混合后所发生的奇妙现象的原因吗？______。结论：分子间________。

教师通过设计探究问题，引导学生围绕问题进行实验，学生通过对实验现象的观察和分析，最终得出分子的特征，这中间突出了过程与方法、知识与技能目标的有效整合。

(4) 思维训练：教师精心设计或挑选具有一定思考容量、小巧的题目让学生在课堂上进行训练，也可以推荐课后作业，使其巩固知识和培养思维能力。

如“分子和原子”第一课时教学结束后，教师布置了如下学案内容。

案例 4 “分子和原子”第一课时课后提高学案

推荐作业：利用家庭中的物品来感受下面实验的奇妙现象吧！

1. 如图所示，在一个玻璃杯中放入约 50ml 水，向水中放入一大块糖块，在容器外壁沿液面画一条水平线，当糖块消失后，液面比水平线________（“高”、“低”或“相平”），这一现象说明了________。

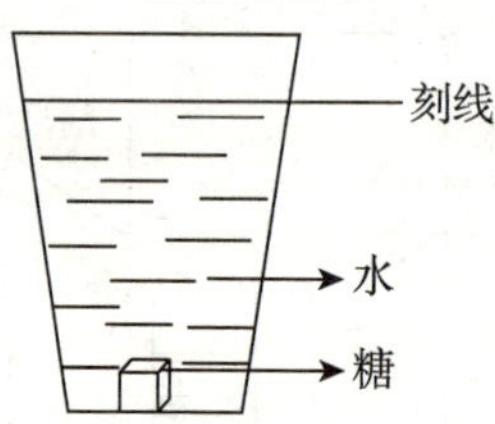

2. 花露水与水混合

实验用品：花露水瓶一个（瓶颈细长，容积 195ml），过期花露水约半瓶。

实验步骤：在空的花露水瓶里倒约半瓶水，再慢慢倒约半瓶花露水至瓶口，用大拇指堵住瓶口倒置，重复几次，观察液面是否低于瓶口。想一想是什么原因？

这样设计的结果可让学生结合家庭中常用的物质，进一步体会分子的运动特征，并运用所学知识解释生活中的实际问题，使学生的学习得到进一步完善，同时突出了情感态度与价值观教育。

(5) 学习小结：让学生学会用精练的语言概括本节要点，学会总结规律，形成知识网络。

2. 元素化合物课型学案的设计模式

元素及其化合物知识，学生通过自学，大多能独立掌握。因此，学案的设计应突出重点、难点问题的设计。学案的模式可分为五个部分：学习目标、自学检测、问题讨论、思维训练、学习小结。其中学习目标、思维训练和学习小结与概念和理论课型基本相同。自学检测主要是指依据学生能学懂的知识课堂上不教的原则，将这一部分内容编制成基本检测题，让学生自我检测自学效果。

问题讨论是课堂教学的重头戏，教师根据教材的重点、难点、关键点及学生可能会遇到的困难而拟订讨论或实验探究题目，指导组织学生思考、讨论、实验、解疑，最终形成正确的认识。

下面以“二氧化碳的性质”学案中设计的问题为例加以分析。

二氧化碳的物理性质是教学的重点。教学过程中教师围绕主题设计了三个探究性实验。

案例 5　**二氧化碳的性质** 

实验	现象	分析与判断
1. 检验二氧化碳气体。 方法：________。		
2. 倾倒二氧化碳灭火。 二氧化碳 注意：倾倒时用玻璃片盖住瓶口的大部分。		

续前表

实验	现象	分析与判断
3. 二氧化碳溶解性实验。 向塑料瓶中倒入约占塑料瓶容积1/3的水，立即旋紧瓶盖，振荡。		

通过对实验的操作与观察，你认识到二氧化碳有哪些性质？

学生在教师的引导下完成这三个实验后，进一步对实验现象进行观察和分析，获得了关于二氧化碳物理性质的认识。但是二氧化碳溶于水时是否和水发生了化学反应呢？教师不失时机地提出了下一个探究问题。

案例6　二氧化碳能否与水反应

步骤及方法	现象	分析与判断
1. 取三朵用石蕊溶液染成紫色的干花。 2. 向第一朵小花喷水，观察。	颜色为________色	水________（填“能”或“不能”）使石蕊变色。

续前表

步骤及方法	现象	分析与判断
3. 将第二朵小花直接放入盛有二氧化碳的集气瓶中，观察。	颜色为________色	干燥的二氧化碳________（填“能”或“不能”）使石蕊变色。
4. 将第三朵小花喷水后放入盛有二氧化碳的集气瓶中，观察。	颜色为______色	二氧化碳和水反应后的生成物______（填“能”或“不能”）使石蕊变色。对比上述实验，说明水与二氧化碳反应有________性物质产生。该反应的化学方程式是__________。

在探究二氧化碳是否与水反应时，教师采用了对比实验的手段，在讲解知识的同时，对学生进行了化学科学方法教育。

那么，二氧化碳与水反应生成的显酸性的物质又有何性质呢？教师又提出了第三个问题。

案例 7　加热变红的小花有何现象？

实验步骤及装置	现象	分析与判断
将变红的小花放在酒精灯火焰上加热，观察。	小花由______色变成____色。	说明________。

通过对实验现象的分析，学生明确了碳酸的不稳定性。

可见，在“二氧化碳的性质”的学案设计过程中，教师围绕主题设计了层层递进的实验探究问题，引导学生在共同完成实验内容的基础上，思考、讨论、交流，最终获得关于二氧化碳性质的正确的认识。可以说，在学案的引导下，学生学习目标明确，学习过程清晰，且积极主动地探索新知，同时，其分析问题和解决问题的能力得到发展。教师在设计学案时，特别关注了三维目标的整合，将探究式的学习方式、对比实验的运用贯穿于二氧化碳性质的教学过程中。

3. 化学实验课型学案的设计模式

教材编入实验内容，旨在培养学生的实验操作能力、观察现象能力，以及激发学生学习化学的兴趣，同时，让学生经历实验体验，获得丰富的感性认识，并最终将感性认识上升为理性认知，学生的创新实践能力也在其中不断提高。化学实验课型学案的设计应突出实验操作的指导和实验结果的分析。学案的模式可分为五个部分：学习目标、实验指导、讨论归纳、思维训练、学习小结，现对实验指导和讨论归纳介绍如下：

（1）实验指导。

在大多数学校，学生做实验的机会少，实验操作是一个薄弱点，因此，指导学生如何进行实验操作、如何观察实验现象、如何分析现象并得出结论等就显得尤为重要。建议采用实验报告的表格形式，将实验分成五大块：实验目的、实验内容、实验现象、实验解释和结论及化学方程式。

下面以“对蜡烛及其燃烧的探究”为例进行分析。

“对蜡烛及其燃烧的探究”是人教版初三化学新教材第一单元课题 2 中的内容，是学生第一次通过做实验来解决化学问题，学生对此的学习兴趣比较浓厚。但是由于刚接触化学这门学科，学生对于化学的认识比较朦胧，对于化学的了解几乎为零。通过前面的学习，学生虽然知道了化学研究的对象是物质，但是对于怎么研究物质、利用什么方法研究物质并不清楚。同时由于学生第一次通过实验的手段研究物质，在没有化学基础知识的前提下，如何引导学生观察实验、分析实验现象，如何引导学生设计实验、进行实验，使之顺利完成实验操作并归纳结论，成为教师的首要任务。而要达到这些目的，精心设计学案至关重要。

案例 8　对蜡烛及其燃烧的探究

探究实验目的： 对蜡烛进行细致的观察，学会观察物质的变化并描述变化现象。

实验用品：（1）实验一：探究蜡烛的密度。__________。

（2）实验二：探究蜡烛火焰的温度。__________。

(3) 实验三：探究蜡烛燃烧时的产物。________。

步骤和方法：

实验内容	步骤与方法	现象	结论
实验一： 探究蜡烛的密度	取一小块________，放入______中，观察现象。		
实验二： 探究蜡烛火焰的温度	(1) 点燃蜡烛，观察其变化。 (2) 取________，放入________中，________后取出，观察其变化。		
实验三： 探究蜡烛燃烧时的产物			

本次实验中比较成功的地方有：________。

本次实验中不成功的地方有：________。

我们可以看出，教师试图通过这份学案提醒学生，在利用实验研究物质的性质时，首先要关注实验目的，即“做什么”；然后找出实验用品，即“用什么”；目的明确了，用品也有了，下一步要明确为达到实验目的，应做哪些实验，即“做什么”，实验步骤有哪些，即“怎样做”；最后要观察并记录实验现象，对实验现象进行分析，即“为什么”。为了培养学生的反思精神，在学案最后教师还列出了实验成功及不成功的地方，引发学生更深层次的思考。

为巩固学生对于实验探究方式的运用，教师给出了课后作业学案，让学生仿照课上实验报告的形式完成家庭小实验。

案例 9　家庭小实验报告

实验内容	步骤与方法	现象	结论
实验一： 探究蜡烛熄灭后产生的“白烟”是否可以点燃			
实验二： 探究如果蜡烛没有棉芯，是否可燃			

很明显，这份学案对学生掌握“用实验探究方式研究物质”的方法、如何观察实验现象、如何对结论进行分析起到了重要的作用。

(2) 讨论归纳。

讨论归纳是课堂教学的重点。教师在学生进行实验、观察实验现象的基础上拟订揭示现象本质的讨论题，引导学生在课堂上经讨论、归纳、汇报，最终形成相应的知识体系。

在水的净化教学中，教师在一系列实验探究活动后，在学案中设计了根据实验现象进行讨论的题目，层层深入地帮助学生认识水的净化的方法，最终从中提炼出分离物质的方法。

案例 10 “水的净化”学案

1. 请你在容积为 250ml 的烧杯中倒入 150ml 纯净水，然后简单模拟水的污染过程。

说明：杂质（污染物）可任意选取，判断选取的杂质属于哪一种污染。（画“√”）

记录开始时间。________。

杂质	选否	自然污染	生活污染	工业污染	生物污染	溶解性
洗手水						
红墨水						
工业乙醇						
菜叶						
沙土						

请问你用了多长时间污染了一杯纯净水？________。

2. 你可以把刚才放入的杂质再从水中分离出来吗？用所给的药品和仪器试一试。

要求：最后在容积为 50ml 的烧杯中再次得到无色透明的水。记录开始时间。________。

药品	加入后现象	过滤后现象	药品作用
明矾			
活性炭			

把你用的方法和分离出的杂质一一对应。（画“√”）

方法 \ 杂质	洗手水	红墨水	工业乙醇	菜叶	沙土
沉淀					
吸附					
过滤					

请问你用了多长时间再次得到无色透明的水？________。

3. 在净化水的操作过程中，你认为应该注意哪些方面才能使效果更好？

沉淀：________。吸附：________。过滤：________。

4. 连线题。

方法　　　　　　　　可除去的杂质

沉淀

吸附　　　　　　　　不溶性杂质

过滤

蒸馏　　　　　　　　可溶性杂质

教师试图让学生净化自己制作的被污染的水，了解生活中净化水的方法，进而通过讨论、分析，归纳出对于不同类别的污染物采用不同的净化方法的结论。可以说，讨论归纳这一环节是这一节课的高潮，为学生情感态度与价值观的建构奠定了基础。

讨论环节不一定要在课堂实验后完成，它可以基于学生对已经掌握的实验内容如操作、原理的分析来完成。下面以实验室制取二氧化碳的药品、原理及装置的实验探究为例进行分析。

首先教师组织学生讨论实验室制取气体选择药品的原则是什么，进而引导学生回忆哪些反应可生成二氧化碳，然后让学生分组讨论适合在实验室中制取二氧化碳的反应，并逐一列在学案上。

案例 11　药品和实验原理的选择（选择原则：________）

药品来源广，价廉；反应条件、装置，操作简单；产气速率适中，容易收集气体；气体纯度高；安全、无污染或污染小。

生成二氧化碳的反应	理由		是否适宜用于实验室制取
	产生气体的速度（可填快、慢、适中）	其他	
高温煅烧石灰石	反应速率慢	反应条件要求高	
碳酸钙粉末与稀盐酸反应			
石灰石（块状）与稀盐酸反应			
石灰石（块状）与稀硫酸反应			
碱面（Na_2CO_3）与稀盐酸反应			

结论：实验室制取二氧化碳常用的药品是________，反应的化学方程式是________。

最后全班同学一起进行交流，找出实验室制取二氧化碳的原理和药品。随后，教师继续带领学生分析讨论实验室制取二氧化碳的装置。教师进一步利用了学生已有的知识，从回忆氧气和氢气的实验室制取入手，找出共同点，发现差异。

案例 12　实验室制取二氧化碳的仪器和装置探究

	氧气	氢气	二氧化碳
药品	高锰酸钾	锌粒和稀硫酸	石灰石和稀盐酸
反应原理			
气体发生装置图	A	B	你认为实验室制取二氧化碳可选择左边两个装置中的________。你还能利用下面所提供的仪器设计出更多的发生装置吗？
气体收集装置图	排水法	向上排空气法　向下排空气法	
收集方法及依据	方法 1________， 方法 2________，	依据________ 依据________	方法________， 依据________
验满方法			

可供选择的仪器（略）。

在学案的指导下，教师引导学生经讨论、归纳、汇报，最终形成关于实验室制取二氧化碳的完整的知识体系，同时培养了学生的表达与交流能力、应用所学知识分析问题和解决实际问题的能力等。

4. 复习课型学案的设计模式

化学复习课，旨在帮助学生梳理一个阶段所学的知识，使零散的知识系统化，形成知识网络，最终构建该知识内容的完整体系，并应用此知识联系实际进行拓展。因此，复习课的学案内容有别于新授课的学案内容，其模式可分为五个部分：学习目标、回忆旧知、形成网络、解决问题、学习小结。

例如，在“置换反应和复分解反应的复习”一节课中，教师设计了如下学案。

案例 13　置换反应和复分解反应的复习

1. 预习提纲（每个小组一个主题，在全面预习的基础上重点研究本组内容）。

	反应通式	反应条件	反应类型	典型例子	生活实例
金属与稀酸					
金属与盐					
酸与盐					
碱与盐					
盐与盐					
酸与碱					

2. 实验探究。

实验名称	方案	操作	现象	结论
鉴定假元宝	方案一			
	方案二			
相片废液处理	方案一			
	方案二			
铜离子的转化	方案一			
	方案二			
食盐与碱面的鉴别	方案一			
	方案二			
	方案三			
除水垢的方法	方案一			
	方案二			

在学案中，教师设计了预习提纲，让学生书写金属、酸、碱、盐之间反应的通式，写出反应方程式，回忆相应的反应类型，以此引出本节课的主题——置换反应和复分解反应。随后，教师引导学生用所学的这两类反应的知识解决实际问题，达到拓展应用的目的。可见，复习课中的学案有助于学生回忆所学过的知识，在解决问题的过程中构建完整的知识体系。

三、化学学案的运用

实践表明，学案在当前的课程改革中有着不可替代的作用。

（一）学案的作用

1. 培养学生的阅读能力

阅读是自学的一条主要途径，自学能力的形成直接受到阅读水平的限制。课本是教学的依据，也是学生获得知识的主要途径。化学学案引导学生在通读教材的过程中发挥再造想象、抽象思维和逻辑推理作用，使学生既尝到了阅读的乐趣，也提高了阅读能力。

2. 提高学生学习的自主性

课上教师充分利用学生通过思考学案中的问题获得的信息，相应调整教学方法。当教材的内容低于学生能力的时候，教师让学生自己讲过程、讲思路、讲结果；当教材的内容高于学生能力的时候，教师引导学生通过思考和分析，突破难点，并教给学生归纳和演绎的思维方法。

3. 使学生逐步掌握科学、系统地研究化学问题的方法

从化学学案中学生获知：学习元素化合物的知识，总是由典型元素到一族元素，由元素的存在到物理性质，由结构决定化学性质，由性质决定其用途；学习气体的实验室制法是按药品、反应原理、实验装置、净化干燥、收集方法、检验方法、尾气的吸收这一系统进行的。这样，学生在研究新对象时就知道从这些方面去进行分析了，从而不仅学到了知识，也掌握了方法。

4. 有利于培养学生的发散思维

使用化学学案后，学生在课前就能明确教学的要求和目标，大部分学生是有备而来的，课堂气氛活跃。许多学生不仅能回答教师提出的有针对性的问题，而且能够对知识有较深刻的了解与认识。另外，宽松的、和谐平等的教学氛围，不再是教师讲学生听的单向交流，学生也踊跃发表自己的观点。

学案在学生学习过程中的应用是多方面的。一是指导学生预习。学生运用学案，增强了有指导性的课前预习，这样可以带着对课程的完整性自主认识以及疑

点和难点问题进课堂。二是用于课堂学习。学案是教师站在学生学习的角度，精心策划设计的师生共同拥有的“学习节目表”。但科学的设计并不等于理想的现实。精心设计的学案要想充分发挥作用，关键还在于要用足、用好，还必须有应用的技巧、实践的智慧。

（二）学案的运用

1. 指导学生根据学案认真预习

（1）提前印发。将学案提前一天印发给学生，指导学生根据学案上提出的课前学习活动的任务和要求，利用课余时间认真开展预习活动。在课前预习、课后作业少而精的前提下，必须要求学生认真完成规定的预习任务。

（2）课上评价。在课堂上，首先要组织学生交流课前预习情况，并予以简要的总结、恰当的评价。通过交流、评价，一方面检查学生的预习情况，督促学生做好预习工作；另一方面了解学生对学习新课内容的认知基础和主要问题，以更具针对性地突出重点难点。学生的学习与我们的工作一样，无法完成的不要提，提出来的就必须认真去做，而做了的就必须及时进行总结和评价，通过评价进行督促、激励和指导。

2. 组织学生认真开展问题探究活动

（1）认真讨论。学案中设计的问题，是指向学习重点的问题，是最具典型性的问题，是有保存价值的问题。教学过程中不能轻描淡写一带而过，必须着重应用这些问题情境组织学生开展自主学习和问题探究活动。要有比较充分的时间，引领学生围绕这些问题，结合课本认真阅读、思考、讨论、书面解答和发言交流，并在自主探究过程中予以归纳、指导和评价。课堂上尚未详细解答的问题，必须要求学生结合同伴的交流、教师的指点，在课后补充完整。

（2）提炼方法。使用学案，不是简单地分析解答一个个问题，而是要指导学生从阅读材料、观察生活、思考问题的过程中悟出基本思想，提炼一般方法，这是培养学生分析问题、解决问题能力的重要策略。对悟出的道理、提炼的方法，可以指导学生记录在学案上，以便于自己总结和反思。

3. 将学案与其他教学手段结合起来

学案是以纸质的形式印发给学生的，便于对学生的学习活动进行整体设计，便于引领学生阅读、思考、交流、表达，便于学生总结反思、保存资料。但是，学案容量小，也缺乏形象、直观、动态的特点。因此，在教学中，必须将学案与其他教学手段结合应用。在应用学案指向重点内容、展开学习活动的同时，可以应用挂图、投影、录像、实物标本等呈现直观形象的教学情景，可以应用小黑板、投影仪等开展一些变式训练，可以应用实验仪器等开展一些实践活动，可以应用实物投影等展示、交流学生的学习成果，从而使教学过程生动活泼，也有利于培养学生多方面的能力。

4. 指导学生重视学案的整理和保存

精心设计的学案，既有指向学习目标的知识要点和围绕重点内容的问题探究，又有学生对学习过程与结果的总结反思，是一份很有价值的学习材料。要指导学生依次整理、保存好每堂课使用的学案，并将其作为重要的学习资料，在后续的学习、考试复习时充分利用，从而使学生感受到学案的价值，重视学案的使用。

学案是指教师依据学生的认知水平、知识经验，为指导学生进行主动的知识建构而编制的学习方案。本讲通过一些生动翔实的案例，主要介绍了化学学案的内涵、学案的设计原则、不同知识类型学案的设计模式、学案的作用以及学案运用过程中应该注意的一些问题。可以说，学案的使用，大大提高了课堂效率，有助于学生系统而全面地掌握化学学科知识，而且突出了学生学习的主体地位，注重培养学生的学习能力，促进了学生在三维目标上的全面发展。

思考与活动

1. 关于学案的编制，你有什么看法？请介绍一下你的经验和体会。

2. 如何评价学案？请你结合一个具体的案例加以分析。

3. 对于“爱护水资源”这类应用性较强的课题，你认为应该如何设计学案？

4. 结合你的教学实际，请围绕概念和理论、元素化合物、化学实验，编制一个学案，并与其他教师进行交流。

参考文献

[1] 何彩霞主编. 初中化学课堂教学设计. 北京：同心出版社，2007

[2] 李灵芝主编. 化学课堂教学设计. 郑州：郑州大学出版社，2006

[3] 杨九俊主编. 备课新思维. 北京：教育科学出版社，2004

第三编

化学专题研究与教学

第一讲
初中化学重难点实验分析

北京教育学院石景山分院 白福秦

本讲所讲的初中化学重难点实验分析，是对人民教育出版社在 2006 年 6 月第二次印刷的《义务教育课程标准实验教科书（化学上/下册）》的有关实验内容进行的分析、改进和补充。在某些看法上，可能有些不妥的地方，为了教育事业，请广大同行斧正。

实验一 物理变化与化学变化

（一）实验分析

（1）教材中【实验 1—1】和【实验 1—2】分别演示了水的沸腾和胆矾的研碎，目的是分别从不同的角度，即物质三态的变化和物质的大小形状的变化，引出物理变化这个重要的概念。在这两个演示实验中，教师除应介绍所使用的实验仪器名称、操作注意事项外，还应注意引导学生进行认真仔细的观察以及分析所发生的一切现象，再把这些现象与日常见到的事例联系起来，以便改善学生的认识结构。

（2）教材中【实验 1—3】和【实验 1—4】分别演示了硫酸铜与氢氧化钠溶液的反应、石灰石与盐酸的反应。设置这两个演示实验的目的是为讲授化学变化准备素材。为此，观察重点必须放在反应前后物质性质的改变上，只有这样才能使学生对两个重要的化学概念——物理变化与化学变化加深理解。

硫酸铜与氢氧化钠溶液的反应：学生观察到的现象是有沉淀产生。

石灰石与盐酸的反应：学生观察到的现象是有气体产生，试管壁发热。

这两个演示实验，没有把化学变化中伴随发生的现象“发光、放热、放出气体、产生沉淀”等都包括在内，不能为学生判断物理变化与化学变化打下良好的知识基础。

（二）实验建议

1. 有关物理变化的两个演示实验的建议

（1）实验改进建议。

1）有关物质大小形状的变化，应该是物质大小形状发生了千变万化，但其他性质绝对不发生改变。胆矾在研碎后，颜色会发生一些变化。由于折光率的不同，胆矾由蓝色变为浅蓝色。为了不引起学生的误解，最好将胆矾改为明矾或粗粒食盐，甚至粉笔头，这些物质研碎后，颜色绝不会发生变化，效果会更好一些。

2）有关物质三态的变化，最好将三态变化均呈现在学生面前，水的沸腾和冷凝，只演示了水的两态变化，所以如果教师们演示石蜡的三态变化，教学效果会更好一些。

（2）实验的具体做法。

1）明矾的研碎。

首先取 2～3 小块明矾（也称白矾），让学生观察它的颜色、状态，然后将它放入研钵中，用杵将它研碎，使其变为粉末状，再让学生进行观察，看看明矾的颜色和状态有何变化。

2）石蜡的三态变化。

找一段粗一点的玻璃管，在喷灯上将其加工成 w 形，如图3—1所示。

将 w 形管管口向上固定在铁架台上，从 a 管口加入石蜡 2～3g，并用小号胶塞将 a 管口塞住。用酒精灯给石蜡加热，让学生仔细观察 a 管中固体石蜡的变化。加热几分钟后，再让学生观察 b 管中产生什么物质。最后将 a 管口的小胶塞拔掉，塞在 b 管口上，并用火柴点燃 a 管口，看看又有什么变化。将酒精灯撤掉，稍加冷却之后，再让学生观察 b 管中的液态石蜡又有什么变化。

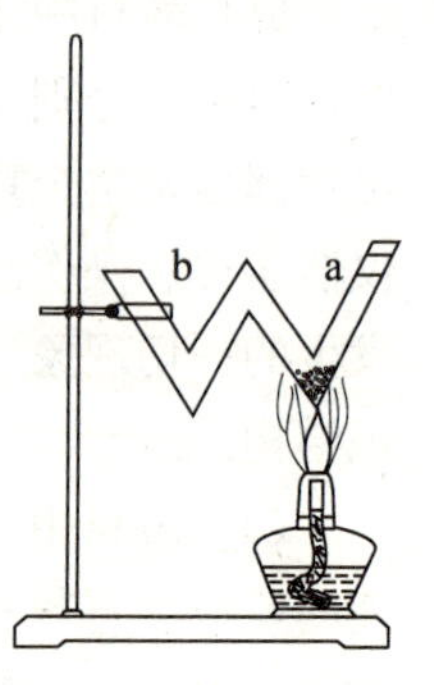

图 3—1

（3）实验说明。

1）所用的明矾块不宜太大，大块不易研碎。

2）所用的石蜡，可用市售的蜡烛代替，用小刀切碎，装入 w 形管中即可。但应注意，不要选用有颜色的蜡烛。

3）为了便于对比，可将上面两个演示实验中变化前后的物质及变化时所产生的现象列表对比如下（见表 3—1）。

表 3—1 【实验 1—1】和【实验 1—2】变化前后的物质及变化时所产生的现象

序号	变化前的物质	变化时所产生的现象	变化后所产生的物质
实验 1—1	明矾：白色、块状	在研钵中研磨	明矾：白色块状固体→白色粉末状固体
实验 1—2	石蜡：白色、蜡状固体	加热 加热 冷却 冷却 固体→液体→气体→液体→固体	石蜡：白色固体→无色液体→无色气体→白色固体

4）由表 3—1 可以看出，【实验 1—1】和【实验 1—2】有一个共同的特征，即物质的形状和状态都发生了变化，但物质的本质没有任何变化。也就是说，在这两种物质的变化中，虽然变化的形式不一样，但它们均没有新物质产生。我们把这样的变化，叫做物理变化。教师可以根据这个定义，再举一些日常生活中的事例，对这个概念加以巩固。

5）物理变化这个概念得以巩固之后，让学生回忆石蜡蒸汽点燃的现象并进行判断，看看这种变化又属于什么变化，这样就会很自然地引入化学变化的知识内容。

2. 有关化学变化的两个演示实验的建议

有关化学变化的两个演示实验，可以改为镁带燃烧和碳酸氢氨受热分解。

(1) 同样为了便于对比，可将上面两个演示实验中变化前后的物质及变化时所产生的现象列表对比如下（见表 3—2）。

表 3—2 【实验 1—3】和【实验 1—4】变化前后的物质及变化时所产生的现象

序 号	变化前的物质	变化时所产生的现象	变化后所产生的物质
实验 1—3	银白色金属镁带	能燃烧、放热，同时放出耀眼的白光，产生白烟	生成白色粉末状固体氧化镁
实验 1—4	白色粉末状固体碳酸氢铵	加热后，碳酸氢铵固体消失，生成液体，放出气体，气体能使澄清的石灰水变浑浊，使酚酞试液变红	生成其他三种物质，即水、二氧化碳和氨气

(2) 从表 3—2 中可以看出，【实验 1—3】和【实验 1—4】也有一个共同的特征，即物质在发生变化时，都生成了与原来物质不同的新物质。这种变化与物理变化不同，我们称之为化学变化，化学变化也称化学反应。

(3) 从表 3—2 中可以发现，在【实验 1—3】和【实验 1—4】中，除了生成新物质外，同时还伴随发生了如下一些现象，如发光、放热、产生气体、产生沉淀、变色等。这些现象都可以帮助我们判断有无化学变化发生。

实验二　测定空气中氧气含量

（一）实验分析

有关空气中氧气含量的测定，不要只停留在小学的知识层面上，应在小学自然常识的基础上加深一步，更何况在新教材中，又增加了有关氮气的知识，所以应对剩余的气体进行检验，使学生对氮气也有所了解。但在钟罩内演示，剩余气体不好检验，而通过水槽又不易观察钟罩内的水位上升了1/5。钟罩内的水位上升，水槽内的水位下降，势必造成一个水位差，使钟罩内的水位不易上升到1/5，这又不太科学。

（二）实验建议

（1）找一段粗玻璃管，直径约 2～3cm，长约 20～25cm，或用破底的大号试管代替。

玻璃管下口配带导管的单孔胶塞，上口配带活门的单孔胶塞，并在胶塞中插入两根粗一些的铜丝，将胶塞小头一边的铜丝砸扁，弯成钩状。取 300～500W 的电炉丝一小段（约 8～10 个自然圈），两头用钳子夹直，放在铜丝钩上，并用钳子夹紧。外边的两根粗铜丝与 6V 电源接连，作为量气管。再找一个塑料瓶（如矿泉水瓶），将底去掉，小口配带导管的单孔胶塞，用胶管与量气管连接，并将其固定在铁架台上，如图 3—2 所示。

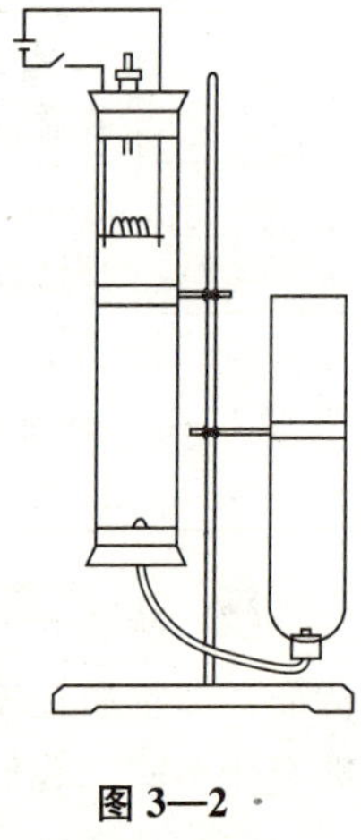

图 3—2

（2）在水中滴几滴红墨水，将量气管上的活门打开，向塑料瓶中注水，约到量气管容积的 1/4 后为止。从量气管口上套入四根红色皮筋，用皮筋将量气管中的空气五等分。

（3）将带电池组的胶塞拔出，将一小条白磷插入电炉丝中，再将胶塞重新塞入量气管口中，并塞紧。

（4）接通电源，让学生观察所发生的两种现象：1）量气管中产生大量白烟，为什么？2）量气管中的红色水面下降，为什么？待反应停止后，将电源切断，再让学生观察，红色水面又逐渐上升，为什么？当红色水面上升至快接近红色标线时，就不再上升，追问学生为什么，并再让学生观察塑料瓶与量气管中的红色水面是否在同一个水平面上，若不在同一个水平面上，又会产生什么现象？

（5）从塑料瓶口向瓶中慢慢注入水，使两个液面达到同一水平面，这时学生即可发现，量气管中的水面又稍有上升，正好达到标线。根据上述实验现象，引导学生分析，得出空气中氧气的含量按体积计算约占空气的 1/5 的结论。

再追问学生，量气管中剩余的又是什么气体，并引导学生回忆小学学过的二氧化碳气体的性质：第一能灭火，第二能使澄清的石灰水变浑浊，再引导学生看看剩余的是什么气体。

(6) 向塑料瓶中再注入一些水，将小木条点燃，放在带活门的玻璃尖嘴处，将活门打开，学生马上会发现火苗熄灭，他们立刻就会回答是“二氧化碳”，这时教师不要忙于马上纠正学生的答案，而是请学生继续观察下边的实验。

(7) 取一支试管，注入少量澄清石灰水，在玻璃尖嘴处接上玻璃导管，并将玻璃管插入试管中。向塑料瓶中再注入一些水，打开活门，再让学生观察现象，他们会发现，试管中只冒气泡，石灰水并不浑浊。根据现象追问学生，剩余气体是不是二氧化碳。分析后，教师引导学生得出结论，剩余气体绝大部分是氮气，它与二氧化碳一样能灭火，但又与二氧化碳不同，不能使澄清的石灰水变浑浊。

（三）实验说明

(1) 由于白磷易燃，实验时与实验后，要妥善处理。

(2) 量气管中的水，不能注入太少。若水注入太少，在白磷反应时，由于气体受热膨胀，会将全部水压入塑料瓶中，从而量气管中的部分气体就会从塑料瓶中溢出，造成实验失败，量气管中的水量最少应占量气管体积的 1/4。

(3) 氧气按体积计算，大约占空气的 1/5。但氧气与白磷反应时，氧气不能全部参加反应，当氧气的浓度逐渐变小时，达到一定的限度，就再不能与白磷反应，所以，要想准确地测到占空气体积 1/5 的氧气是不太容易的。

实验三　纯净物与混合物

（一）实验分析

化学所研究的有关物质，均系纯净物。但在大自然中，绝大部分的物质为混合物。为了进行化学研究，必须将混合物进行分离与提纯。在新教材中，对这部分内容，没有设置实验。笔者认为，为了使学生能清楚地理解这个概念，应增加补充实验，使学生更容易理解这部分教学内容。

（二）实验建议

取出纯净物与混合物演示盒（教具，仪器商店有售），向学生展示。

将磁石放在玻璃片上，振动演示盒，石英砂与铁屑自然分离，如图 3—3 所示。将演示盒倾斜，白色石英砂流到下边一侧，用磁石将铁屑拉入上边一侧，铁屑与石英砂自然分离。分离后，再让学生观察这两种性质不同的纯净物。因为各种物质的性质不同，所以我们采用的分离方法也不同，如溶解、过滤、蒸发……

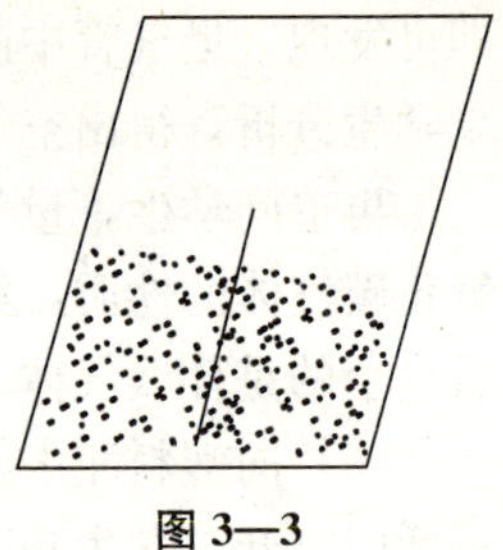

图 3—3

实验四　稀有气体演示

（一）实验分析

在新教材中，对稀有气体有如下描述：稀有气体在生产、科研中均有广泛的用途。特别是在通电时，能发出各种不同颜色的光，可以制成多种用途的电光源……所以，如果学校有稀有气体演示仪，可以给学生补充这个实验，这样更能激发学生学习化学的兴趣，同时也能增强学生对稀有气体的感性认识。

（二）实验建议

（1）稀有气体演示仪由氦、氖、氩三根气体演示管和氖、氩两根霓虹灯管组成，如图 3—4 所示。

（2）将电源开关 a 打开，顺时针旋转，则第一档为氦气管的开关，这时第一条管显示粉红色，继续旋转，则氖气管发亮，显示红色，氩气管显示天蓝色……关闭时，将开关 a 逆时针旋转到起始位即可。

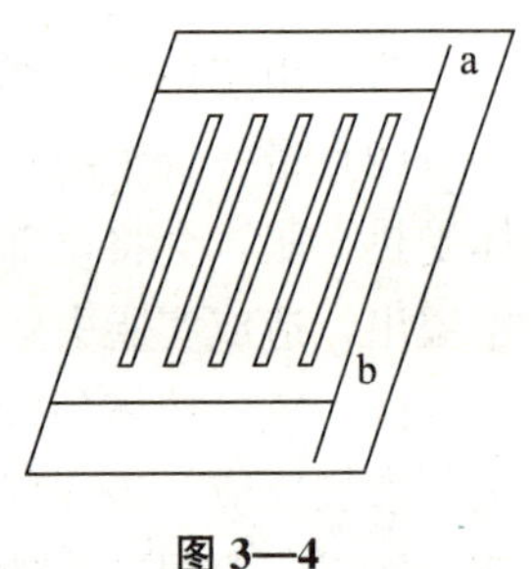

图 3—4

若灯管不亮，说明电池中电能不足，需要更换电池。将 b 盖打开，放入两节 1 号电池即可。注意电池的正负极不要放反。

实验五　催化作用

（一）实验分析

在新教材中，为催化作用设置了三个演示实验，【实验 2—5】和【实验 2—6】是演示二氧化锰对双氧水的催化作用，【实验 2—7】是演示二氧化锰对氯酸钾的催化作用。

双氧水的氧化性极强，对皮肤的腐蚀性也极强，并且又易分解，不好保存。所以，教材中设置了三个演示实验，笔者认为只做二氧化锰对氯酸钾的催化作用的实验即可。

（二）实验建议

（1）取一支弯头试管，先装入氯酸钾（3～5g），管口略向下倾斜，固定在铁架台上，如图 3—5 所示。

（2）在试管中部放入一药匙二氧化锰，用酒精灯给二氧化锰加热，并检验有无氧气放出。

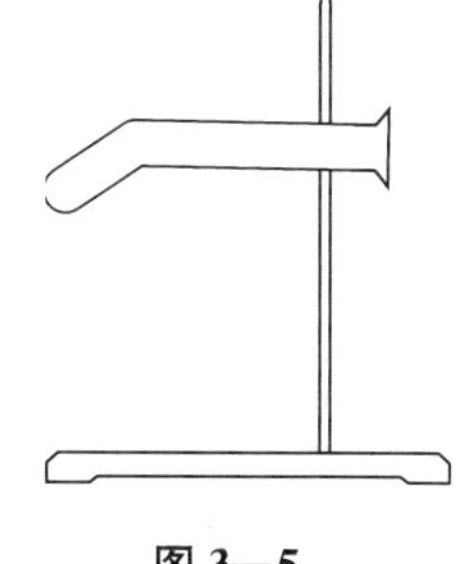

图 3—5

（3）再将酒精灯移至试管弯头部位，给氯酸钾加热，当氯酸钾熔化后，用带火星的木条伸进试管内，检验有无氧气放出。继续加热，当氯酸钾沸腾之后，再用带火星的木条检验，则会发现带火星的木条复燃，说明氯酸钾只有在高温下才开始分解，放出氧气。

（4）将酒精灯撤掉，用带火的木条再伸入试管内，直至将高温时产生的氧气全部消耗掉为止，说明氯酸钾已经降温，分解停止。

（5）右手持铁架台，将试管口抬高，使二氧化锰全部滑入熔化的氯酸钾中，并用带火星的木条在试管口检验。学生会立即发现，已经停止反应的熔化氯酸钾，当有二氧化锰滑入之后，又有大量气体从试管口冲出，并使带火星的木条剧烈燃烧。这个现象说明在较低的温度下，二氧化锰对氯酸钾的分解起到了催化作用。

（三）实验说明

（1）氯酸钾的用量不宜太少。若用量太少，当撤去酒精灯后，熔化的氯酸钾很快会变成固态，再加入二氧化锰，反应不明显。若用量稍大一些，熔化的氯酸钾变成固态氯酸钾的速度就可以大大减缓，反应现象较明显。

（2）先装入氯酸钾，一定要将其全部放入试管的弯头部位，试管壁上不要有残留，以免实验失败。

（3）这里只演示了正催化剂的实验，再给学生补充一个负催化剂的演示实验。只有这样，才能给学生留下一个较完整的催化剂概念的印象。演示实验如下：

取两支洁净的试管，每支试管内分别注入 5ml 稀硫酸，再各放入 2～3 支锈铁钉，让学生观察现象。他们一定会看到反应现象相同。观察完毕后，在其中一支试管内注入少量六亚甲基四胺（乌洛托品），振荡之后，再让学生观察两支试管内的反应现象。他们又会发现，加入六亚甲基四胺的试管内，反应速度变慢。这时教师应告诉学生，六亚甲基四胺在这里也是催化剂，它能使反应速度减慢。所以，有的催化剂能加快反应速度，有的则能减慢反应速度。根据以上演示实验，教师应让学生自己根据实验现象，总结出催化剂这个基本概念。

实验六　木炭在氧气中燃烧

（一）实验分析

有关氧气性质的实验较多，如【实验 2—2】木炭在氧气中燃烧，【实验 2—3】硫在氧气中燃烧，【实验 2—4】铁在氧气中燃烧等。在这些实验过程中，实验现象较多。教师在实验过程中，应事先向学生交代清楚，在实验的每个操作过程中学生要观察些什么。

（二）实验建议

（1）取一支球形管（可用干燥管代替），装入适量木炭，水平固定在铁架台上。两口配带导管的单孔塞，一边与氧气袋连接，另一边的导管插入澄清石灰水中，如图 3—6 所示。

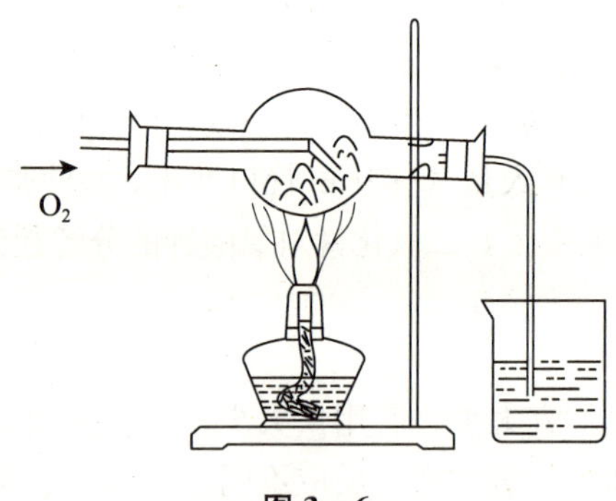

图 3—6

（2）首先通入氧气，让学生观察木炭与澄清石灰水的变化。

（3）停止通入氧气，用酒精灯给木炭加热，再让学生观察木炭与澄清石灰水的变化。

（4）将酒精灯撤去，停止加热，间歇通入氧气。让学生观察，学生会立即发现，一通入氧气，木炭便剧烈燃烧，并发出白光；一停止通入氧气，木炭燃烧立刻停止；再通入氧气，木炭马上又燃烧起来。这样可以反复多次，澄清石灰水也变得浑浊，效果非常明显。

（三）实验说明

（1）教师可以根据以上现象，引导学生分析一切可燃物质的燃烧条件，同时引导学生总结出灭火原理。

(2) 通入氧气的玻璃导管一定要长一些，最好与球形管中的木炭接触，这样木炭燃烧的白光才能明显。

(3) 澄清石灰水一定要用新配制的饱和溶液，使用的量一定要多一些。因反应产生大量的二氧化碳，易使澄清石灰水被变浑浊后再变清。

实验七　电解水

(一) 实验分析

关于电解水的演示实验，水电解的快慢与下列几个因素有关：

(1) 外加电压：外加电压愈高，水电解的速度愈快，生成的气泡愈小，愈不易观察。一般演示实验的外加电压为 6～12V 较好，这时产生的气泡较大，便于学生观察。

(2) 电解液浓度：电解液的浓度愈大，水电解的速度愈快，但产生的气泡较小，易形成一股气流上升，学生不易观察。所以，一般氢氧化钠浓度在6%～15%之间，稀硫酸浓度在 10%～20%之间，演示效果较佳。

(3) 电极距：就是两根电极之间的距离。电极距变小，在同样条件下，电解速度变快。若要求同样的电解速度，电极距变小，就可以降低外加电压。根据以上原理，就可以设计出最理想的水电解器。

(二) 实验建议

1. 简易水电解器的制作与演示

取两支内径相同的小试管，用小胶塞将试管口塞紧，在距试管底 1～1.5cm 的试管壁上的某一点，用喷灯加热，由于试管内的空气受热膨胀，将软化了的试管壁胀破，再继续加热，使破口处烧成一个光滑的小圆孔。

给小试管配带粗一点保险丝的胶塞，作为电极。保险丝的长度应达到试管的小孔处。

2. 电解水实验的演示

在两支小试管内注满浓度为 10%的稀硫酸电解液，并插入电极，放入装有稀硫酸的小烧杯内，使两支试管上的小圆孔相对，外接 3～6V 的直流电源，如图 3—7 所示。让学生观察两支试管内所发生的现象，他们会立即看到，两支试管中都产生气泡，并且是一快一慢。几分钟后，切断电源，再让学生观察，他们又会发现产生气体快的试管所产生气体的体积约是另一支试管所产生气体的体积的二倍。这时再让学生观察产生气体快慢的两支试管各与哪个电极相连？

3. 生成气体的检验

将气体体积较少的试管从烧杯中取出，翻转试管，使试管壁上的小圆孔向上，并将带火星的线香从试管小圆孔处插入小圆孔内，让学生观察现象，根据实验现象分析产生的是什么气体，如图 3—8 所示。用胶头滴管从小圆孔向另一支试管内鼓入空气，点燃火柴，并将试管从烧杯中取出，翻转试管并使小圆孔对着火苗，学生会立即听到一声爆鸣，让学生根据实验现象分析，这又是什么气体，如图 3—9 所示。

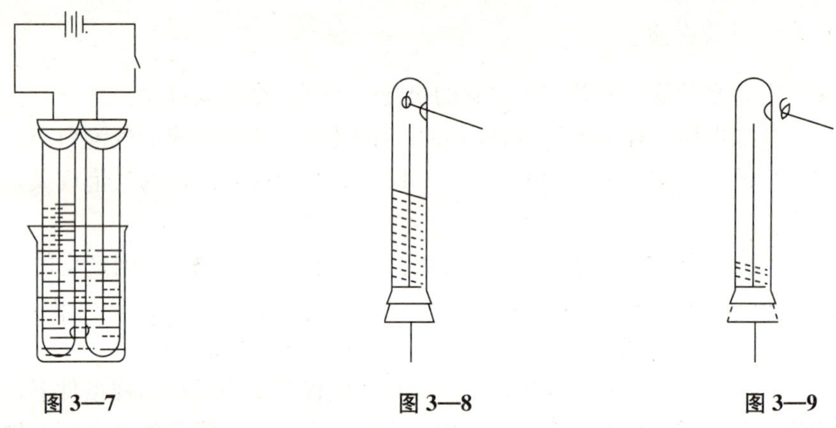

图 3—7　　图 3—8　　图 3—9

（三）实验说明

（1）实验所用的两根保险丝电极，在第一次做实验前，必须事先进行处理，将阳极进行氧化，待阳极上的保险丝形成氧化膜之后才能演示实验，若不处理会消耗水电解时生成的氧气。在演示前，将两根电极放入电解液中，注意两根电极不能接触，通电约 5min 即可。这时阳极的保险丝变成棕色，阴极不变。在以后的演示实验中，棕色保险丝永远做阳极，否则就会影响氧气的产出量。

（2）此实验只要两支试管的小圆孔对好，电极距很小，所需外加电压较小，只要两节一号电池即可进行演示。

实验八　分子性质——分子有间隔

（一）实验分析

新教材中将分子的间隔性变成了家庭小实验。先用一体积黄豆与一体积绿豆混合实验，然后再用 100ml 水与 100ml 酒精混合实验。

用黄豆与绿豆实验，问题不大，学生肯定会相信。若用黄豆与小米混合，效果会更好。可是水与酒精相混，体积是否会发生变化，学生就不一定会持肯定的态度，因为他们没有发现体积的变化。学生在家中用水杯来实验，肯定不会观察出体积的变化，所以建议教师还是用专用仪器进行实验。

（二）实验建议

取一支液液互溶演示管，如图 3—10 所示，先在演示管中注入 1/2 体积的着色酒精，再向其中注入水至演示管 a 处，用胶塞将管口塞紧，翻转几次，使管内的水与酒精充分混合，将管直立，让学生观察混合后液体体积的变化。学生会立即发现，混合后液体体积减小，降至刻度 b 处，这形象地说明了分子之间有间隔。

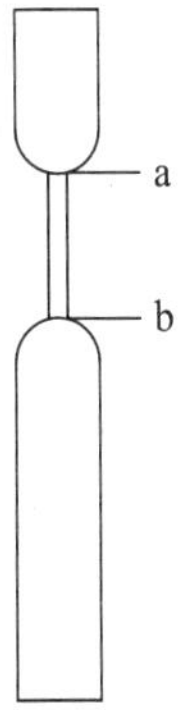

a

b

图 3—10

（三）实验说明

（1）酒精一定要着色，使学生容易观察。

（2）在化学中，对物质及其变化的本质特性的认识，一般是对物质微观结构及其运动的本质认识。因此，我们要认识物质及其运动变化，就要掌握其本质特性。例如，初中化学关于分子特性的描述如下："分子是构成物质的一种微粒"、"分子很小……肉眼看不见"、"分子并不是静止存在的，而总是在不停地运动着"、"分子间有一定间隔"，这些描述不是分子的本质特性，因为这是分子与其他事物所共有的（如原子、离子、电子等）。"分子是保持物质化学性质的一种微粒"，这才是对分子的本质特性的真正描述。所以，教师在教学中，一定要向学生讲解清楚。

实验九 简易气体发生器

（一）实验分析

在教材中未设置氢气制备的实验装置，但在第六单元"碳与碳的氧化物"中专门设有二氧化碳气体制备的探究实验。此处补充简易气体发生器，对后边学生自己探究二氧化碳气体制备会大有好处，也为本单元中讲解氢气的物理与化学性质打下一个较好的基础。

关于氢气的制备与收集实验，我们使用简易气体发生器装置。简易气体发生器装置，应具备启普发生器的长处，克服它的短处。如启普发生器若一次用试剂较多，停止反应后酸液被排在仪器的上部，气体在仪器的下部，造成重心上升，产生不稳定的条件等，这些在我们改进仪器的过程中，都应加以克服。

（二）实验建议

简易气体发生器的制作方法如下：

（1）在一支普通试管底部打 3～4 个小孔，并在管壁上焊接 3 个玻璃小球作为支架。试管口配带活门的单孔胶塞，在试管内先放入一些玻璃碴儿，然后放入锌粒，管口用带活门的胶塞塞紧，将其放入装有稀酸的锥形瓶内，即组成一个简易气体发生器，如图 3—11 所示。

（2）在实验时，将活门打开，稀酸由试管底部的小孔进入试管内，并与锌粒接触，发生反应，产生氢气。不用时，将活门关闭，试管内产生的氢气又将稀酸从试管底部的小孔排出，并与金属锌脱离接触，反应停止发生。

这个简易气体发生器同启普发生器一样，可以连续使用，操作非常方便。锥形瓶底部较大，又加上排出的酸液全部存放在锥形瓶的底部，这样使仪器的重心降低，稳定不易倒。

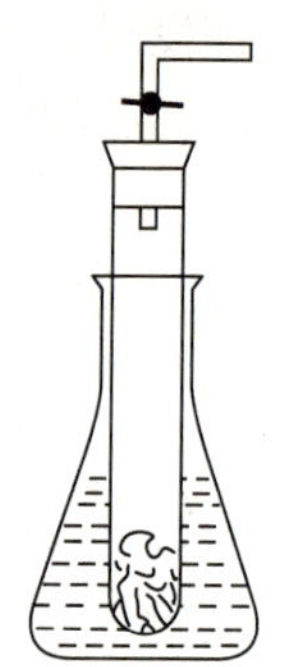

图 3—11

（三）实验说明

（1）对于简易气体发生器，各种教参与杂志上介绍很多，教师可以根据本校的具体情况，采用最适合本校的发生器进行教学。

（2）在简易气体发生器的有孔试管中，一定要先放一些碎玻璃碴儿，然后再放入锌粒。目的是为了防止在不使用发生器时，由于搬动或其他的振动，使酸液由试管底部的小孔溅入试管内与锌粒接触，发生反酸反应。放入一些碎玻璃碴儿，就可以起到隔离作用。

（3）这个简易气体发生器，一次用试剂较少，气室小，排气孔又在上方，气室内的空气很易排出、排净，所以比较安全，不易发生爆炸。

（4）锌与稀酸反应制备氢气，是固体与液体反应产生气体的一个实验，学生第一次接触，应让学生观察到变化的过程。由于演示实验的可见度较小，建议教师改为边讲边实验，这样便于学生观察，又可以使学生有更多的机会练习实验操作。

（5）教师在演示氢气的收集方法时，首先要使学生懂得气体本身的性质，如在水中的溶解性、比空气重还是轻等。根据气体的性质，再来决定收集的方法。建议教师将氢气的收集方法与氧气的收集方法进行对比，这样更有利于学生的理解和记忆。

实验十 氢气和空气的混合爆鸣

（一）实验分析

在新教材中，用纸筒演示氢气和空气的爆鸣实验，由于纸筒上的小孔容易燃烧，混合气体在纸筒内的爆炸情况又不易观察，所以，建议教师用透明的小塑料瓶代替纸筒，这样效果更好。

（二）实验建议

(1) 找一个透明的塑料小筒，将底去掉，在瓶口配带玻璃尖嘴的单孔胶塞，尖嘴可用眼药水瓶的小塑料帽盖好，并将它固定在铁架台上，如图 3—12 所示。

(2) 用排空气法收集一塑料瓶氢气。

(3) 将小塑料帽拿掉，用火在尖嘴处点燃，让学生观察纯净氢气的安静燃烧。当火苗逐渐变小时，再让学生注意听空气与氢气混合而发出的鸣声。当鸣声过后，学生立即发现火苗进入透明塑料瓶内，剧烈燃烧，一个火球从瓶底冲出，同时听到一声巨响。这个实验非常安全，学生很容易看到爆炸的三个过程，即安静燃烧、鸣声、爆鸣，有的教师称它为“爆炸三部曲”。更重要的是，学生能观察到爆炸的全部过程。

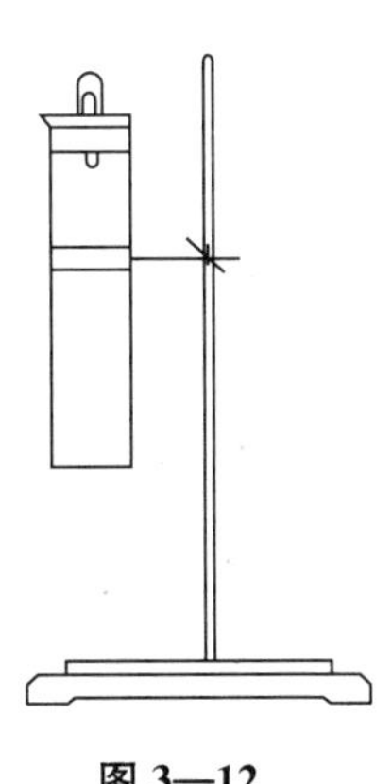

图 3—12

（三）实验说明

这个爆鸣器的玻璃尖嘴一定要短。尖嘴太长时火苗进入玻璃管内会立即熄灭，无法引起筒内混合气体的爆炸。

教师要结合这个实验，进一步详细地向学生说明纯净的氢气会在氧气或空气中安静燃烧，但氢气跟氧气或空气混合物遇火就要爆炸。在这里可以向学生指出爆炸极限这个概念的含义。

在了解了氢气跟氧气或空气混合物遇火发生爆炸之后，学生就很容易理解点燃氢气之前检验纯度的必要性。这时教师再给学生做检验氢气纯度的示范操作，并解释操作步骤以及判断氢气是否纯净的方法。

实验十一 木炭还原氧化铜

（一）实验分析

在新教材中，木炭还原氧化铜的演示实验难度大，不易成功。

木炭跟氧化物的反应，学生比较陌生，是学生学习中的难点，也是教师教学中的难点。怎样突破这个难点？教师必须紧紧抓住实验，做好木炭还原氧化铜的演示实验，对突破这个难点是非常重要的。教材中叙述了这个实验的操作方法，并提出了两个重点观察的问题：(1) 石灰水发生了什么变化？(2) 试管里的黑色粉末发生了什么变化？教师不仅要指导学生学会观察，更要指导学生对观察到的实验现象进行具体的分析，最后得出正确的结论。木炭还原氧化铜，是一个放热反应，如按教材中的装置，在放热时会将反应物全部冲出，导致实验的失败。如将试管直立，又不符合固体药品加热的仪器装置要求，所以这个演示实验应稍加改进。

（二）实验建议

方法一：

实验装置，如图 3—13 所示。在弯头试管中加入干燥的木炭和氧化铜的混合物，将弯头试管管口略向下倾斜，固定在铁架台上，管口塞入带导管的单孔胶塞，导管另一端插入盛有澄清石灰水的烧杯中，用带网罩的酒精灯加热试管，引导学生观察现象。

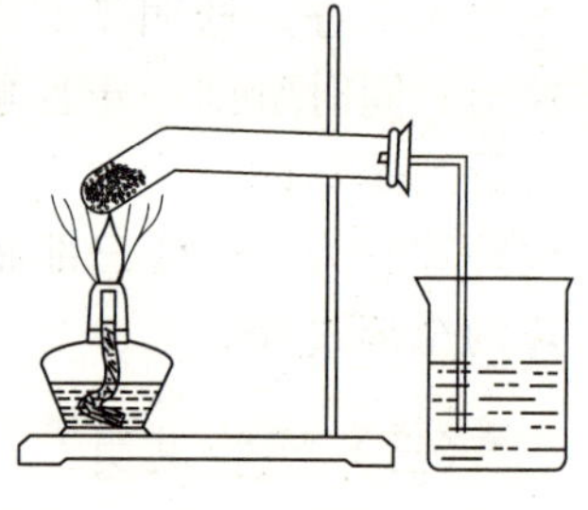

图 3—13

方法二：

(1) 取一张滤纸片，浸入浓度为 60％～70％的硫酸铜溶液中，浸透后取出，让学生观察。

(2) 将浸有硫酸铜溶液的滤纸在酒精灯上烘烤，滤纸逐渐变硬、变白，追问学生为什么。

(3) 将变白的滤纸继续烘烤，白色滤纸又变成黑色，为什么？

(4) 将黑色的滤纸边沿用火点燃，让学生进行观察，最后学生将看到的是黑色滤纸又变成了紫红色——铜。

（三）实验说明

硫酸铜溶液的浓度不宜太高，更不能使用饱和溶液。浓度太高时，还原出的铜的颜色发黑。因为这是一个放热反应，黑色滤纸一点即燃，然后便会自己燃烧。

实验十二 燃烧条件

（一）实验分析

在新教材中，【实验7—1】是将物质燃点测定与白磷水下燃烧实验合二为一进行的。这样一来，必然会造成一些不利条件：

（1）白磷在空气中燃烧，产生大量白烟，造成室内空气污染，不利于对学生进行环保教育。

（2）因大烧杯内剩有热水，所以烧杯底部的白磷熔化，成为液态。当通入氧气时，液态白磷随氧气的吹入而流动，不易与氧气接触，试验不易成功。

（二）实验建议

1. 物质燃点测定

取一支粗玻璃管和一块铜片，在铜片一边放红磷，另一边放白磷，并将其放入玻璃管内。用酒精灯在盛放红磷的玻璃管下方加热，学生很快就会发现，在另一侧的白磷燃烧，则加热上方的红磷不燃烧。通过实验说明，红磷的燃点较白磷高。

2. 白磷水下燃烧

（1）取一支大号离心试管，固定在铁架台上，管口配带导管的双孔胶塞，一孔接尾气袋，另一孔接氧气袋，接氧气袋的导管一定要伸入离心试管的底部，如图3—14所示。

（2）在离心试管中，先注入2/3体积的冷水，并放入一小块白磷，将胶塞塞好。

（3）打开氧气袋，先通入氧气，让学生观察现象。

（4）停止通入氧气，用酒精灯给离心试管加热，再让学生观察现象，学生会发现白磷只熔化，并不燃烧。

（5）将酒精灯撤掉，停止加热，间隔通入氧气，让学生观察现象，他们会立即发现，每通一次氧气，水底出现一次火花。这样也可以反复演示多次，现象非常直观，能极大地激发学生的兴趣。教师最后要追问：白磷为什么能在水下燃烧？以进一步巩固燃烧条件。

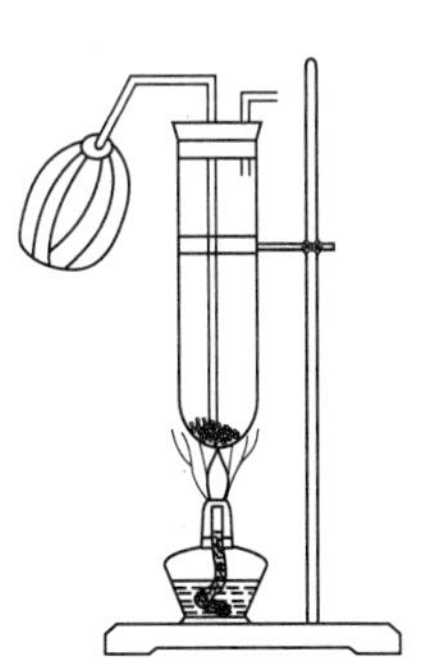

图3—14

（三）实验说明

白磷不宜太多，量大燃烧不完，不易处理。通入氧气的时间要短，不然氧气流易将白磷吹出水面，形成白磷在水上燃烧的现象。第一次通入氧气后，一定要等待白磷全部沉入试管底部后，再通入第二次氧气。

实验十三　粉尘爆炸

（一）实验分析

在新教材中，【实验 7—3】是一个粉尘爆炸演示实验。这个演示实验在新老教材中都有，但是往往做不成功，这主要是由于爆炸盒平放在实验桌上，盒内外不能形成巨大的压力差，所以不会产生爆炸。若将盒子推倒，也只能发出轻微的声响，起不到爆炸实验应有的教学效果。

（二）实验建议

(1) 取一个大口塑料瓶，作为爆炸室。将瓶盖中心挖空，并将瓶底部打一个小孔，焊接一个细口瓶嘴，如图 3—15 所示。

(2) 在细口上配带导线的胶塞，并在胶塞的导线上焊接电炉丝。

(3) 在大口塑料瓶中放入松香粉末，在大口上蒙一块塑料膜，并用挖空中心的瓶盖拧紧。在电炉丝上缠好硝化棉，并将其插入细口中。

(4) 接通电源，振动爆炸瓶，使松香粉在瓶内形成粉尘，按动开关，突然发出一声巨响，产生爆炸，大口上的塑料膜被炸开，如图 3—16 所示。

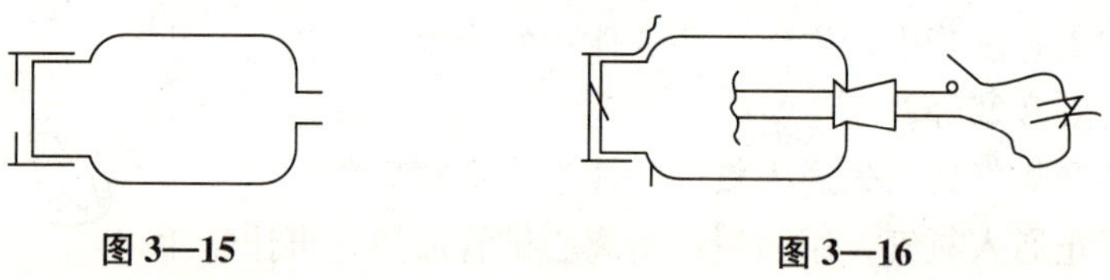

图 3—15　　图 3—16

本讲对初中化学中的部分重难点实验从实验分析、实验建议及实验说明等方面进行了介绍。实验是化学教学内容的重要组成部分。深入分析化学实验，是有效实施化学教学的基本前提。

思考与活动

1. 介绍你在进行化学实验教学方面的经验。
2. 研讨“木炭还原氧化铜”、“粉尘爆炸”实验，提出你的建议。
3. 尝试对“测定空气中氧气含量”实验进行分析，提出你的教学建议。

第二讲
化学探究性实验设计与教学

北京教科院基教研中心　李伏刚

在中学化学教学中，充分利用化学学科“以实验为基础”的特点，挖掘和开发化学实验在探究性学习中的功能，对于改变学生的学习方法，使学生形成终身学习的能力具有重要的意义。

探究性学习是学生自主地获得知识和技能、体验和了解科学探究的过程和方法、提高创新意识、树立科学的价值观的活动过程。化学实验是学生化学学习过程中能动的实践活动形式。化学实验为学生创设了亲身参与实践的情境，具有获知、激趣、求真、循理、育德等教育功能。化学实验的功能和探究性学习的特征决定了化学实验必然是探究性学习的重要途径。

化学课程中的科学探究，是学生积极主动获取化学知识、认识和解决化学问题的重要实践活动。它涉及提出问题、猜想与假设、制定计划、进行实验、搜集证据、解释与结论、反思与评价、表达与交流等要素。探究性教学是指在教师的指导下，使学生通过主动参与获得知识的过程，加深对知识的体验，掌握研究自然所必需的探究能力，形成认识自然的基础——科学概念和规律，进而培养学生探索未知世界的积极态度的过程。探究性教学的实质就是将科学领域的探究引入课堂，使学生通过积极参与科学探索过程，模拟科学家解决问题的方式，体会科学家如何面对疑难情境，学会搜集和加工需要的新信息，最终达到问题解决的探究过程。探究性教学模式应该力求做到教学方式由注重教师“教”向注重学生“学”转变；由注重学习系统化知识向注重学习生活化、整合化的知识转变；由注重知识的强制性接受向注重学生对知识的主动探究与建构转变；由注重个体学习进步向个体学习与集体协作并重转变；由注重统一标准向关注个体差异转变。探究性教学注重培养学生的自主性和创造性，引导学生质疑、调查、探究。教师在课堂上应变结论式教学为过程性教学，寓“学法指导”于同步教学之中。教师讲课应尽量表明思维过程，优化思维品质，变学生被动接受知识为主动探索问题，把教学过程变成学生主动发现和探求知识的过程，变成学生生动活泼、主动发展的过程。

探究性实验按学生的主体活动程度可分为引导探究和开放探究两种模式。它的一般过程如下：

（1）提出问题：在阅读、观察、调查中对自然现象、生活现象或实验现象产生好奇，发现或提出一些有探究价值的问题。

（2）假设与猜想：在已掌握的化学实验和实践经验的基础上对所提出的问题的可能性答案作出猜想与假设。

（3）设计实验：针对探究目的和条件，设计可行性的操作步骤，达到预期目标。

（4）动手实验：获取实验事实与证据，正确操作，科学记录实验现象及数据，并在实验中注意观察与思考的结合。

（5）分析得出结论：将收集到的现象与数据用化学知识加以分析、处理，得出结论，并与假设相比较，对与猜想不一致的现象加以解释。

这种模式虽然是预先已构建好的，但教师的引导并不是刻意地引导出一个唯一的结果，而是让学生在探究过程中理解科学方法。

探究性实验的研究内容，主要是来自教学中的一些容易运用探究性实验教学方法来进行学习的内容和能够应用于解决日常生活、生产中的一些实际问题的内容。

一、学生实验探究能力的初步培养

发展科学探究能力是《全日制义务教育化学课程标准（实验稿）》中明确提出的要求，科学探究是新课标下的一种重要的学习方式，也是初中化学教学的一项重要内容，进行科学探究必须具有较强的实验观察、分析、推理能力，而这些能力恰恰是学生所亟待提高的。

案例 1　　**实验探究能力的初步培养**

环节	教师活动	学生活动	教学意图
引入	用游戏“找不同”引入本节课：化学实验是一个动态的过程，要提高化学实验能力，必须具备一定的观察能力，学会观察是非常重要的。	观察两幅图片，找出不同之处。 总结：观察方法。	通过小游戏，激发兴趣，感受观察是有方法的。引入课题。

续前表

环节	教师活动	学生活动	教学意图
观察 | 描述	三次演示实验：带胶塞试管中的火柴受热现象的观察。 总结：细致、全面的观察是准确描述的基础。	不断修正、完善自己对现象的观察和描述。	培养细致、全面观察和描述实验现象的能力。
观察 | 描述 | 推理	指导完成鸡蛋壳与稀盐酸反应。 提示：鸡蛋壳的主要成分之一是碳酸钙，碳酸钙与稀盐酸反应能生成二氧化碳气体。 总结现象： 提问：为什么鸡蛋会上浮和下沉？ 总结：准确的描述是推理的基础。	分组实验：鸡蛋壳与稀盐酸反应 1. 将烧杯中的水全部倒入盛有鸡蛋的烧杯中，观察现象。 2. 将稀盐酸全部倒入盛有鸡蛋的烧杯中，观察现象。 3. 鸡蛋浮起后，用玻璃棒搅拌一下，观察现象； 讨论与交流实验现象； 填写学案； 汇报观察到的现象以及初步推理结果； 讨论、分析、解释原因。	培养动手实践能力； 进一步培养观察能力，并在全面观察的基础上进行准确的描述和初步推理； 培养思维和分析问题的能力。
观察 | 描述 | 推理 | 预测	展示钠，推理钠的性质，并说明理由。 视频实验：钠与水反应现象的观察。 请你预测：将钠放在煤油和水的混合液中的现象。 视频实验：钠放在煤油和水的混合液中现象的观察。 总结：预测的方法。	观察、思考、回答。 观察、讨论、交流，总结现象，推理钠的性质。 小结钠的物理性质和化学性质。 小组讨论并汇报预测结果； 观看实验。 总结现象，分析原因，并与自己的预测进行对比。	进一步培养观察能力，并在全面观察的基础上进行准确的推理； 培养运用已有的知识预测现象和结果的能力。
小结	1. 小结：观察是基础，描述是关键，推理是发现，预测是创造。 2. 用一两句话谈一下这节课的体会和感受。	体会； 思考、交流。	及时总结，从发展的角度学习化学知识。

本节课正是有计划地培养学生探究能力的系列课中的第一节课，也是一节原创课，所选取的实验均是课本上没有的，具有超前意识，而且这些实验现象典型、明显，易于观察、分析和推理。通过对几个实验的深入、细致的观察、分析和推理，最终帮助学生初步学会观察、描述、推理、预测的方法。虽然只是初步培养学生通过仔细、全面、有序的观察，较准确地将所观察到的现象用语言描述出来，并在准确描述的基础上进行分析，从而推理出结论的能力，但是学生在整节课当中已经感受到了观察——描述——推理的逐步提高，最后基本上能运用所具备的能力，对典型实验进行预测。从实际教学过程看，基本实现了教学目标，学生的观察方法和能力、描述现象的能力、简单的推理和分析能力都有了一定的提高。教学中比较好地贯彻了课标精神，注意与其他学科联系、与高中知识衔接以及注重联系生活实际等。总之，通过本节课的教学，全体学生在实验的观察能力、实验能力、思维能力以及自学能力等方面都有了不同程度的提高，相信通过这样长期的、系列性的、有计划的培养，学生一定会在探究能力方面有较大和较快提高的。

二、概念、原理、定律、规律的探究性实验教学

（一）关于微观粒子的教学

在初中化学中，从宏观的物质世界跨进微观的物质世界是从学习分子和原子开始，这也是课程标准中的一个非常重要的内容。对于微粒的教学，非常重要的内容之一就是建立分子的概念。教师可采用探究性实验的方法对“分子之间有间隔”、“分子处于不断的运动中”、“分子运动的快慢与哪些因素有关”等问题进行探究，最终使学生建立起分子的概念。

案例 2　**分子的性质** 

性质一：分子之间有间隔

活动 1 提出问题：100ml 水＋100ml 酒精＝200ml 液体吗?

实验探究：取一根细长玻璃管，一端封口，把酒精染成红色，用胶头滴管分别将水和酒精大约各一半注入玻璃管中，用手指堵住玻璃管的另一端，来回倒转玻璃管几次，让两种液体混合均匀，再竖直玻璃管。

实验结论：酒精与水混合后体积会变小。

分析并提出新问题：可能是水与酒精发生了化学反应；可能是不同物质的分子大小不同造成的；可能是物质的分子之间有间隔，一种物质的分子穿插到另一种物质的分子空隙里去了……

活动2：等体积的石子和沙子混合，观察现象。

实验结论：物质的分子之间存在一定的间隔。

活动3：由两位同学各拿两支医用注射器，一支吸空气，一支吸水，两者等体积，用手指顶住末端注射孔，将活塞慢慢推压，然后交换做。

实验结论：液态物质较难被压缩，分子间的间隔比较小；气态物质比较容易被压缩，分子间的间隔比较大。

性质二：分子处于不断的运动中

活动4：学生按要求完成教材中的活动与探究1和2，并提出补充要求：实验时（见图1）要观察酚酞溶液、浓氨水的颜色并扇闻它们的气味；要求边实验边分析：思考图2中，烧杯A与烧杯B哪些条件相同，哪些条件不同？为什么这样设计？

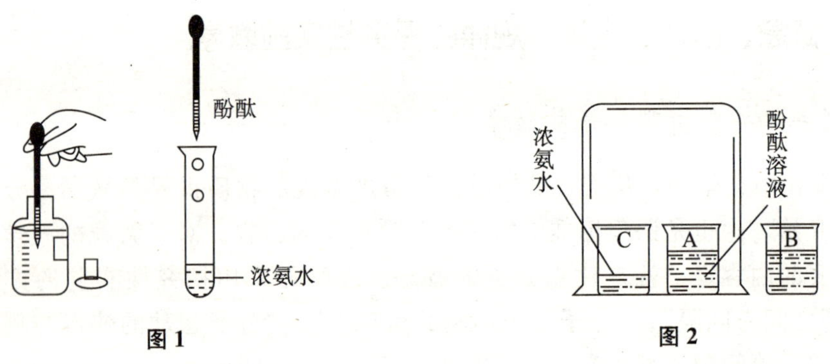

图1 **图2**

通过对实验现象的分析，不难得出以下结论：构成物质的分子都在不停地运动。紧接着，又可以提出新的探究问题：实验中，为什么氨分子可以运动到酚酞溶液中，酚酞溶液的分子为什么没有运动到氨水中呢？通过讨论，可分析出不同物质的分子性质是不相同的。

若学生接受程度较好，还可以进行对如“分子运动的快慢与哪些因素有关”等问题的探究。

学生经历了如上探究活动，有关“分子的体积和质量都很小、分子之间有间隔、分子不断地运动”等分子的基本性质，便在学生的头脑中形成了，这为后面给分子下定义作了很好的铺垫。

（二）关于溶液的教学

溶液是学生在日常生活中见得最多、应用最广的一类物质。在这章中，教科书上安排了较多的探究内容，为学生的主动合作、探究学习提供了更多的机会和空间，更有利于学生快速萌发创新意识。教师应采用多种有效的方法，充分创设情境和条件，让学生体验探究的过程，感受探究的乐趣。

在“溶液”一章的教学中，最重要的概念就是溶解度了，对于这个概念的形成，教师可安排如下探究活动：

案例 3　探究影响固体物质在水中溶解限量的因素

猜想：

影响因素	影响结果
溶质的质量	溶质不同，溶解限量不同
溶剂的多少	溶剂越多，溶解限量越大
温度的高低	温度越高，溶解限量越大

说明：由于本课研究的是物质在水中的溶解限量，故对于“溶剂的种类”暂不考虑。

分析：（1）对于“溶剂越多，溶解限量越大”达成共识是正确的。

（2）如何验证另外两个猜想是否正确？——设计实验验证某一因素的影响结果时，应注意控制变量。

探究内容	需控制的因素	
	需改变的因素	不变的因素
实验 1. 溶质种类对溶解限量的影响	溶质的种类	溶剂的质量和温度
实验 2. 温度对溶解限量的影响	温度	溶质种类和溶剂质量

实验探究：学生完成上表中的探究内容。

实验药品：实验 1——硝酸钾和熟石灰各 1g；实验 2——硝酸钾三小袋（1.5g 的一袋，3g 的两袋）；两个实验中每次用到的水都是 5ml。

实验汇报： 实验 2 中可能出现以下两种情况：（1）3g 硝酸钾分别倒入 5ml 冷水和热水中；（2）3g 硝酸钾和 4.5g 硝酸钾分别放入 5ml 冷水和热水中。

上述活动采用实验探究的形式，凸显了化学以实验为基础的学科特点。实验 1 是要探究溶质种类对溶解限量的影响，根据提供的实验用品，学生不难想到在其他条件相同时，将 1g 硝酸钾和 1g 熟石灰分别加入 5ml 水中对比观察，即可得出相应的结论。实验 2 则要根据实验意图（探究温度对溶解限量的影响）和所提供的实验用品，在小组讨论的基础上，认真思考实验方案的设计。结果有的小组在 5ml 冷水和 5ml 热水中分别加入 3g 硝酸钾，有的小组在此基础上又往原先盛热水的那支试管中加入了备用的 1.5g 硝酸钾。教师所提供的 1.5g 备用硝酸钾是为了提高实验的开放度，有的同学用到了，有的同学没用到，这体现了两个层次：用到的学生不仅发现了硝酸钾的溶解限量随温度的升高而增大，而且获得了随着温度的升高，硝酸钾的溶解限量有较大增幅的定性感知。这样的设计，为学生善于动脑、勇于创新创设了平台，有效地培养了学生的探究品质。

（三）关于质量守恒定律的教学

对于质量守恒定律这个教学内容，知识脉络主要是质量守恒定律的内容和微观解释。那么学生围绕质量守恒定律的认知脉络是怎样的呢？这是难点。因此我们要非常关注学生的认知脉络。学生对化学反应前后质量变化的认知发展大致经历了以下主脉络：首先是以单一物质的质量为基准去想去看化学反应前后的质量变化；其次是以各物质质量总和为基准去想去看化学反应前后的质量变化；再次是以参加化学反应的各物质质量总和为基准去想去看化学反应前后的质量变化。另外，还有两条副脉络：其一是从微观水平和本质上理解质量为什么会守恒；其二是从实验水平上证明质量是守恒的。在这两条副认知脉络上，可能存在着若干认知障碍，如从开放体系到密闭体系、从分步称量到整体称量的实验“思维”转换，从物质质量到微粒质量的理性思维转换。基于学生认识方式转变的教学，其问题线索的设计必须要针对学生的认知脉络的关节点。证据线索应该支持和回应问题线索。学生活动的开放点应该设置在合适的问题解决环节和获取证据的环节上。解决了问题就获得了相应的结论，这种结论就是我们所要的知识；解决问题之后或开展活动之后要交流讨论的还应该有认知脉络的发展、认知障碍的突破及认识方式的转变，这就是我们所要的过程方法。最后，要明确的是学生有权明白为什么要学习这个知识内容，这就是设置有意义的情境和素材的出发点和落脚点了。

案例 4 质量守恒定律

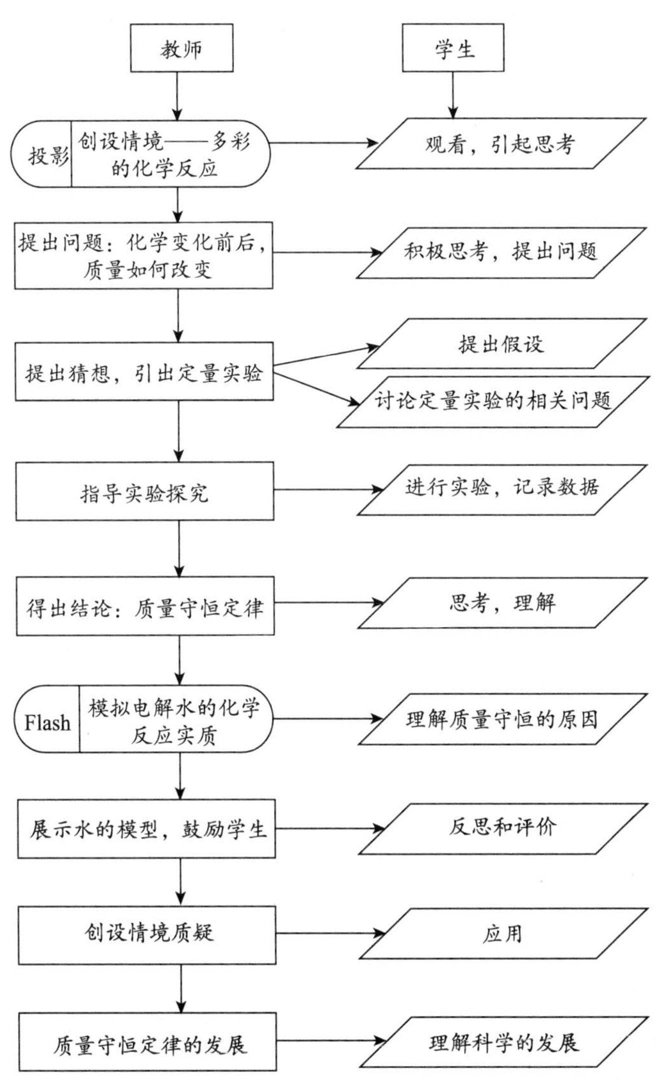

质量守恒定律是进行探究学习的合适素材。在教学中，既要让学生掌握科学探究的基本方式，又要使学生利用探究学习的方式学习这一课题。(1) 注重以学生为本，给学生时间和空间，放手让学生自己实践。由实验的过程到重难点的突破，教师始终关注每一位学生，参与探索的全过程，完成教师角色的改变，真正成为学生活动的组织者、参与者、咨询者与合作者，这样有助于更好地培养学生的探究意识与实践能力。(2) 化学是一门以实验为基础的自然学科，本节课让学生在化学实验中去探究，在探究中形成学习化学的亲身体验，进而内化为化学思维方式及化学观念，最终达到培养学生能力、提高学生素质的目的。

(四) 关于金属活动性顺序的教学

金属活动性顺序在工农业生产和科学研究中有重要应用，它的应用依据以下一些判断：在金属活动性顺序表中，金属的位置越靠前，它的活动性就越强；在金属活动性顺序表中，位于氢前面的金属能置换出盐酸、稀硫酸中的氢；在金属活动性顺序表中，位于前面的金属能把位于它后面的金属从它们化合物的溶液里置换出来。金属活动性顺序表可以帮助大家更加准确、快捷地判断反应的发生，同时它所反映出的一些规律，也可以帮助我们准确地判断出金属的活动性顺序。对于金属活动性顺序的教学可采用实验探究的策略。

案例 5 金属活动性顺序的探究

提出问题：铝、铜、铁三种金属谁最活泼，谁次之，谁最不活泼？即它们的活动性顺序是怎样的？

猜想与假设：学生可能会得出很多顺序，如 Al>Fe>Cu，Fe>Al>Cu 等。

制定计划：在提出问题前所做习题的基础上（题目是金属与某些酸、盐溶液的反应可用于说明金属的活动性。请根据下列实验事实，比较金属活动性的强与弱。锌能与盐酸发生置换反应而铜不能，________；镁与盐酸反应比铁与盐酸反应剧烈，________；铁能从硫酸铜溶液中置换出铜，________。）同学们制定了各种各样的方案：(1) 用铝、铁、铜分别和盐酸反应。(2) 用铝和氯化亚铁反应，铁和硫酸铜反应。(3) 用铝和硫酸亚铁反应，铜和硫酸亚铁反应。(4) 用铁和硫酸铝反应，铁和硫酸铜反应。

实验探究：同学们在实验方案经过教师审定后，就按自己设计的方案进行实验。

搜集证据：

A 组同学观察铝、铁、铜分别和盐酸反应的速度。

B 组同学观察铝和氯化亚铁、铁和硫酸铜能否分别反应。

C 组同学观察铝和硫酸亚铁、铜和硫酸亚铁能否分别反应。

D 组同学观察铁和硫酸铝、铁和硫酸铜能否分别反应。

结论和解释：

(1) 因为铝和盐酸反应最快，铁次之，最后是铜，所以 A 组同学得出的活动性顺序是 Al>Fe>Cu。

(2) 铝和氯化亚铁能反应，证明铝比铁活泼；铁能和硫酸铜反应，证明铁比铜活泼，最终得出的活动性顺序是 Al>Fe>Cu。

(3) 铝和硫酸亚铁能反应，证明铝比铁活泼；铜和硫酸亚铁不能反应，证明铜没有铁活泼，最终得出的活动性顺序是 Al>Fe>Cu。

(4) 铁和硫酸铝不能反应，说明铁没有铝活泼；铁和硫酸铜能反应，证明铁比铜活泼，最终得出的活动性顺序是 Al>Fe>Cu。

在本节课中，教师设计了一系列科学探究活动，将科学发现过程简捷地重演于课堂，让学生参与发现、探索、探究的过程，并且在这个过程中激发他们发现和创造的乐趣，特别是培养学生动手、动脑的能力，让学生体验作为学习主体进行探索、发现和创造的乐趣，从而使学生自行获取和运用知识，享受探究性学习的快乐，最终达到教师“创造性地教”、学生“创造性地学”的目的。

三、气体制备的探究性实验教学

(一) 关于氧气的制备教学

氧气的制备是中学化学第一次接触的气体的制备，这时学生的知识基础和学科能力很不完善。教学中应注意从学生已有的知识出发，寻找生长点，注重学习过程的生成性，为今后系统学习其他气体的制备打下基础。实验室用高锰酸钾固体加热制取氧气的教学可这样处理：将学生分成四人一组，教学过程分两个阶段：第一阶段让学生分组讨论并组装制取氧气的整套装置，教师巡回视察，然后各小组展示自己的装置并总结装置的特点。至于一些细节问题暂不指出。第二阶段让学生制取并收集氧气，教师要提醒学生注意观察整个实验过程中各部分可能出现的现象，并分析可能的原因，对于那些非正常现象，大家一起研究并提出改进的具体方案。如有的学生观察到导管内有紫红色物质，导致水槽中的水带点淡红色，从而明白在试管口放置棉花的原因，在此处学生还提出了形形色色的棉花代用品，如卷筒纸、玻璃丝等。通过这样的学习，学生不仅掌握了实验室用高锰酸钾固体加热制取氧气的基本操作，而且在亲身体验中悟出了许多道理，这对于他们以后的学习是很有帮助的。

（二）关于二氧化碳制备的教学

二氧化碳的实验室制法在整本教材乃至整个初中化学学习过程中所占的地位十分重要。它是培养学生在实验室中制取某种气体的最佳素材。此课的教学对学生今后学习元素化合物知识、化学基本实验及培养实验探究能力都有深远的影响。

案例 6 实验室制取二氧化碳的药品选择

提出问题：教科书在讲述二氧化碳的实验室制法时，主要强调用含碳酸根离子的碳酸钙和含氢离子的盐酸溶液来制取，在分析了其原理后，引导学生提出问题：能否用碳酸钠代替碳酸钙？能否用稀硫酸代替稀盐酸？

猜想与假设：学生们思路活跃地提出了多种猜想与假设，教师适当地对学生的思路加以引导。

假设 1：碳酸钠也是含碳酸根的物质，它能够与稀盐酸反应生成二氧化碳。

假设 2：稀硫酸中也含有氢离子，它也能够与碳酸钙反应生成二氧化碳。

但它们的反应速率如何？反应进行的程度如何？这也是在实验室制取气体时应考虑的问题。

设计实验，进行验证：让学生在提出假设的基础上，设计出实验方案，教师检查学生的实验设计，给予适当的指导。

实验 1：用大理石和稀盐酸反应——能反应，放出二氧化碳，速率适中。

实验 2：用碳酸钠和稀盐酸反应——能反应，放出二氧化碳，瞬间完成。

实验 3：用大理石和稀硫酸反应——能反应，放出二氧化碳，但很快停止。

观察现象（实验步骤略）

分析与结论：让学生分组分析、讨论实验现象。假设 1、假设 2 都是正确的，但实验 2 尽管能反应放出二氧化碳，可是反应速率太快，不宜控制。实验 3 中碳酸钙与稀硫酸能反应，但由于生成的 $CaSO_4$ 微溶，覆盖在大理石的表面，阻止了反应的继续进行。从而得出结论：不能用稀硫酸代替稀盐酸或用碳酸钠代替碳酸钙制取二氧化碳。

以上二氧化碳实验室制法中的药品选择部分的实验探究活动，很好地促进了学生的自主性发展，使学生发现知识、领悟科学方法、亲身体验学习的乐趣，增强了学生对科学的情感，使其初步形成了科学探究能力，真正实现了知识、技能、情感、过程和方法等多元目标的达成。

四、物质性质的探究性实验教学

（一）关于二氧化碳的溶解性及与水反应

案例7　二氧化碳的溶解性及与水反应

二氧化碳的溶解性实验 1. 将固体二氧化碳放入矿泉水瓶中，观察。 2. 将少量澄清石灰水倒入矿泉水瓶中，振荡后观察。 提问：矿泉水瓶变瘪说明什么？	学生活动： 向集满二氧化碳的矿泉水瓶中倒入约1/2体积的水，立即旋紧瓶盖，振荡。
小结：在通常状况下，1体积二氧化碳气体能溶解在1体积的水中，压强越大，溶解的二氧化碳就越多，汽水、啤酒都是在加压情况下溶入较多的二氧化碳制成的。打开瓶盖时，压力减少，气体从瓶中逸出。	回答：二氧化碳易（或能）溶于水。
追问1：还有没有其他原因？ 引导实验： 说明：紫色石蕊是一种色素，遇酸变成红色。	实验：将用紫色石蕊浸泡过的“纸人”的两袖分别涂上稀HCl和稀H_2SO_4，观察。 实验：取两支试管，分别加入2ml紫色石蕊溶液。向其中的一支试管中加入矿泉水瓶中的液体2ml，对比两支试管中液体的颜色。
提问：谁使紫色石蕊试液变红？	猜想：可能是CO_2、H_2O或CO_2和H_2O反应后和生成物。
提问：如何通过实验证明你的猜想？ 组织交流。 小结：二氧化碳能与水反应。 投影：给变色后的“纸人”用热宝加热。	设计实验并完成实验。 汇报。 分析归纳。 实验：给变色后的“纸人”用热宝加热，观察。

对于二氧化碳在水中溶解情况探究问题的提出，是从学生实验中对矿泉水瓶变瘪的思考展开的，矿泉水瓶外形的变化一定能说明二氧化碳溶于水吗？有没有可能在此过程中发生了化学反应？通过学生的讨论，很自然地导出二氧化碳与水

反应的探究活动。通过学生实验很好地将二氧化碳与水反应的实验现象呈现出来，引导学生对这个实验现象进行分析，充分利用学生已有的逻辑推理能力，层层推理，最终得出二氧化碳与水反应的产物是使石蕊溶液变色的根本原因。然后通过给变色后的“纸人”用热宝加热后又变成原来的紫色的实验现象，提出对碳酸是否容易分解的探究。这种将实验探究和逻辑推理结合起来的学习方式，培养了学生的创新能力和探索精神，对于发展学生优秀的智慧品质发挥了不可替代的作用。

（二）中和反应

首先提出问题：“酸和碱之间会发生什么样的反应?”出示氢氧化钠溶液和盐酸溶液后提问：“它们分别呈什么颜色？它们分别是什么类别的物质的溶液?”学生回答后再提问：“它们之间是否能够反应?”此时学生不能准确回答。为解决问题，较好的方法就是实验。取样后将两种溶液混合，学生观察到无明显现象。追问：“它们混合后无明显现象，是否说明它们没有发生化学反应?”学生都说不一定。这时引导学生思考：“你有没有办法判断稀盐酸和氢氧化钠溶液是否发生了反应？如有，请设计方案。”学生设计的方案如下：

方案 1	向盛有稀盐酸的试管中滴加几滴紫色石蕊溶液，液体呈红色，再向试管中逐滴滴加氢氧化钠溶液，若红色变成紫色，说明稀盐酸和氢氧化钠溶液能反应。
方案 2	向盛有稀盐酸的试管中滴加几滴无色酚酞溶液，液体呈无色，再向试管中逐滴滴加氢氧化钠溶液，若无色变成红色，说明稀盐酸和氢氧化钠溶液能反应。
方案 3	向盛有氢氧化钠溶液的试管中滴加几滴无色酚酞溶液，液体呈红色，再向试管中逐滴滴加稀盐酸，若红色褪去，说明稀盐酸和氢氧化钠溶液能反应。
方案 4	向盛有氢氧化钠溶液的试管中滴加几滴紫色石蕊溶液，液体呈蓝色，再向试管中逐滴滴加稀盐酸，若蓝色变成紫色，说明稀盐酸和氢氧化钠溶液能反应。

学生根据自己设计的方案进行分组实验，实验结束后各组代表进行交流，并由学生对这几个方案进行比较和评价并说明理由。通过实验、交流、分析、比较，问题迎刃而解。此时，教师可再顺势追问：“如何证明它们什么时候恰好完全反应?”学生应该很快都能作出准确回答。

五、趣味实验的探究性实验教学

案例 8　“空气中二氧化碳的含量会改变吗?”的设计

发现问题：地球上存在许多能引起二氧化碳含量变化的因素。例如，许多动

物在生命活动过程中要消耗氧气，呼出二氧化碳；燃烧燃料会放出二氧化碳；绿色植物的光合作用会消耗大量的二氧化碳……

提出问题：空气中二氧化碳的含量会改变吗？

猜想：

（1）空气中二氧化碳含量会逐渐增高，“温室效应”就说明了这一点。

（2）二氧化碳气体的消耗和生成会保持平衡，空气中二氧化碳的含量不会变化。

（3）二氧化碳含量白天低，晚上高。

（4）在不同环境、地段和时间，某个区域空气中二氧化碳的含量可能会发生波动，但由于有空气流动，二氧化碳的含量变化不大……

设计方案：选择几个地段，在不同时间里测定空气中二氧化碳的含量，通过比较和分析，得出符合实际的结论。

实验探究：

（1）取样。

（2）测定二氧化碳的含量。（实验步骤略）

（3）记录实验数据。

取样地点	取样时间	抽气次数	二氧化碳含量	分析与结论
……	……	……	……	……

按设计的方案，分组测定各个测定点的空气中二氧化碳的含量，测定中要保证数据的可靠性。

得出结论并交流：对数据进行简单的数学处理后交流、讨论，并作出合理的解释。

案例9　人体吸入的空气和呼出的气体的探究

探究准备：

（1）分别收集一瓶空气和一瓶呼出的气体。

（2）将实验课题改为“据说人呼吸时吸收了氧气，排出了二氧化碳，请利用一瓶空气和一瓶呼出的气体，设计实验对这一说法进行验证”。

实验方案设计：

方案一：向装有空气的瓶子里伸入燃着的木条，如木条能继续燃烧，证明吸入的气体中含有氧气，从而说明人吸收了氧气；向装有呼出的气体的瓶子里倒入澄清石灰水，如石灰水变浑浊，证明人呼出了二氧化碳。

方案二：先分别向装有两种气体的瓶子中倒入澄清石灰水，装有呼出的气体的瓶子中石灰水变浑浊，而装有空气的瓶子中石灰水没变浑浊，从而证明人呼出了二氧化碳（呼出的气体中的二氧化碳是人体排出的，因为吸入的空气中只有很少量的二氧化碳，不至于让石灰水变浑浊）；再向这两个瓶子中分别伸入燃着的木条，装有空气的瓶子中木条能继续燃烧，而装有呼出的气体的瓶子中木条熄灭，从而证明人呼吸时消耗了氧气（吸入的空气中含有的氧气，在呼出的气体中减少了，从而证明氧气被消耗）。

方案三：与方案二相反，先向装有两种气体的瓶子中伸入燃着的木条，然后再分别向其中倒入澄清石灰水，理由同上。

还有一些其他的设计，有的方案只分别向装有两种气体的瓶子中伸入燃着的木条（没考虑氮气），有的方案是分别向装有两种气体的瓶子中各放一只老鼠（条件不允许），这些都能够简单地予以排除。

方案的反思与评价：

方案一：一方面只能证明吸入的气体中含有氧气，但不能证明氧气被人体吸收；另一方面也只能证明呼出的气体中含有二氧化碳，但不能证明它一定是人体排出的。

方案二和方案三：仔细分析两个方案，找到其中的不同。如果先向装有两种气体的瓶子中伸入燃着的木条，虽然能证明人消耗了氧气，但木条燃烧后生成了二氧化碳气体，所以再分别向其中倒入澄清石灰水时，两个瓶子中的石灰水都会变浑浊，从而否定了方案三，肯定了避免这方面问题的方案二。

实验探究：学生按方案二进行分组实验。

实验结论：人呼吸时吸收了氧气，排出了二氧化碳。

实验的反思：在向瓶中倒入石灰水的时候，不能把玻璃片全部打开，否则空气会进入装有呼出气体的瓶中，导致第二步伸入燃着的木条时，木条在其中也能继续燃烧，从而致使实验失败。最好使用胶头滴管，使玻璃片开最小的缝隙，最大限度地减少空气的进入。

从上面的案例中我们可以看到，整个实验步骤以及仪器的使用都与教科书一致，但效果却不一样。如果学生按教科书按部就班地操作、观察、记录，他们获得知识的过程就略显简单、被动、程序化，而且只知道如何做，难以去想为什么要那么做。而改变方式后，所有的步骤过程都由学生自己推导出来，学生不仅知道为什么，而且能注意到每一个细节问题，从而使学生的探究性学习体现得更加完美。

六、习题的探究性实验教学

在日常教学中，对于计算题的教学，教师多只停留在学生做题、教师讲解或挖掘出解题的一般方法和技巧上。对于计算题，该如何教和学呢？如何更好地利用计算题的素材组织教学呢？

案例 10 牙膏中摩擦剂的探究

习题：普通牙膏常选用细粉末状且不溶于水的氢氧化铝、碳酸钙、二氧化硅中的一种作为摩擦剂，以增强刷牙的效果。现取某牙膏 50.0g 放入烧杯中，再加入密度为 1.05g/ml 的稀盐酸 190.5ml（足量），充分反应后所得混合物的质量为 239.0g。试通过计算说明：

（1）此牙膏含有哪种摩擦剂？

（2）摩擦剂在此牙膏中的质量分数是多少？

课堂实录：

教师介绍说："市场上出售的牙膏种类繁多，但都含有一种称为摩擦剂的不溶性物质。在刷牙的过程中，它能配合牙刷一起摩擦牙齿的表面，从而起到清洁牙齿的作用。"

接着叫一名学生上讲台，挤一些牙膏到烧杯里，加清水并搅拌。请台下的学生观察实验现象。

学生确实看到有不溶物质后，提出了问题："这种不溶的东西是什么？"

"可能是氢氧化铝、碳酸钙、二氧化硅。"教师说。

"什么是二氧化硅？"学生好奇地问。

教师指着桌子上的一包灰白色的细砂说："这就是二氧化硅。只是牙膏里的二氧化硅比这更纯，颗粒更细、更均匀。"

"碳酸钙不就是石灰石嘛！只要把石灰石磨成粉末，就可作为牙膏里的摩擦剂。"学生猜测道。

"可能没有这么简单。制牙膏用的碳酸钙要更纯，颗粒要很细、很均匀。"教师说。

一个学生指着手中一支牙膏问道："三种都可作为摩擦剂，那它里面含有的是哪种呢？要用什么办法才能知道？”

学生讨论后认为，可以用加酸的办法来检验。加入酸后，虽然氢氧化铝和碳酸钙都会溶解，但后者会放出气泡；只是不知道二氧化硅的情况，以前没做过有关它的实验。

为此，教师在装有一点细砂的烧杯里倒入盐酸。砂与盐酸没有反应。

接着就用牙膏来做实验。当向装有牙膏的烧杯里倒入盐酸时，马上就有大量气泡产生。

“肯定是碳酸钙！”学生们兴奋地叫起来。

一个学生说：“牙膏是用钱买来的。它里面是不是有很多这样的石灰粉?”

他的话引得同学们笑了起来。教师不失时机机智地问道：“如何才能知道它里面含有多少碳酸钙呢?”

一个学生说：“测出放出的二氧化碳的量，然后根据化学方程式推算出碳酸钙的含量。”

“不可能。二氧化碳是一个气泡一个气泡的，怎么测量呀?”一些学生说。

有几个学生则说：“可能的。测出反应后减少的质量，不就是放出的二氧化碳的质量了吗?”这个方法得到了大家的认同。

教师拿出早已准备好的托盘天平、量筒、玻璃棒等仪器，并与学生详细地讨论了实验的细节。

三个学生被请上讲台，两个做实验，一个把测得的数据写在黑板上。

利用测出的实验数据（类似计算习题中所给的数据），学生们计算出了牙膏里碳酸钙的含量。

从上述案例中可以看到，在这样的课堂里，学生的精力更多的是用来围绕一个实际问题展开探究性学习活动，在这个过程中，学生的多种能力都得到了锻炼。将一些习题中的素材用于课堂教学的探究情境是可行的，这有助于学生探究能力的提高。

在探究性教学过程中，从课程学习中提出的问题展开，以解决问题作为结束。协作、交流、表达贯穿各环节的活动之中，学生通过探究过程的讨论与交流，以及书写探究报告、制作模型、辩论和展览等形式，可以形成一个有利于人际沟通与合作的良好氛围，发展乐于合作、分享信息和成果的团队精神，这也是现代人所应具备的基本素质。在交流过程中，应鼓励学生发表自己的见解，明确某种看法，提出探究的结论，认真听取他人的意见，积极参与辩论，理智地坚持己见，尊重客观事实，敢于修正自己的错误观点，提高自己的认识，形成气氛活跃、开放、民主的师—生、生—生间多向知识信息传递和交换的“立体式”、“交互式”的教学格局。不断提高学生的科学素养，努力为祖国培养出更多有用的人才是我们每一个教育工作者的最终目标！

思考与活动

1. 初中化学探究性实验教学的策略有哪些？
2. 请对“二氧化碳与氢氧化钠反应”这一内容进行探究性实验教学设计。

参考文献

[1] 李美强. 初中化学教学探究性思维设计．中学化学教学参考，2005（3）
[2] 王燕. 初中化学教学中创新意识的培养．中学化学教学参考，2005（8）
[3] 伍艳萍，孟庆宏.《分子和原子》教学设计．中学化学教学参考，2006（4）
[4] 王祖浩. 化学新课程中的科学探究. 北京：高等教育出版社，2003

第三讲
化学实验教学资源的开发

北京教育学院　贾晓春

化学实验教学资源是化学实验教学以及化学课程改革的基础和保证。实验教学资源的开发和利用，对全面实现化学新课程的目标有着重要的影响。如果没有化学实验教学资源的广泛支持，实施化学实验探究教学就会落空，中学化学课程改革也很难取得实际的效果。作为一名化学教师，应该对化学课程的实验教学资源及其开发利用有一个比较全面的认识。

一、如何理解化学实验教学资源

化学实验教学资源是化学教学资源的组成部分，要想理解化学实验教学资源的含义应先从了解什么是化学教学资源入手。

（一）教学资源的含义及分类

1. 什么是教学资源

教学资源是指构成教学活动的各要素以及实施教学的必要而直接的条件。教学是课程实施的主渠道，教学资源包含于课程资源中。但是，广义的教学并不仅仅发生于课堂上及师生的直接接触中，因此，教学资源与课程资源两个概念便变得难以区分。尤其是随着教育科学中教学和课程概念的同时拓宽、扩大，教学资源与课程资源几乎成了同义语。

2. 教学资源的基本要素

教师、学生、教材是教学活动的基本要素，三者是基本教学资源。还有一些因素，如人力、物力、财力、时间、场地、媒介、设备、设施和环境等直接决定教学实施范围和水平，属于教学的实施条件，是必要的教学资源。现实中的许多教学资源往往包含着构成教学活动的要素来源，也包含着教学实施的条件，如图书馆、博物馆、实验室、互联网等教学资源就是如此。

3. 从不同角度对教学资源进行分类

按照使用范围划分，教学资源主要有两部分：一是校内教学资源；二是校外教学资源。校内教学资源主要有三个方面，即教学设备和实践场所、网络资源以及人力资源。校外教学资源主要包括自然环境资源、社会资源和大众传媒资源。

如果不按照使用范围划分，上述教学资源也可大致分为三类：第一类是设备、设施；第二类是大众传播媒体；第三类是人力资源。

按照教学资源的性质，可将其分为自然教学资源和社会教学资源。

按照教学资源的存在方式，可将其分为显形（有形）教学资源和隐形（无形）教学资源。显形教学资源指的是教学设备；隐形教学资源指的是以潜在的方式对教育教学活动施加影响的教学资源，如社会环境、家庭环境、师生关系等。

按照教学资源在空间上的分布，可将其分为学校资源、家庭资源、社区资源和社会资源。

（二）化学教学资源

化学教学资源既包含化学的教材、教具、仪器设备等有形的物质资源，也包含学生已有的化学及其相关学科的知识经验、家长的相关能力和对化学教学的支持态度等无形的资源。

过去，人们没有从动态及校内外统一的角度理解和整合教学资源。当前，应当树立新的教学资源观，使校内外资源融为一体，更好地为教育发展服务。学生应该成为寻找与利用教学资源的主体和学习的主人，应当学会主动、创造性地利用一切资源为自身的学习、探索性实践服务。教师应当成为学生利用教学资源的引导者。教师不仅仅是知识的传授者，而且应该围绕学生的学习，引导帮助学生走出教科书，走出课堂和学校，充分利用校内外各种资源，在社会大环境里学习和探索。同时，教师还应该成为教学资源的开发者和利用者，充分挖掘各种资源的潜力和深层次价值，提高资源利用率。

学校的教学设备是化学教学资源的重要组成部分，是完成教学的必要物质条件。

（三）化学实验教学资源

化学实验教学资源是化学教学资源的一部分，可以这样理解：化学实验教学资源是一切有利于化学教学的实验资源，包括实验硬件资源、软件资源。

化学是一门实验科学，一个学校化学教学水平的高低，与学校化学实验室的建设和使用是密切相关的。只重视学生的化学理论考试成绩而一次化学实验也没有做过的化学教学是残缺的、不合格的教学。因此，应该高度重视学校化学实验室的建设，为学生积极营造良好的实验环境，同时也应该充分利用身边廉价的器具和材料，尤其是实验条件比较差的学校，更应该在这方面多下工夫。

一切有条件和能够创造条件的学校，都应使计算机、多媒体、互联网等信息技术成为化学实验教学资源，多媒体技术能为实验教学提供并展示各种所需的资料，包括文字、声音、图像等，并能随时抽取播出。需要注意的是，我们不提倡用计算机上的模拟实验来代替学生能够从事的实践活动（学生能够亲自动手做的实验一定要做，非常危险的或严重污染环境的实验可以用计算机来模拟或进行视频演示）。

二、化学实验教学资源的开发

化学实验教学资源的开发和建设主要包括：充分开发和利用实验室现有资源，比如实验创新与改进；从生活实际中寻找可利用的实验资源，如寻找实验替代品；网上实验资源的开发，如用计算机来模拟或进行视频演示实验。

（一）充分开发和利用实验室现有资源

化学实验室是进行化学实验教学的主要资源，是化学教师开展化学实验教学与实验研究以及学生进行实践探究活动的主要场所。《全日制义务教育化学课程标准》将科学探究作为突破口，而化学实验室是科学探究的重要形式。课程标准提倡学生独立进行或合作开展化学实验研究，因此，实验室建设成为制约化学课程实施水平的基本因素。

新课程大力倡导促进学生学习方式的转变，化学实验室在这一方面起着不可替代的作用。加强和重视实验室的建设不但改变着学生的学习方式，而且对培养学生的学习兴趣、创新精神和实践能力，提高学生的科学素养有着重要作用。

加强实验各项工作，要求学校及有关部门加大投入，配足配齐必需的实验仪器、药品及实验防护用具，定期检查药品质量，及时补充损耗品，不断更新仪器设备。同时，要重视和加强对实验管理人员的素质培养和能力提高，确保实验的安全和质量。

除了完成教材中规定的实验以外，教师应该探讨用实验的方法将某一具体的教学问题表现出来或者对常规实验从材料到方法加以改进，使之更简洁、环保等。就这些问题举例如下：

1. 木炭还原氧化铜——探索最佳的实验条件

实验原理：$C+2CuO \xlongequal{} 2Cu+CO_2\uparrow$

实验用品：试管（15mm×150mm）、铁架台、铁夹、酒精灯、铁纱罩、广口瓶、升降台、胶塞、90°玻璃管、长把不锈钢药匙、玻璃棒、铁三脚架、泥三角、蒸发皿、木炭（火锅木炭）、氧化铜（采用新制得的碱式碳酸铜加热分解产物）。

实验步骤如下：

木炭在 120℃恒温条件下干燥 1 小时。将木炭和氧化铜混匀（比例为 m_c ∶ m_{CuO}＝1∶8）研磨 15 分钟。

取上述混合物 1.5 克左右装入试管中，且反应混合物要适当堆积压实，铺开长度 2 厘米左右。

用酒精灯加铁纱罩作为热源进行加热，观察试管中发生的现象。

2. 指纹检测——丰富学生的生活体验

实验原理：碘受热时会升华变成碘蒸气。碘蒸气能溶解在手指上的油脂等分泌物中，形成棕色指纹印迹。

实验用品：试管、橡胶塞、药匙、酒精灯、剪刀、白纸、塑料膜、碘。

实验步骤如下：

取一张干净、光滑的白纸，剪成长约 4cm 、宽不超过试管直径的纸条，用手指在纸条上用力按几个手印。

用药匙取芝麻粒大的一粒碘，放入试管中。把纸条悬于试管中（注意摁有手印的一面不要贴在管壁上），塞上橡胶塞。

把装有碘的试管在酒精灯火焰上方微热一下，待产生碘蒸气后立即取出，观察纸条上的指纹。

3. 检测水样——用实验的方法比较蒸馏水与自来水的差别

实验原理：pH 值表示溶液的酸碱程度，其范围是 0～14，纯水是中性的，pH＝7。pH 值越小，溶液的酸性越大；反之碱性越大。水的硬度是指水中钙、镁这两种矿物质的含量。硬水中这两种物质的含量很高，硬水与肥皂混合时，不能很好地产生泡沫，硬水中的矿物质会产生沉淀物。

实验用品：电热炉、尺、蜡笔、烧杯、试管（带塞子）、量筒、pH 试纸、肥皂水、自来水、蒸馏水。

实验步骤如下：

给两个烧杯编号，分别倒入 50ml 蒸馏水和 50ml 自来水并放在电热炉上加热至大约剩下 20ml（不要把水煮干）。

等水冷却后，寻找使水浑浊的固状物，观察哪个烧杯中固状物较多。把排列结果记录下来。

分别给两个试管标上标签，从原样本瓶中倒入水样 5ml，分别测其 pH 值并记录。

分别往上述两个试管中加入0.5ml肥皂水，塞上塞子，震荡30次，用尺子测量试管中肥皂泡沫的高度并记录。

4. 粉尘爆炸实验——对实验装置的改进

粉尘爆炸实验是初中化学实验中必做的，各版教科书都有介绍，制作该实验装置的方法如下：找一个大（番茄酱或水果）罐头盒（马口铁制成，直径约15cm、高约20cm），将内外洗净擦干，在距离底部约5cm处用剪铁的剪子或钢锯把它拦腰截断，用钳子将断口向内翻约1cm，沿着边转一圈，再把它放在铁砧子上用铁锤将转圈砸实（以免断口伤手）。然后将底部平放在一块木板上，用电钻或冲子在距离圆心1/3半径处（A点，见图3—17）打一个直径约6mm的洞，再将它翻过来扣在桌面上，在过这个洞（A点）的半径与圆周的交点（B点，见图3—17）的正下方2～3cm处的侧面，用白板笔做个记号（C点，见图3—17），用木板垫着在该处再打出一个直径约6mm的洞。

找一根外径约6mm、内径约3mm的铜管（家用空调维修店有售），用弯管器将它在距离管口3.5cm处弯成90度的圆角，再用切割器在距离拐弯处6～7cm的地方将其截断，用扩口器把短臂一端的管口扩大成小漏斗状。把长臂一端从圆面上的洞口（A点）穿下来，再从侧面上的洞口（C点）穿出去，圆面上方保留约0.5cm的小漏斗状铜管，用焊锡把它与洞口焊接牢固。

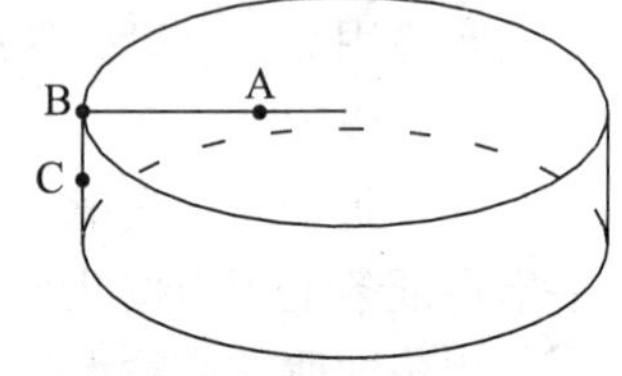

图3—17

再用上述罐头盒的下脚料制作一个漏斗（直径约3cm、高约1.5cm），用焊锡把它本身的接缝焊好，再把它放在小漏斗状铜管上并与之焊牢，中心保留一个与铜管内径（3mm）相同的小洞。

最后把一个直径2mm、长约10cm的铜丝弯成弓形，一端用锉锉成尖，在距离另一端1cm处弯成直角，并用焊锡把它焊接在漏斗旁的圆心位置上（尖朝上）。把一根直径5～6mm、长约1 m的乳胶管的一端接在爆炸装置侧面的铜管上。这样粉尘爆炸装置的主要部件就做好了。

再找一个5 L的（盛食用油的透明）大塑料筒（直径15～16cm），用剪刀或锯将它在距离底部约20cm处横着截断，在断口的边上剪出一个宽约1cm、长约2cm的豁口，备用。

这样就可以用自制的粉尘爆炸装置进行实验了：把装置平放在一个比较宽敞、离易燃物较远的安全地方，先往漏斗中放一个黄豆粒大小的泡沫塑料（或一张小纸片）堵住洞口，再用角匙放入满满一匙干燥过的面粉或松花粉（一种中草药）。点燃一个蜡烛头儿，先用火焰加热一下铜丝的尖，然后将蜡烛插在它上面。

首先把一个充满空气的大球胆（或双连打气球）与和爆炸装置相连的乳胶管的另一端连接好，然后把备用的大塑料筒扣在爆炸装置上面（注意：豁口应对准装置侧面的导管，这样才能放平，保证反应器适当的气密性），立即用手使劲挤压大球胆往反应器（大塑料筒）里吹气。可以观察到：在反应器的有限空间内扬起的粉尘遇到明火“呼”的一声剧烈燃烧，短时间内产生大量气体，在高温下急剧膨胀，引起爆炸，形成的红色火焰和热浪使大塑料筒向上腾起并被掀翻。这就是粉尘爆炸实验现象。

将大塑料筒重新扣在爆炸装置上面，再怎样用手使劲挤压大球胆往反应器里吹气，大塑料筒也一动不动。对比说明前者确实发生了爆炸反应。实验完毕，应将大塑料筒内壁上的粉尘用自来水洗净、晾干，以保持筒壁清洁透明。注意，若按上述操作步骤进行实验而没有发生爆炸，则应检查粉尘是否干燥，颗粒是否足够小，或适当调节蜡烛与漏斗的相对位置，并加大吹气力度，即可解决此问题。

5. 印花——相似相溶原理的实际应用

在解释物质溶解性的问题时提到了一个近似的原理：就是相似相溶。利用油墨和松节油的相似相溶性和肥皂的表面活性，用压力转移法可以把书上和杂志上的图案转移到T恤衫（或布）上。

（二）从生活实际中寻找可利用的实验资源

著名前辈杨石先先生说：“农、轻、重，吃、穿、用，样样都离不开化学。”化学在我们的日常生活中无处不在，没有化学科学创造的物质文明，就没有人类的现代生活。所以，寻找生活实际中可以利用的化学实验资源也是化学教学资源开发和利用的一个重要途径。

生活的概念很宽泛，家庭、社区及周围的生活环境等都可以算做生活的一部分，虽然生活中蕴藏着丰富的化学资源，但是化学实验教学资源并不是无所不包的，只有那些具有教学价值和课程意义的资源才有开发和利用的价值，即教学资源要与学生学习的内容条件相一致，符合学生身心发展的特点，满足学生的兴趣爱好和发展需要。

化学实验是化学教学的重要组成部分，开发一些生活中的小实验、小制作，让学生感受到化学就在我们身边，和我们的日常生活密切相关，从而增加学生学习化学的兴趣。

要鼓励教师和学生充分利用日常生活中及周围环境中的材料，自制仪器，寻找代替药品，这样既可以解决仪器和药品短缺问题，丰富教学资源，还可以增强学生的节约和环保意识。以下给出一些来自生活实际中的实验资源。

1. 自制酸碱指示剂

植物的花、果、茎、叶和根中多数都含有色素，在酸性溶液或碱性溶液中能够显示出不同的颜色，由此可作为酸碱指示剂。如超市或农贸市场出售的心里美萝卜、紫色卷心菜，花店里出售的或自家种植的紫罗兰、月季花，药店里中草药柜台出售的紫草、苏木等都可以作为酸碱指示剂的原料。学生还可以在家里自制酸碱指示剂，利用家庭用的酸、碱等物质测试指示剂的变色情况。

实验目的：了解代用指示剂的制取和一种测试指示剂变色范围的简易方法，测试几种植物色素在不同 pH 值条件下的显色情况（变色范围）。

实验原理：酸碱指示剂只有在一定的溶液 pH 值的范围内才能变色。如果我们应用缓冲溶液配制一系列的 pH 值不同的溶液，当滴入指示剂时，就可看到各种指示剂在酸碱中的颜色和指示剂的变色范围。

实验用品：试管、量筒 、烧杯、胶头滴管、研钵 、玻璃棒、粉碎机、天平、小刀、酒精（95%，1∶1）、纱布、漏斗、代用指示剂（心里美萝卜、紫草、苏木）。

实验步骤：

(1) 代用指示剂的制取。

取半个心里美萝卜，洗净，用卫生纸擦干，削去表皮，用水果刀将其切成1～2cm的小块，用粉碎机捣碎（由大组共同完成）。每组称取 5g 碎萝卜于 100ml 烧杯中，再加 5ml 酒精（95%），搅拌，浸泡一会儿。取紫草（叶）、苏木（茎）各 1g，分别在研钵中捣烂后，分别放于 100ml 烧杯中，再各加 5ml 酒精（1∶1），搅拌，浸泡一会儿。

分别用四层纱布过滤，得到心里美萝卜、紫草和苏木的色素酒精溶液，分装在三个试管中。

(2) 测试代用指示剂的变色范围。

用已测知 pH 值的系列溶液测试各代用指示剂的变色范围。在七个白色点滴板的 14 个孔穴中，分别滴入已测知 pH 值的系列溶液各三滴，然后再分别滴入 3 滴心里美萝卜酒精溶液，用细玻棒搅拌，从序号 7—1，再从 8—14，仔细观察现象。

用紫草和苏木酒精溶液代替心里美萝卜酒精溶液做上述实验。

2. 碘的系列实验

(1) “华素片”中碘的定性检测。

西地碘片（华素片）的主要活性成分是单质碘 I_2。

将一片华素片研成粉末，取少量放入试管中，加 2ml 水使其溶解，得到黄色浑浊液，再加 1～2 滴 1%淀粉溶液，振荡。观察实验现象。

利用碘遇淀粉变蓝的知识，通过观察上述实验现象，学生不仅知道了华素片中含有碘单质，同时根据所学的碘易升华的知识，明白了华素片为什么要密封包装的道理。

（2）检验含碘食盐成分中的碘。

为了人们的健康，现在食用盐中都要加入一定量的碘，那么所买的食盐中是否添加了碘，添加的是单质形式的碘还是化合物形式的碘？因此，食盐中碘的定性检验也是学生感兴趣的一个实验。

含碘食盐中添加的是碘酸钾（KIO_3），在酸性条件下，碘化钾（KI）能与碘酸钾（KIO_3）反应生成 I_2，I_2 遇淀粉试液变蓝；而不加碘的食盐则不能发生类似的反应。

实验用品：含碘食盐饱和溶液、KI 溶液、1∶10 硫酸溶液、1%淀粉试液、试管、胶头滴管。

实验步骤：

在试管 1 中加入少量（2ml）含碘食盐饱和溶液，向其中依次滴入 3 滴 1∶10 硫酸溶液和 1～2 滴 1%淀粉溶液，振荡。观察实验现象。

在试管 2 中加入少量 KI 溶液，向其中依次加入 3 滴 1∶10 硫酸溶液和 1～2 滴 1%淀粉溶液，振荡。观察实验现象。

将上述两支试管里的液体混合，观察现象。

（3）海带中碘的检测。

在海带中碘与有机基团（R）结合成碘化物（RI），在海带燃烧后的灰中 RI 转化为 KI、NaI 等，当在酸性条件下加入过氧化氢（H_2O_2）时可生成单质碘，碘遇淀粉变蓝。

利用这个实验，学生不仅了解到平时人们所食用的海带中含有人体所需要的碘，而且也了解到碘在不同的物质中的存在形式是不同的。

通过以上几个含碘物质的实验，学生对日常生活中几种常见的含碘物质有了很多了解，也知道了华素片、含碘食盐和海带中的碘的存在形式是不一样。通过实验，学生不仅学到了很多有关碘的知识，他们还可以上网查资料，去了解生活中还有哪些物质含有碘以及碘与人体健康的关系等。

3. 维生素 C 的测试

本实验可以在家中做，淀粉可以用细玉米面代替或使用食用淀粉，由于华素片的主要成分是碘，所以可以用华素片来代替试剂碘。

实验原理：把淀粉和碘的混合液作为测试液，如果把含有维生素 C 的溶液加入到测试液中，由于维生素 C 与碘能发生氧化还原反应，测试液就会变色。

实验用品：淀粉、水、碘片、试管、塑料杯、搅拌器、酒精灯、茶匙、汤勺、杯子、未知药片。

实验步骤如下：

在烧杯中加入半茶匙淀粉，再倒进半塑料杯水，加热并搅拌淀粉和水的混合物使淀粉溶解。

取两茶匙上层的淀粉溶液，放入塑料杯中，加入约50ml水，再加入少量固体碘，测试液就配制好了。

在一支试管中加2ml水，将第一片未知药片的粉末放入其中，使其完全溶解。

另取一支试管，加入约2ml测试液，再加入由上一步制得的未知药片的溶液，观察溶液的颜色是否发生变化。

将第2、第3、第4编号的未知药片分别按上述实验步骤进行实验，观察溶液的颜色是否发生变化。其中颜色发生变化的药片就是含有维生素C的药片。

4. 水果电池

蔬菜（如番茄）汁、水果（如橙橘、苹果、猕猴桃等）汁可以导电，当在水果里平行地插入铜片和锌片时，就形成原电池。如果在回路中用导线接一个灵敏电流计、电珠或电铃等，就可以看到指针偏移、电珠发光的现象或听到铃响，这些都说明有电流产生了。本实验利用学生身边的材料让他们了解了化学能是怎样转变成电能的，从而使其对化学中的氧化还原反应有了进一步认识。

实验用品：导线、万用表、番茄、橙橘、苹果、宽度不等的铜片、锌片。

实验步骤：

取1个番茄，相隔一定距离，分别插入铜片和锌片。

用导线将铜片、锌片及万用表相连，形成回路，观察发生的现象。

用其他的水果重复上述实验并记录观察到的现象。

5. 用小苏打和醋制取二氧化碳

小苏打的主要成分是碳酸氢钠，它能使制作糕点的生面团因产生二氧化碳气体而膨胀，使作出的糕点松软可口。向小苏打中加入水，没有二氧化碳生成，再加些醋或柠檬汁，反应生成二氧化碳。

6. 自制石灰水

现在很多食品包装里面都有一个装着干燥剂的小包，有的是用硅胶做干燥剂，有的是用生石灰做干燥剂。在水中加入生石灰（氧化钙）而生成熟石灰（氢氧化钙），石灰水是氢氧化钙的水溶液。生石灰和水反应是一个放热过程，在配制石灰水时应该强调安全问题。

7. 模型制作

可以利用身边的一些材料（橡皮泥、面团、小木棍、铁丝等）制作原子结构模型或晶体结构模型。

8. 用聚苯乙烯制试管架

用小刀（或剪刀）把聚苯乙烯泡沫塑料板切割成大小为 18cm×24cm、14cm×24cm的两块板，用做试管架的底板和竖板，再切割3cm×4cm的小条若干块。

把少量聚苯乙烯泡沫塑料剪成小颗粒，放入小瓶中。

在小瓶中加入少量苯，用玻璃棒不断搅拌，使聚苯乙烯泡沫塑料细小颗粒溶解在苯中并调成黏稠状，即制得聚苯乙烯黏合剂。为防止苯挥发，应把小瓶的盖子盖好。

用毛笔蘸自制的黏合剂或直接蘸苯作为黏合剂，黏接聚苯乙烯泡沫塑料块制成试管架。

（三）网上实验资源的开发

互联网是一个庞大的信息宝库。在这个信息的海洋中，人们能够以空前速度在网上索取自己需要的信息和知识。网上的化学资源具有分布广泛、数量巨大、互动性强、更新快等特点，已经成为化学教学资源开发的重要领域。

目前互联网上有哪些可利用的化学实验资源呢？有一些珍贵的真实照片，有启发创新思维的图片或模型，有拓展视野的创新实验，有实验方面的论文等参考资料，有可直接利用的多媒体实验课件，还有有利于提高工作效率的实验工具软件等，这些能够满足化学实验教学的某些需求。

仿真化学实验室提供了一个虚拟的化学实验室。试管、烧杯、酒精灯、铁架台等这些实验室中的真实器具，在仿真实验室中可以自由地搭建各种实验装置，还可以生成交互性课件。

除了开发网上实验资源外，有能力的教师还要充分利用现代化信息技术开发实验教学的多媒体课件，如根据教学的需要，可以模拟一些复杂的和不安全的实验，特别是对一些难于操作的实验以及一些难于理解的微观知识，要充分利用信息资源优势，创设教学情境，激发学生的探究兴趣。

化学实验教学资源既包含化学的教材、教具、仪器设备等有形的物质资源，也包含学生已有的化学及其相关学科的知识经验、家长的相关能力和对化学实验教学的支持态度等无形的资源。

化学实验教学资源的开发有多种途径。实验室是重要的实验教学资源，教师应根据教学需要以及学校的实际情况充分利用好这一重要教学资源，想方设法做好常规实验并尽可能地在实验以及实验教学方面多钻研，补充新实验，改进某些现有实验。

教师应该从生活实际中以及学生的问题中捕捉和寻找可利用的化学实验教学资源。

互联网上有许多可以利用的化学实验教学资源，教师可以通过多种渠道获取网上资源并经过整理加工后为实验教学所用。

思考与活动

1. 写出你在教学中开发或利用的来自生活实际的实验资源。

实验名称	资源名称	说明

2. "二氧化碳的性质和制法"是初中化学的重点教学内容，有不少可以利用的实验教学资源，为此很多教师作过研究课。现在请你把这部分内容使用的实验教学资源列一清单，填入下表。

教学内容	使用的实验教学资源	资源获取的途径	教学效果

参考文献

王重力，卢建筠主编. 生物新课程的评价与资源. 北京：高等教育出版社，2003

第四讲
化学基本概念辨析

北京教育学院　周玉芝

一、溶液的概念

有教材将溶液概念的定义为“我们把一种或几种物质分散到另一种物质里所形成的均一、稳定、透明的混合物叫做溶液”，也有教材在定义中没有加“透明”二字：“我们把一种或几种物质分散到另一种物质里所形成的均一的、稳定的混合物叫做溶液”。如何看待两个版本的教材在“透明”处的区别呢？如果溶剂为水，则加“透明”是适合的，或者说作为中学溶液的定义是可以的。但如果教材中将溶液又拓展成固体溶液、气体溶液，则“透明”就可不必强调了。总之，以上定义是从定性角度去描述溶液的特性。溶液具有均一性、稳定性；反过来，判断某种混合物是否是溶液的依据也是均一性、稳定性，这种判断往往会出错，因为我们肉眼所见的均一性、稳定性，未必是真的。教师需要从分散粒子直径的角度来区分溶液和乳浊液或悬浊液（见表3—3）。

表3—3　　从分散粒子直径的角度来区分溶液和乳浊液或悬浊液

分子分散系	胶体分散系	粗分散系（悬浊液、乳浊液）
粒子直径在1nm以下	粒子直径1～100nm	粒子在直径100nm以上

以上从分散粒子直径的角度来区分溶液和乳浊液或悬浊液，在教材中也有体现，如人教版初三化学新教材将该部分内容写在了“拓展性课题”里。

二、溶解的微观过程

（一）氯化钠的溶解

氯化钠是常见的典型的离子晶体，在NaCl晶体中，Na^+和Cl^-只能在很小的范围内振动，当氯化钠溶解于水时，运动得非常快的水分子会碰撞到固体中振动着的离子。由于水分子为极性分子，水分子中带部分负电荷的氧端会吸引晶体中的钠离子，带部分正电荷的氢端会吸引晶体中的氯离子（也可称为离子—偶极相互作用），使它们克服晶体中其他离子的静电引力（此过程需要能量），离开晶体而溶解。溶液中的阴离子和阳离子被水分子包围而溶剂化，此过程放出能量，称为水合能，离子表面的水分子阻止了溶液中的离子由于静电引力而结合。由于溶液中的水合离子可自由移动，所以通以直流电时，溶液因其中的水合阴、阳离子分别向电源的正、负极做定向移动而导电。若离子键太强或水合能太小，则物质表现为不溶，如 $CaCO_3$ 等。

（二）氯化氢的溶解

氯化氢是极性分子，但溶于水时，HCl 与水反应，生成离子，生成的水合离子相互之间的静电引力很小，可以自由移动。由于共价化合物溶于水形成的离子有多有少，故导电能力有大有小。

（三）乙醇的溶解

乙醇可与水以任意比例互溶（混溶），乙醇溶于水时，由于乙醇分子和水分子之间形成氢键时放出的能量大于分开乙醇分子及水分子时吸收的能量，所以放热。由于溶解后，溶液中存在水合分子，而分子呈电中性，所以乙醇水溶液不导电。

物质的溶解过程并不是溶剂和溶质简单的机械混合过程，而是一个物理化学过程，整个溶解过程分为两步：第一步是物理过程，当溶质进入溶剂后，溶质分子（或离子）在溶剂中扩散，是吸热过程；第二步是化学过程，溶质分子（或离子）受溶剂分子的作用形成溶剂合分子（水溶液中为水合过程），伴随能量放出。因而在整个溶解过程中有热量变化，也会引起溶液体积和颜色的变化。例如，将 KNO_3 固体溶于水会吸收热量，而 KOH 固体溶于水会放出热量，又如将白色的无水 $CuSO_4$ 溶于水则形成蓝色的溶液。

三、溶解过程的热效应

溶解热是拆开原溶质微粒间作用（吸热）、拆开部分溶剂微粒间作用（吸热）以及溶质微粒和溶剂微粒相互作用（放热）的代数和。

溶解热 $\Delta H=\Delta H_1+\Delta H_2+\Delta H_3$

ΔH_1（克服溶质微粒间作用力）——吸热

ΔH_2（克服溶剂微粒间作用力）——吸热

ΔH_3（溶质微粒和溶剂微粒相互作用）——放热

例如，由于乙醇分子和水分子之间形成氢键时放出的能量大于分开乙醇分子及水分子时吸收的能量，所以放热。

四、溶解过程的体积效应

若溶质微粒和溶剂微粒间相互作用与原来溶质微粒间、溶剂微粒间作用相近，如 C_6H_6 和 $C_6H_5CH_3$ 互溶，则溶液体积近似等于溶质体积与溶剂体积之和。

在多数情况下，溶质微粒和溶剂微粒间作用强，在一定程度上缩小了溶质微粒和溶剂微粒间的距离，所以，溶液体积常小于溶质体积与溶剂体积之和。

较少情况是溶液体积大于溶质体积与溶剂体积之和。如 50ml C_6H_6 和 50ml CH_3COOH混合得 101ml 溶液，这是因为原 CH_3COOH 分子间的氢键在溶解过程被削弱了。

五、饱和溶液

（一）饱和与不饱和

要判断物质的溶解是否有限度，就必须确定“一定温度”和“一定量的溶剂”这两个条件。当这两个条件不变时，物质溶解有其限度——饱和溶液。当改变饱和溶液的任何一个条件时，饱和溶液的状态都会被破坏，成为“不饱和溶液”，即使饱和溶液变为不饱和溶液的两种可能的方法为升高温度或增加溶剂。有的教师在讲授饱和溶液一节时，让学生分组实验，向氯化钠和硝酸钾两种饱和溶液中分别加氯化钠和硝酸钾固体，探究如何使加入的氯化钠和硝酸钾固体溶解。学生有的采用加热的方法，有的采用加溶剂水的方法。但学生在加热盛硝酸钾的烧杯时，硝酸钾固体消失了，而在加热盛氯化钠的烧杯时，氯化钠固体不消失，学生就反复加热，发现实在不奏效，就改用加水。教师对学生出现的问题视而不见，只是简单地总结可以有改变温度和溶剂量两种方法，这一方面反映出教师在设计这个探究活动时，根本没用考虑可能出现的现象与问题，另一方面反映出教师的专业知识不扎实。学生的实验恰恰可以给出氯化钠的溶解度随温度改变不明显的结论，教师可以将此作为下一节“溶解度曲线”的引入，使这个问题成为学生自己发现的问题，于是他们便迫切希望能从学习中找到解决问题的答案，从而从被动的学转变为主动的学。

（二）浓溶液是否一定饱和，稀溶液是否一定不饱和

要解释清楚上面的问题，最好做对比实验：

(1) 每组有两个带盖塑料瓶，一个注射器，两个称量匙，两个漏斗。

(2) 向每个塑料瓶注入50ml水。

(3) 在两个瓶子上分别贴上一张黏性标签，使标签的底部正好与水平面相齐，再贴上一块透明胶带以保护标签。

(4) 向一只瓶子中一次加一匙盐，震荡瓶子直至盐溶解，然后加另一匙盐。当溶液不再溶解盐的时候，记录匙数。

(5) 向一只瓶子中一次加一匙柠檬酸，震荡瓶子直至柠檬酸溶解，然后加另一匙柠檬酸。当溶液不再溶解柠檬酸的时候，记录匙数。

(6) 称量两个塑料瓶，计算质量分数。

在一定条件下，每一种物质在一定量的溶剂中均有一个最大的溶解限度，达到这个限度就是达到了饱和。为什么会饱和呢？这是由于固体溶质进入溶剂后，在固体表面上的分子或离子由于自身的热运动及溶剂分子对它的作用，会逐步脱离固体表面而进入溶剂，这是溶质的溶解过程，同时进入溶剂的溶质分子或离子因在溶剂中不断运动和相互作用，又会重新回到固体表面，这是结晶过程。在一定温度和压力条件下，上述两个过程的进行趋势达到相等，整个体系达到动态平衡，溶液浓度也达到定值，固体的溶解量就不再增加了，因而在一定温度和压力下每种物质均有它最大的溶解量，即饱和。所以浓溶液不一定饱和，稀溶液不一定不饱和，要看该溶质在溶剂中是否易溶，易溶若加到很浓，也不饱和。

（三）溶解度（s）

溶解度是指在一定温度和压力下，一定量的溶剂中可溶解溶质的最大量。一般固体或液体的溶解度常用100g溶剂中所能溶解的溶质的最多克数来表示（单位g/100g）或用1L溶剂中可溶解溶质的最大物质的量来表示（单位mol/L）。而气体溶质的溶解度是以1L溶剂中所溶解的溶质的最多的体积数来表示。溶解度可定量表示溶质在溶剂中的溶解能力。在相同温度下，不同物质在不同溶剂中有不同的溶解能力，而相同物质在不同溶剂中也有不同的溶解能力。溶解度受如下因素的影响：

1. 内因的影响

溶质分子和溶剂分子的极性大小是决定溶解度大小的主要因素。极性相似的分子间有更强的作用力，因而极性相似的溶质分子和溶剂分子之间的作用力往往大于溶质分子之间及溶剂分子之间的作用力，这使溶质易于溶解。

日常工作中常选极性溶剂去溶解离子型化合物或极性共价化合物，而用非极性溶剂去溶解非极性化合物。

2. 外因的影响

固体的溶解度大多随温度的升高而增大，但温度对不同物质溶解度的影响规律不同，如 KNO_3 的溶解度随着温度的升高而大大增加，但 NaCl 的溶解度却随温度变化相当小。又有些物质如 $Na_2SO_4 \cdot 10H_2O$ 的溶解度曲线呈折线状，在32℃以下时它的溶解度随温度升高而增大，但当温度升至 32℃以上时，随温度升高，其溶解度反而下降。

温度对溶解度的影响取决于该物质在溶解过程中是吸收还是放出热量。如 KNO_3 的溶解过程是以扩散过程为主，是一个吸热过程，升高温度有利于扩散过程进行，故其溶解度随温度升高而急剧增大；而 $Na_2SO_4 \cdot 10H_2O$ 的溶解过程在32℃以下是以扩散过程为主，故升温有利于增大它的溶解度，而在 32℃以上，其溶解过程则以水合过程为主，是放热过程，升温不利于溶解，故溶解度随温度升高而下降，到一定温度可获得 Na_2SO_4 结晶。

但若溶质为气体，其在溶剂中的溶解度随温度升高而下降。这是因为气体溶解类似于凝聚过程，是一个放热过程（见图 3—18）。

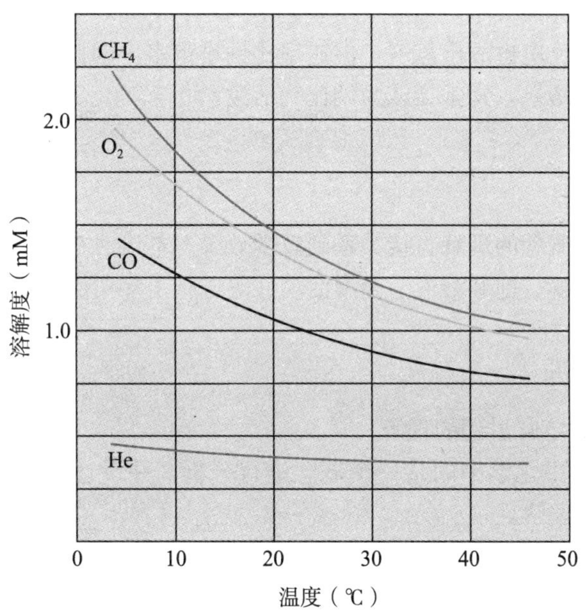

图 3—18　气体溶解度与温度的关系

六、金属活动性顺序

金属活动性顺序可用于判断金属与盐酸、稀硫酸发生置换反应的可能性，能发生此类反应的是排在氢前面的金属。不要以为排在氢后面的金属不能与酸反应，它们（如 Cu、Hg、Ag）可以与强氧化性酸（如浓硫酸、硝酸）发生氧化还原反应，但不放出氢气。

金属活动性顺序还可用来判断金属与盐溶液发生置换反应的可能性，排在前面的金属一般能把排在后面的金属从它们的盐溶液里置换出来。加“一般”二字有多种原因，其中一个原因是：非常活泼的金属（如 K、Ca、Na）与排在它们后面金属的盐溶液反应时，没有置换出金属单质。将钾、钠或钙单质放入盐溶液中，首先发生金属与水的置换反应生成氢气和碱，碱再与盐发生复分解反应生成另一种碱和另一种盐，并没有金属单质生成。例如，将金属钠放入硫酸铜溶液中，立即发生剧烈反应，但没有铜单质生成。

需要注意的是，教材中的金属活动性顺序排列的次序和金属在水溶液中形成低价离子的标准电极电势顺序是一致的。标准电极电势只从热力学角度讨论反应进行的可能性趋势的大小，不涉及反应速率问题。例如，钠与水能剧烈反应放出氢气，而钙与水反应也放出氢气，但速率比钠小得多。因此，从反应快慢的程度来定性总结实验结果，常常会认为钠比钙活泼。

本讲小结

教师对化学概念的理解直接关系到教学效果。本讲对初中化学中的几个重要概念如溶液、溶解、饱和溶液、金属活动性等进行了多角度的分析。

思考与活动

1. 谈谈你对溶解过程的理解。

2. 尝试对初中化学中的某一个概念进行分析，并设计相应的教学活动以促进学生对概念的理解。

参考文献

[1] 朱红平. 说溶解 . 中学化学教学参考，2003（5）

[2] 曲保中，朱炳林，周伟红 . 新大学化学. 北京：科学出版社，2002

第五讲
元素化合物知识教学

北京教育学院丰台分院 支 梅 孙 震

初中化学新课程的理念注重从学生已有的经验出发，使学生能够在熟悉的生活情境中感受化学的重要性。课程标准中对元素化合物知识的处理，突破了传统的物质中心模式，不再追求从组成、性质、制法、用途等方面全面系统地让学生学习一些元素化合物，而重在体现物质的社会应用价值。强调要关注学生已有的经验，以"从生活走进化学，从化学走向社会"的线索体现元素化合物与自然界和社会生活的密切联系。基于此，各版本新教材选择的均是一些生活中常见的元素化合物，虽然其中涉及的物质少于旧教材，但更加重视化学与社会、生活和生产实际的广泛联系，更强调化学知识中所蕴涵的思想、观点、方法等内容，也就是从原来单纯注重事实性知识转变为同时关注策略性知识、价值性知识。由于从身边常见的物质入手，学生的学习过程会更加轻松愉快，认识会更加深刻、更加丰富，所以掌握的知识比以往更加灵活。学生在学习元素化合物知识的同时逐步学会分析和解决与化学有关的一些简单的实际问题，在主动探究这些物质的过程中养成科学的态度，获得科学的方法，逐步形成一定的终生学习的意识和能力。

那么教师在开展初中元素化合物教学过程时究竟应当注意哪些问题呢？我们先来看看对于氢氧化钠这一内容两位教师的不同设计。

案例 1 氢氧化钠（1 课时） 

教师活动	学生活动
氢氧化钠溶液"喷字"实验导入（略） 一、氢氧化钠的物理性质： 【展示】用 20%的氢氧化钠溶液浸泡的鸡爪。 【引导】总结氢氧化钠的物理性质并投影演示。	实验：少量氢氧化钠颗粒置于表面皿中。 实验：往水中加入少量 NaOH 颗粒。 讨论：氢氧化钠发生了什么现象？属于什么变化？有什么用途？ 观察，带着问题阅读课本。

续前表

教师活动	学生活动
二、氢氧化钠的化学性质 引导学生归纳氢氧化钠与指示剂的作用，并解释“喷字”之谜。 【演示】用稀盐酸溶液继续上述“喷字”实验，并启发学生分析反应原理。 【演示】向装有少量氢氧化钠溶液和氢氧化钙溶液的烧杯中分别通入二氧化碳气体。 【问题】如何设计实验证明氢氧化钠溶液确实与二氧化碳气体发生了化学反应？ 【演示】按照某一组设计方案完成实验。 分析反应产物： $2NaOH+CO_2=Na_2CO_3+H_2O$ 启发学生分析现象与化学方程式之间的关系。 引导学生小结并投影。 【应用】证明盛放在表面皿中的氢氧化钠颗粒是否变质？（略）	实验：氢氧化钠溶液分别与紫色石蕊、无色酚酞试液作用，观察现象。 归纳、总结。 观察、分析、思考。 归纳：氢氧化钠与酸的反应。 观察。 讨论设计实验方案，画出实验装置图。 观察。 学生分组按设计完成实验。 分析、总结该反应的化学方程式。 实验：向 $CuSO_4$、$FeCl_3$ 溶液中分别滴入 NaOH 溶液，观察、记录实验现象。 尝试根据现象写出反应的化学方程式。 通过分析化学方程式及有关实验归纳氢氧化钠的化学性质。

另一位教师的设计如下：

案例 2　几种常见的碱——氢氧化钠

课前调查活动及家庭实验：

课前两天，学生回家调查家中使用的各种清洁剂、管道疏通剂，完成调查报告。

阶段	教师活动内容	学生活动内容
学生展示调查，引出研究对象氢氧化钠	导入： 明确研究主题。	展示厨房油污清洁剂、微波炉清洁剂、冰箱清洁剂、厕所清洁剂、管道疏通剂的调查及其 pH 值测量结果。 了解碱在生活中的应用。
认识氢氧化钠的腐蚀性	从管道疏通剂标签（含有大量氢氧化钠）上的使用注意事项引导学生关注腐蚀性问题。	分组一： 毛线与管道疏通剂反应。 要求带好手套。 观察毛线溶解现象，印证“强烈的腐蚀性”。 疏通剂+水 毛线

续前表

阶段	教师活动内容	学生活动内容
实验氢氧化钠与二氧化碳的反应	引导学生从前面学习过的知识推测氢氧化钠的性质。 明确：高中探讨关于氢氧化钠和金属能否反应的问题。 指导实验：指导进一步设计充分说明氢氧化钠与二氧化碳二者发生化学反应的实验。 讲述：类似的，二氧化硫也能和氢氧化钠反应。	同学推测： 可以和酸反应； 可以和二氧化碳反应； 可以和金属反应。 分组二： 填写现象，分析瓶被挤瘪的原因，了解氢氧化钠与二氧化碳的作用。 分析现象原因：瓶被大气压压瘪了。 进一步设计加水的对比实验。 交流原因：气体减少了，压强减小了，瓶被大气压压瘪了。 尝试书写方程式。  CO_2
设计硫燃烧测定空气中氧气含量的实验	通过提示在学习空气中氧气含量时留下的问题：当时有同学对用红磷还是用木炭或硫来消耗氧气测量体积变化产生了争论。 引导：应用所学习的氢氧化钠性质，能否设计通过二氧化硫和氢氧化钠反应用硫燃烧法测定空气中氧气含量的实验呢？ 巡视指导：肯定学生设计，指出用量、实验操作注意事项等。	复习空气相关知识，对生成物为气态故总体积不发生变化、生成物二氧化硫污染空气开展讨论。 设计的实验方案所需实验用品有： 1. 无底集气瓶、水槽、硫燃烧、疏通剂（NaOH）溶液（图略）。 2. 钟罩形容器、水槽、硫燃烧、疏通剂（NaOH）溶液。 在实验记录上画简图。 交流方案。 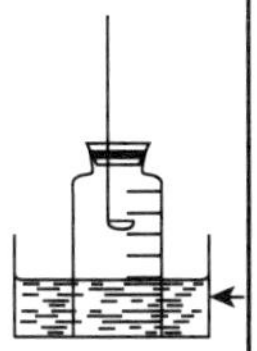 稀释的疏通剂
实验硫燃烧测定空气中氧气含量	巡视指导学生按方案进行实验。 提示学生思考二氧化碳与氢氧化钠反应所带来的影响。	分组三：按方案进行硫燃烧测定空气中氧气含量实验。 体验氢氧化钠与二氧化硫反应的化学性质，感受氢氧化钠在吸收二氧化硫尾气防止空气污染中的用途。
交流实验结果	组织学生交流结果，点评实验情况，提出废液处理的要求。 总结氢氧化钠和非金属氧化物反应的性质。	各组交流实验结果，分析反应的实质。 分析可能用途。

结合案例，我们来谈一谈新课程背景下教师应如何更有效地组织初中元素化合物的教学。

一、从生活中选取熟悉的素材，创建使学生更加感兴趣的学习情境

在案例 1 中，教师的教学出发点是氢氧化钠的性质，但实施过程中无论是氢氧化钠与指示剂作用的“喷字”趣味实验，还是通过对比氢氧化钠和氢氧化钙溶液中分别通入二氧化碳的不同实验现象引出教学难点“探究二氧化碳与氢氧化钠是否发生反应”，都好像是教师在牵着学生一步一步地完成教学任务。“喷字”实验、腐蚀鸡爪的实验由于没有生活背景知识衬托，所以学习过程都没有真正激发起学生的学习兴趣和兴奋点。多数学习成绩中等以下的学生在难点问题的教学环节没有积极主动地开展探究，课堂气氛沉闷，预计的由学生设计的几种实验方案没有设计出来，只好由教师给出方案由学生来完成实验，学生探究学习变为了传统的讲授式教学，最终预计的教学目标没有达成。分析原因其实就是氢氧化钠的性质距离学生实际生活比较遥远，由于教师没有给学生创设一个更加有吸引力的学习情境，因此最终影响了教学效果。

在案例 2 中，教师注意到了情境创设的问题，为了找到碱与学生实际生活的结合点，教师花费了一番心思，最终选取了城市学生家中使用的含有氢氧化钠的管道疏通剂。但如果不能引起学生对疏通管道的物质到底是什么的好奇心，那情境创设就和直接使用试剂瓶中的氢氧化钠固体没有区别，要知道这些学生通常不太可能去亲自动手疏通堵塞的管道，于是教师布置了课前调查作业：让学生调查家中使用的各种清洁剂、管道疏通剂，而在课程的一开始由学生展示所调查的厨房油污清洁剂、微波炉清洁剂、冰箱清洁剂、厕所清洁剂管道疏通剂等各种清洁剂及其 pH 值。这样，通过调查使学生了解碱在家庭去污领域中的应用，再进一步研究管道疏通剂中的主要成分氢氧化钠的性质。由于教师充分考虑了从学生的生活经验出发来对物质性质进行教学，为学生创设了非常生活化的学习情境，因此激发了学生对氢氧化钠的好奇心与探究欲，课堂气氛非常活跃。

通过对两个案例中不同学习情境创设所带来的不同教学效果的分析，我们不难看出，在初中的元素化合物教学中，教师应当尽量引导学生关注身边的常见物质，创设生活化的学习情境将物质性质的学习融入到有关的生活现象和社会问题的分析解决活动中，使学生初步认识到了解相关物质化学性质的价值，帮助学生从化学的角度认识和理解人与自然的关系，避免学生机械孤立地学习和记忆物质的性质，这样才能激发学生的学习兴趣，促进学生科学素养的提高。同时我们也应当注意，一些看似很新鲜的情境创设，由于脱离了学生的知识基础和理解能

力，学生只知其然而不知其所以然，就起不到推动他们真正热爱化学学习的作用，即使引发了他们的兴趣，往往也难以持久。从这个角度来说，我们在进行学习情境创设时应尽量选择学生理解或者通过学习能很快理解的情境事例。

二、避免过分注重化学知识的系统性，教学要着力于核心知识

在案例 1 中，教师以氢氧化钠的性质为核心开展教学，注重知识的系统性、逻辑性，组织学生对二氧化碳是否与氢氧化钠发生反应这一问题进行探究，体现了一定的新课程理念。这种以物质性质为核心组织教学的方式在元素化合物的教学中应用得较多，这样的方式易于教师控制课堂，并且课堂知识容量较大，但在一节课中要让学生把初中阶段氢氧化钠的性质全部学习到，同时还补充了让学生设计并完成证明二氧化碳确实与氢氧化钠反应的探究实验这一内容，知识系统性和学生探究的双重安排导致了每个学习环节的时间都非常紧张，而探究实验原理又较为复杂，学生在短时间内难以做到既要设计实验方案又要修改实验方案以及在完成实验的同时还要对产物进行分析，时间不足直接影响了教学效果。

如果我们对照一下课程标准中的相关内容，就可以了解一级主题“身边的化学物质”的功能和定位主要是从日常生活和生产中选取学生熟悉的素材，注重引导学生通过观察和实验探究活动，认识物质及其变化，因此对于碱的性质的学习不必求全，可以联系生活实际围绕一条核心知识组织学生开展探究。

在案例 2 中，教师抓住了学生对于空气污染问题的关注，围绕氢氧化钠与非金属氧化物反应这一核心知识展开了教学，学生在探究过程中不但认识了两种氧化物与氢氧化钠的反应，还体验了工业上废气处理的过程。虽然看起来案例 2 中学生学习的内容数量不及案例 1，但学生自主探究的时间更加充分了，从实践效果来看，学生对于课堂核心知识已经从简单的知道一条氢氧化钠的化学性质层面上升到了探究性质并掌握其应用的层面，这样的学习效果显然是案例 1 无法比拟的。

新课标下初中阶段的元素化合物教学应当注意不能陷入传统的学科知识本位模式，当学习的质量、探究的时间与元素化合物知识的全面性发生冲突时，大家不妨尝试着将一节课教学的重点放在对一些能联系社会实际生活的核心知识的关注上，而将某些知识弱化处理，或安排自学或放在以后学习，以保证核心知识的学习质量，使学生通过学习切实感受到化学知识在社会生活中的应用，同时还可以留给学生更多的思考空间。

三、教学中要注意科学探究的应用，切实提高学生的科学素养

学生在初中阶段学习的元素化合物虽然不多，但应该渗透一定的研究物质的思路和方法，其中科学探究作为一种重要的学习方式，也是初中阶段化学课程的重要学习内容。结合元素化合物学习让学生亲身经历丰富的探究活动，可以使他们体验到科学探究是人们获取科学知识、认识和解决化学问题的重要途径。学生通过亲身经历和体验科学探究活动，激发了化学学习的兴趣，对提高自身的科学素养具有不可替代的作用。

在初中元素化合物教学中主要应用的探究类型包括对科学核心知识的探究、对科学知识应用的探究、进行 STS 课题探究。其中对科学核心知识的探究是学生认识物质过程中比较重要的、应用次数较多的探究活动。例如：

案例 3　　探究钢铁生锈的条件

教学流程

1. 录像导入，以境激情

同学们指出生活中有关钢铁生锈的现象，教师抓住时机播放录像，从而引入新课。当学生们看到钢铁的锈蚀给人类造成的巨大灾难后，他们十分震撼。

2. 学生提出问题

通过观看录像，同学们兴趣盎然，提出很多问题，例如：钢铁为何生锈？钢铁生锈的条件是什么？铁锈的成分是什么？怎样防止钢铁生锈？

3. 猜想与假设：钢铁生锈的条件

4. 设计实验方案

（1）提出设计实验方案的步骤：

· 实验目的；

· 实验仪器及用品；

· 实验步骤及装置图。

（2）小组讨论，提出个人或小组方案，并画出装置图。

（3）交流讨论，对各种方案进行评价，提出合理方案。

5. 进行实验

（1）教师展示一周之前所做的对比实验。

（2）播放用每天拍摄的照片制作的动画，具体展示铁钉生锈的过程。学生总结所观察到的现象。

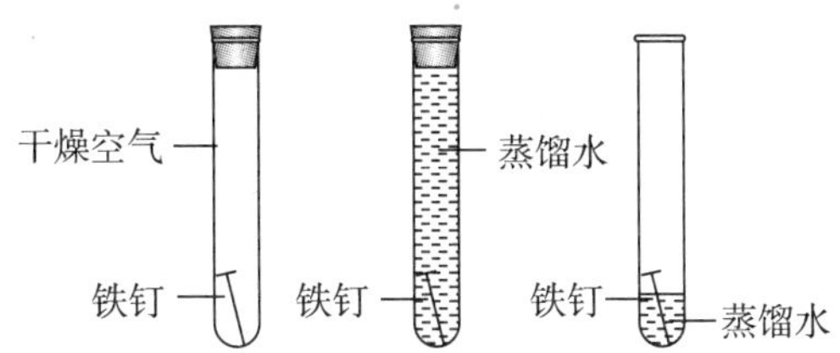

6. 结论：学生得出钢铁生锈的条件

7. 拓展与迁移

(1) 提出问题：铁质的菜刀若没有及时清洗，一晚就会锈迹斑斑，哪些因素会促进钢铁的锈蚀?

(2) 猜想与假设：加热酸、碱、盐的溶液会加速钢铁的锈蚀?

(3) 设计实验方案，证明这一观点。

• 小组讨论，提出个人或小组方案。

• 对各组方案提出评价。

(4) 进行实验：学生动手进行对比实验，在第二天的课上学生总结观察到的现象。

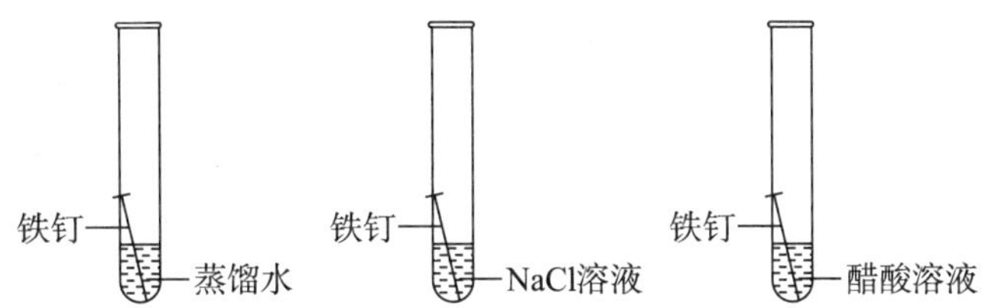

(5) 结论：学生归纳总结。

案例 3 是典型的对核心元素化合物知识“钢铁生锈的条件”的探究，教学过程中教师引导学生对导致钢铁锈蚀的因素进行了较完整的探究，活动中基本包含了探究的全部要素。通过录像引入引发学生对钢铁生锈提出诸多问题，培养了学生的问题意识；通过学生对生锈条件及加速生锈的猜想培养学生提出猜想和形成假设的能力；通过两次设计实验方案培养学生制定计划，进行实验设计的能力；通过对实验现象的总结分析培养学生收集信息和处理信息的能力以及表达与交流能力。整个探究过程充分体现了通过对元素化合物核心知识的探究来达到对学生科学探究能力和掌握知识能力的双重重视。

而案例 2 中的探究活动则属于对科学知识应用的探究，通过探究应用“NaOH 与 SO_2 反应的化学性质”吸收硫燃烧产生的 SO_2，完成硫燃烧法测定空气中氧气含量的实验，可以巩固和加深对氢氧化钠与非金属氧化物反应的认识，使学生初步了解 NaOH 的碱性与环境保护的关系，初步形成利用碱液吸收有害气体的实验技能；更重要的是可以对学生进行问题意识、实验设计能力的培养，通过对知识的应用进行探究，使学生了解元素化合物性质在日常生产和生活中的重要作用，形成运用知识来解决实际问题的意识。

在初中化学教学过程中，必须让学生亲身经历丰富的探究活动。新课程特别强调了科学探究不能为了探究而探究，也不是任何内容都需要通过探究来完成，而是应强调围绕科学的核心概念来进行探究。元素化合物知识的教学要注重科学探究方法和物质具体知识之间的结合，实际教学中应尽可能创造条件，多开展能够体现学生自主性的、多种形式和不同水平层次的探究活动，活动不必拘泥于探究过程的完整性和探究要素的呈现顺序，包含的探究要素可多可少，教师指导的程度可强可弱，活动的场所可以在课堂内也可以在课堂外，探究的问题可来自书本也可源于实际生活，探究活动既注重过程也注重结果，这样才能更好地体现对学生科学素养的培养。

四、教学要从多角度灵活切入，丰富研究物质的角度和层次

教师在进行元素化合物教学时不要有思维定式或“套路”，如果教师长期使用相同的教学方法，使得元素化合物教学过于程式化而显得单一和乏味，则很难引起学生的学习兴趣。新课程改革实验提倡学生自主、探究、合作等多样化的学习方式，通过以化学实验为主的多种探究活动，可以使学生体验科学研究的过程，激发其学习化学的兴趣，强化其科学探究的意识，促进其学习方式的转变，从而培养学生的创新精神和实践能力。学习方式是一种外显的形式，它的实际意义在于它承载着认知性学习目标的实现，体现着技能性学习目标达成的过程，促进着体验性学习目标的内化，所以从这个意义上来说，最能够体现学习方式价值的是对于学科思维方法的训练。我们更应该追求的是思维方式的多样化，可以从更多的角度随机切入学习，丰富学生研究物质的角度和层次，如图 3—19 所示。

例如，在常见的碱——氢氧化钠的教学中就有多种教学切入角度，既可以从生活实验“管道通溶解管道中的毛发”引入，也可以从一则新闻报道“不法商贩用烧碱处理鱿鱼等海产品被查处”引入，还可以从“氢氧化钙、氢氧化钠溶液与饮料瓶中的二氧化碳反应实验”的观察和分析引入。

但是随机切入是不是“随意切入”呢？答案当然是否定的。随着新课程改革的深入推进，老师们都意识到课程标准中对于元素化合物的要求和教材编写发生了很大的变化，不再要求全面系统地学习元素化合物的性质，而是提取学生最易接受的一些关键物质及性质进行学习和研究。在这种背景下，教师如何选择切入角度？显然要研究该物质的核心价值取向，例如，空气、酸碱的学习要突出贴近

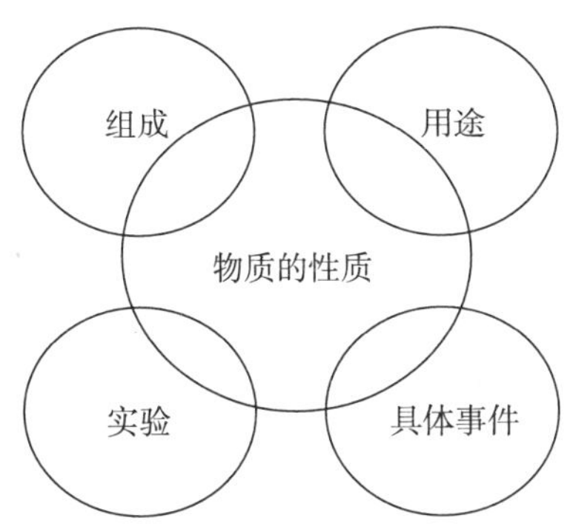

图 3—19　随机切入式教学

生活；水、金属的学习要体现资源的宝贵和可持续利用；氧气、二氧化碳的制取要突出探究的过程；等等。教师只有准确地把握住初中阶段该元素化合物承载的核心学科价值，才能设计出适当的教学切入角度。

从学生学习的角度考虑，学生在学习不同元素及其化合物时接触了不同的研究角度和切入点，这样他们才能逐步建构起丰富的认识角度和层次，使得自身的认识有选择性，呈现多样化，具备灵活性。

五、应调动学生多感官参与学习，为思维加工过程提供更加丰富的素材

人脑是自然神奇而又复杂的造化，一直被教育者视为不可捉摸的“黑箱”。脑科学研究表明，学习主要依赖的感觉通道有视觉、听觉和运动知觉。学习新内容时，参与学习的感官越多，学习的机会就越多，学生越可能掌握新内容。教师调动多感官参与的方法很多，如使用图画、图表和实物演示等视觉刺激，向学生解释并让他们反过来向你解释，为学生创设身临其境的机会等。

化学学习有其独特而丰富的感知渠道，化学实验过程中的颜色、气味、状态、声音等的变化，都需要学生调用多种感官进行观察和获取，为进入深度的分析加工处理系统提供充足的素材。

边讲边实验教学是在演示实验改革的过程中诞生的一种教师讲解和学生动手实验相结合的教学模式，在探究教学风靡的今天，边讲边实验教学仍然非常有价值，它不但凸显了化学以实验为基础的学科特色，而且顺应了化学教学从教室转移到实验室的必然改革趋势，同时非常支持多感官学习。在课堂演示实验教学中，有些实验现象只有教师和前排的学生能够看得清楚，多数同学只能留下影影

绰绰的印象，而边讲边实验教学拉近了学生和实验的距离，使每一个学生都能够有机会近距离观察，调用各种感官全面搜集信息。例如，对于金属与稀硫酸的反应这一化学性质的学习采用边讲边实验的方式，在汇报交流时，除了温度的变化及反应的快慢这些明显现象外，有的学生提到："我感觉到金属镁很软，硬度很小，因为我用手轻轻一捏，就把镁条给对折了，而锌和铁钉就比较硬。"有的学生说："锌反应后试管里液体中的杂质比其他的要多，是黑色的。"还有的学生说："铁钉反应后用镊子夹取出来，试管中的液体稍微有了一点点绿色。"同样是关于反应现象的观察，学生在亲自动手参与的过程中观察得是如此细致入微，简直令人感动。在条件允许的情况下，教师有责任为学生创造动手实验、多感官感知、动脑思考的边讲边实验的学习机会。

在传统"知识本位"的理念下，演示实验教学强调的是知识的传授，就连生动的实验现象也变成了沉重的记忆负担。边讲边实验教学更关注知识的生成性，关注学科方法的教育和发现过程的体验。我们更希望教师能够保护学生的个性化理解、描述和感悟，不要只关注"标准答案"，要允许学生的真实描述和合理质疑，鼓励学生的创造性思考。

从演示实验到边讲边实验绝不是简单的教学场景和教学形式的变换，它蕴涵着教师对教学目标、教学关系、教学方法的重新审视和思考，它以知识获取和化学实验能力培养为双重目标，在化学学科思想的指导下，将二者有机结合起来。从关注结果到关注过程，从重视知识传授变为重视学科方法、学习能力的培养，边讲边实验教学必将在新课程的实施过程中焕发光彩。

六、应采用多媒体等手段促进学习内容呈现方式、师生交流方式的不断优化

随着人类步入 21 世纪，以计算机和互联网为代表的信息技术正以惊人的速度改变着人们的生存方式和学习方式。在现代信息技术的作用下，传统的教与学的模式正酝酿着重大的突破，教育面临着有史以来最为深刻的变革。这场教育的大变革不仅仅是教育形式和学习方式的重大变化，更主要的是将对教育的思想、观念、模式、内容和方法等产生深刻的影响。

通过在各学科教学中有效地学习和使用信息技术，促进教学内容的呈现方式、学生的学习方式、教师的教学方式和师生互动方式的变革，为学生的多样化学习创造条件，使信息技术真正成为学生认知的工具、探究和解决问题的工具，培养学生的信息素养及利用信息技术进行自主学习的能力和探索问题的能力，提高学生学习的层次和效率，从而真正实现有效学习。信息技术与学习过程之间的

关系如图 3—20 所示。

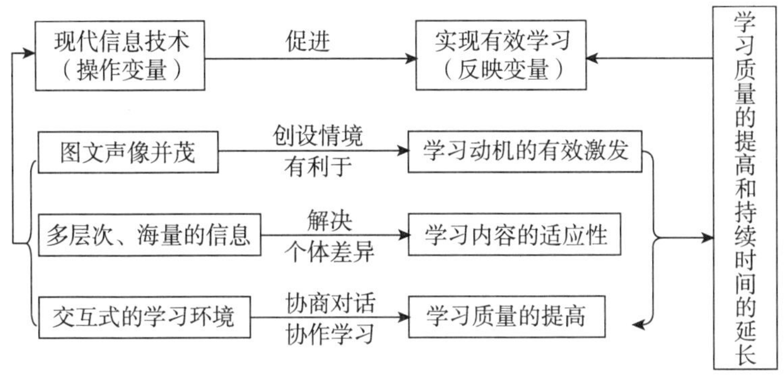

图 3—20　信息技术与学习过程关系图

就具体策略而言，主要有以下两种：

1. 充分发挥展示功能，为教师的教和学生的学服务

教师可以充分利用各种媒体工具达到展示的目的。例如，常用的投影仪可以将教师制作的教学课件中的图片、图示、音频、视频资料按照设计的思路播放，充分展示思维过程和内在逻辑关系，帮助学生学习和理解知识。电子白板在投影仪功能的基础上增加了选择性、随机性和交互性，尤其是其对教学过程中交流信息的保存功能，能够真实地记录课堂的生成性资源。

实物投影仪可以展示学生的解答和计算过程，利于与其他同学的交流，还可以用来放大一些微型实验和演示实验，达到让更多同学观察的目的。例如，金属与酸的反应就可以在表面皿中进行，可用实物投影仪放大让学生观察。还有铜与硝酸银溶液反应时，用实物投影仪放大观察溶液颜色的变化和铜片上附着的灰色细小颗粒都能达到很好的效果。

近年来广泛使用的传感器能够将肉眼无法观察到的一些变化进行感应、数据收集和处理，以图表化形式直观呈现，帮助学生理解知识。例如，在学习燃烧与灭火有关知识时，教师使用氧传感器收集燃烧过程中瓶内空气中氧气含量变化的相关数据，同时使用实物投影仪辅助观察，让学生观察到在瓶内蜡烛火焰变小直至熄灭的同时，氧气含量在不断下降，从而充分体验助燃物氧气对燃烧的影响。

2. 充分利用网络，促进学生的自主学习

网络教学是将计算机多媒体、网络技术及信息资源相结合，让学生借助于网络平台获取知识的一种新型教学方式。与传统教学相比，网络教学具有开放性、交互性、个性化的特点。学生由传统“满堂灌”的被动学习者转变成自主合作式学习的主动学习者，学习的个性化得以体现。因此，选择适当的内容进行网络教学，有利于学生提升自主学习的意识和能力，是提高学生信息素养的一种有效手段。但是，在应用网络教学方式时需要考虑以下因素：

第一，要选择合适的教学内容开展网络教学。适合开展网络教学的教学内容应该具备与生产生活实际联系紧密、背景资料丰富、教学深度要求不高的特点。例如，爱护水资源、金属资源的利用与保护、化学元素与人体健康等内容都非常适合开展网络教学。

第二，在教学网站的设计上需要处理好素材的丰富性与有限的课堂时间之间的矛盾。网络教学也有弊端，那就是大大增加了教师控制课堂的难度。丰富的教学素材为学生提供了多样化学习的可能，但很多学生会感觉茫然，不知如何下手。另外，课堂的时间未必能保证学生看到所有的素材，如何在有限的教学时间内帮助学生达成课堂教学目标，需要在教学网站的设计上做好文章。在网站的建设过程中，如果仅有丰富的素材，缺乏合理的资料整合和框架设计，会严重影响课堂教学目标。如果网站的设计不能帮助学生快速找到最需要的素材，教学效果就会很不理想。

例如，在水资源保护的网站设计中，教师对网站素材进行了整合，学生在完成自学任务的过程中可以根据自己的需要快速找到相应的素材，节省了课堂时间，从而才有可能对自己感兴趣的问题与老师和同学在 BBS 中交流。当丰富的教学素材呈现在面前时，只有自主学习的指向性得到保证，学生才能在单位时间内得到最大的收获。

第三，在教学过程的设计上需要处理好网络教学的开放性与达成教学目标之间的矛盾。网络教学以学生自学为主，开放性很强，但在教学过程的设计上必须发挥教师的主导作用，否则，学生在没有方法指导的条件下进行盲目自学，很难抓住课程的重难点，无法达到课堂教学目标。在学生自学之前进行理论分析，让学生明确自学的任务；在学生自学中创设情境，用任务去引导学生的自学；在师生交流中选择与课堂重难点有关的问题加以讨论，都是教师主导作用的体现。只有这样才能保证绝大多数同学通过课堂的学习，能够达到课堂设置的教学目标。在课堂中遗留下的其他问题，可以通过课下的交流加以解决。

第四，要充分发挥网络教学的优势。每一种教学方式都是利弊共存的，如果教学设计不能充分发挥这种教学方式的优势，就没有必要采取这种方式。网络教学具有开放性、交互性和个性化的特点，就需要教师设计出多样化的学习路径供学生选择，体现开放性；在交流汇报的环节中，学生能展示自己的个性化学习途径和方法；通过 BBS 讨论体现信息反馈快速的优势，同时充分体现网络教学的交互性。在教师事先发表的讨论帖中，学生可以自由回帖，相互交流和讨论，另外学生还可以根据学习中的疑问自己发帖，教师可以迅速把握学生在自学过程中的难点，在交流汇报的环节中提出供大家讨论。

新课程呼唤教师成为学生“智慧”的培养者，教师只有在新课程的教学实践中不拘一格、勇于创新，不断激发出自身的教学智慧，才能担当培养学生智慧的重任。

初中化学开展元素化合物教学时要避免普遍存在的程序僵化、方法单一、层次不清等问题，应从生活中选取熟悉的素材，创建使学生更加感兴趣的学习情境；在知识的处理上避免过分注重化学知识的系统性，教学着力于核心知识；教学中要注意科学探究的应用，切实提高学生的科学素养；还应结合不同学生的认知规律，从多角度切入教学，丰富研究物质的角度和层次；应调动学生多感官参与学习，为思维加工过程提供更加丰富的素材；应采用多媒体等手段促进学习内容呈现方式、师生交流方式的不断优化。

思考与活动

1. 围绕二氧化碳的制取设计三种不同的教学切入方式。

2. 举例说明适合及不适合边讲边实验的元素化合物组织教学内容各一个，简述原因。

3. 简述应用网络教学时需要考虑的四个因素。

参考文献

[1] 王磊. 初中化学新课程的教学设计与实践. 北京：高等教育出版社，2003

[2] 杨帆，袁廷新. 边讲边实验教学的问题与对策. 化学教育，2004 (2)

第六讲
中考化学典型试题分析

北京教科院基教研中心　李伏刚

初中化学学业考试是义务教育阶段的终结性考试，目的是全面准确地反映初中毕业生在化学学习方面所达到的水平。“重视基础、关注探究、联系实际、培养能力、学会思考、促进发展”是中考化学命题的基本思路。

一、近年中考化学试题特点

（一）突出化学与STS，紧密联系生产、生活实际

以大量生活现象及生活常识为题设情境来考查知识，情境丰富，联系实际，试题很好地体现了从“生活中走进化学，从化学走向社会”的化学课程理念。选材内容有时代感，突出地方特色，注意联系环境保护、节约爱护资源等有关知识。

（二）注重考查学生运用知识分析、解决问题的能力

在注重考查学生对基础知识的理解和掌握的前提下，注重考查学生运用所学知识解决实际问题的能力。注意试题情境的创设，突出过程性内容的考查。将学生所学过的知识放在真实的实际情境中，引导教师在今后的化学教学中一定要注重三维教学目标的全面落实，突出过程与方法。让学生知道：只靠大运动量的练习和死记硬背是学不好化学的，要学会在不同情境中灵活运用所学的知识。

（三）选材突出思想性、教育性

充分发挥试题的教育功能，紧密结合营养与健康、环境保护、节约爱护资源以及化学材料等有关知识，帮助学生建立健康饮食的习惯，从化学材料、化学能源和爱护环境的角度认识科技奥运、绿色奥运、人文奥运以及化学对现代社会的重要作用，体现化学学科价值。

（四）稳中有变，变中出新

“稳”字主要体现为试卷的结构、内容、题型、题量等保持基本稳定，全卷难度缓慢调整，从而使绝大多数考生都能接受。

“变”字主要体现为初步转变了靠死记硬背就能得高分的局面。其中，中档题的数量有所增加；考查能力的力度有所增大；题目的灵活性有所加强，探究性试题和开放性试题的数量、质量都在不断提升，从而使“死记硬背”、“题海战术”的复习方法逐渐消失。

“新”字主要体现为题目的情境新、考查形式新和综合方式新这三个方面。

（五）突出化学学科特点，通过实验设计、实验评价及实验探究等类型题目的设置，强化对学生实验能力的考查

化学是一门以实验为基础的学科，为引导教师在实验教学过程中注重对学生实验能力的培养，近年的中考化学试题中设置了较多的设计实验、实验探究、实验评价等方面的问题来考查学生的实践能力，引导化学实验教学切实向着培养学生实践能力和创新能力、激发学生学习的积极性和主动性等方面发展。

二、中考化学典型试题分析

中考化学试题的主要类型有选择题（四选一）、填空题、实验题和计算题四类。根据评分是否依赖评分者的主观判断，可将试题分为客观题和主观题两类。选择题属于客观题；填空题和实验题按应答的自由程度，可分为客观性和主观性试题；涉及计算过程的计算题属于主观题。下面就从四种题型出发，对中考中的典型试题进行分析。

（一）选择题

1. 命题要求

科学严谨，选项准确无歧义，难度不宜过高，情境应贴近学生的生活。

2. 试题特点

选择题主要集中于考查学生的基础知识和基本技能。通过运用已学习的知识作出判断，评价考生对知识理解的准确程度。选择题的知识覆盖面较宽，多数试题通过一定的情境设置，呈现出一个与所学知识有关的背景。情境化的设置，延伸了考生的思维，拓展了化学与自然、生活以及生产的联系，较为准确地体现了

课改的理念和课程标准的要求。

3. 例题分析

例题 1 下图是自来水厂净水过程的示意图。

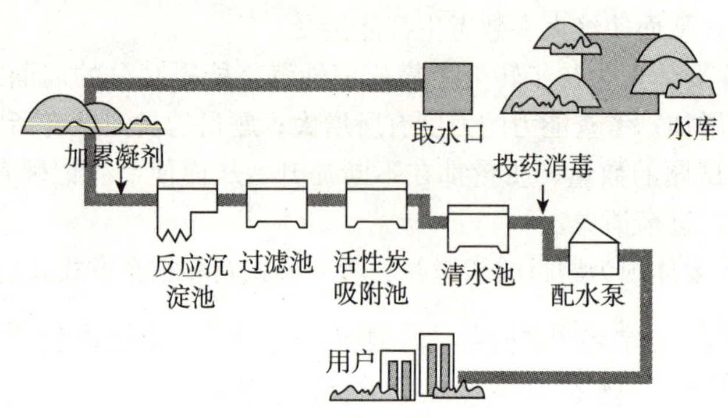

请判断净水过程中有化学变化发生的是（　　）。

A. 从水库取水　　B. 通过过滤池

C. 通过活性炭吸附池　　D. 投药消毒

分析：

此题是以图示的方式将生产实践中的某些操作和流程展示给学生，让学生结合平时掌握的实验操作知识和相关化学原理对图示进行分析，找准解决问题的突破口，求得符合题目要求的答案。

参考答案：D。

例题 2 下列做法你认为合理的是（　　）。

A. 用甲醛溶液浸泡水产品　　B. 用聚乙烯制作食品保鲜膜

C. 用添加苏丹红的饲料喂鸭子　　D. 用水将霉变大米清洗后食用

分析：

化学的发展与人类的生存密不可分，新课程要求我们能从化学的视角去认识科学、技术、社会和生活方面的有关问题，了解化学制品对人类健康的影响，懂得运用化学知识和方法去治理环境污染，合理地开发和利用一切资源，使学生在面临与化学有关的社会问题的挑战时，能作出更理智、更科学的决策。此题意在让学生感受化学就在我们身边，学习化学的意义。

参考答案：B。

4. 启示

选择题的主体是较易题和中档题，主要起稳定全卷和检测基础知识与基本技能的作用，其中较难试题和难题所占比例较低。较易题和中档题主要是结合生产、生活、环境的简单问题；较难试题和难题多集中在联系实际、综合计算及综合性强的元素化合物题中。

（二）填空题

1. 命题要求

填空题除基础性、科学性、难度适当、情境贴近学生生活等基本要求外，设问应灵活且要求明确（必要时还应在所填空格后加指导语），要有利于展现学生对相关学习内容的掌握情况。

2. 试题特点

填空题侧重考查基础知识和基本方法，能在一定程度上体现知识的相互联系和综合性。同时，此类试题也偏重于考查学生对知识的理解和运用，既考查学生是否有联系生活经验的能力，也考查其对化学用语理解是否到位，还考查其能否用化学的方法验证结论的正确性。

3. 例题分析

例题 3　镁带在空气中燃烧时发出耀眼的白光，放出大量的热，并有明显的火焰产生，产生淡黄色固体。（信息：Mg_3N_2 是黄绿色粉末或块状固体。）

（1）镁和氧气反应的化学方程式为________。

（2）产生淡黄白色固体，说明还能和空气中的________反应，反应的化学方程式为________。

（3）火焰是气体燃烧产生的，由镁燃烧产生明显的火焰，请你估测一下镁的沸点________（“很高”、“较高”、“较低”、“低”）。铁丝在氧气中燃烧的现象是火星四射，而不是有火焰产生。请你猜想单质镁和铁，________的沸点高。

（4）将生成的淡黄白色固体溶于水，能产生白色沉淀，还产生一种无色有刺激性气味的气体（已知：MgO 和水不反应），把该气体通过湿润的红色石蕊试纸后，试纸变蓝，则反应的化学方程式为________。

（5）氮化钠（Na_3N）也是一种重要的化合物，它与水反应的化学方程式为______。

分析：

（1）考查最基本的化学方程式：$2Mg+O_2 \xlongequal{点燃} 2MgO$。

（2）考查学生对“淡黄白色固体”这一信息的处理能力，根据提供的信息：“Mg_3N_2 是黄绿色粉末或块状固体”，要求学生能联想到空气中除了氧气外，还有氮气，从而考查学生对反应的化学方程式的书写能力。

（3）实际考查学生大胆猜想的能力，要求学生根据熟悉的实验事实进行猜想，这就要求学生具有一定的求异思维和拓展性思维的能力。

（4）考查学生处理信息的能力，根据“把该气体通过湿润的红色石蕊试纸后，试纸变蓝”这一信息，推断“无色有刺激性气味的气体”为氨气，从而推知 Mg_3N_2 和水反应除了生成氨气外，还有一种新的物质 $Mg(OH)_2$，从而完成化学方程式：$Mg_3N_2+6H_2O = 3Mg(OH)_2\downarrow+2NH_3\uparrow$。

（5）进一步拓展，考查学生的应变能力。

参考答案：

（1）$2Mg+O_2\xlongequal{点燃}2MgO$

（2）$N_2+3Mg\xlongequal{点燃}Mg_3N_2$

（3）较高（1 107℃）、铁（2 467℃）

（4）$Mg_3N_2+6H_2O = 3Mg(OH)_2\downarrow+2NH_3\uparrow$

（5）$Na_3N+3H_2O = 3NaOH+NH_3\uparrow$

例题 4 在一密闭容器内有氧气、二氧化碳、水蒸气及一种未知物质 M，在一定条件下充分反应，测得反应前后各物质的质量如下：

物质	氧气	二氧化碳	水蒸气	M
反应前质量（g）	100	1	1	46
反应后质量（g）	4	89	55	x

（1）根据质量守恒定律，你认为 x 的值应为________；

（2）未知物质 M 一定含有的元素为________；

（3）已知未知物质 M 的相对分子质量为 46，推出其化学式为________；

（4）该反应的化学方程式为________。

分析：

本题是对质量守恒定律的应用及有关化学式的计算的考查，对学生有较高的能力要求。根据化学反应前后各反应物质量总和一定等于各生成物质量总和，不难推出 x 的值为 0；根据质量守恒定律知，反应后生成的二氧化碳与水蒸气中 C、H 元素均来自物质 M，计算反应后生成的二氧化碳与水蒸气中 C、H 元素的质量，其和小于 46g，可知 M 中必含有氧元素，即 M 中一定含有 C、H、O 三种元素；根据 C、H、O 三种元素在 M 中的质量及相对原子质量，可算出 M 中三种原子的个数比，再结合其相对分子质量，即可求出 M 的化学式；根据反应后质量增加的是产物，减少的是反应物，即可写出反应的化学方程式。

参考答案：

（1）0；（2）C、H、O；（3）C_2H_5OH；

（4）$C_2H_5OH+3O_2 \xlongequal{点燃} 2CO_2+3H_2O$

例题 5　构建知识网络，理清物质间的相互关系，是化学学习中的一种重要方法。请在下图圆圈中填写适当物质的化学式，使得连线两端的物质能相互反应，且分别反映出单质 A、化合物 B 的三条不同的化学性质。

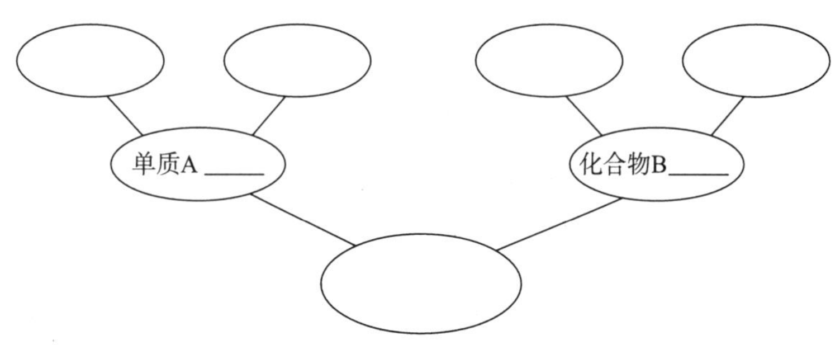

分析：

本题要求学生以知识树的形式来归纳某一单质和化合物的三种不同的化学性质，“使连线两端的物质能相互反应”。此题很灵活，开放度也大，能体现以物质性质为中心的特点。

此题考查了学生以下方面的能力：一是考查了学生化学式的书写技能，这是一项基本技能，也是对学生基础知识的考查，考查了“双基”知识。二是考查了物质的性质，要求学生对身边一些化学物质的重要化学性质能较熟练地掌握。三是考查了学生对知识的归纳整理能力。这就要求在平时的教学中注意培养学生这方面的能力，调动学生在建构知识网络中的自主性，使知识体系的建构过程成为学生回顾整体知识的学习过程。

单质 A 主要是指 O_2、C、金属等物质。如单质 A 中填 O_2，则根据 O_2 的化学性质（能与非金属单质反应；能与金属单质反应；能与某些氧化物反应；能与有机物反应）在相连的圆圈中填上非金属（C、S、P 或 H_2）、金属（Fe、Al 或 Mg）、CO、CH_4 中的三种。用同样的思路分析，还可以 C 或金属的化学性质为中心来完成。化合物 B 主要是指 CO_2、酸、碱、盐等物质同样也可以 CO_2、酸、碱或盐的化学性质为中心来完成。

参考答案：

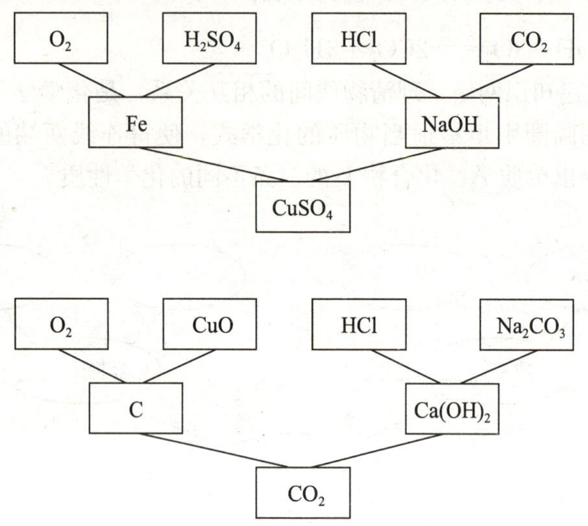

4. 启示

在填空题中，中档以下难度的基础题一般占分比较多，属于填空题的主体。也有一部分题目或设问灵活或综合性强或联系实际，属于较难试题或难题。基础题考查的内容应与选择题相互补充，用来提高知识点的覆盖率，这种题型中基础题部分所考查的内容主要是选择题没有考到的热点知识。较难试题、难题主要用于区分出高分段的学生，难点一般放在综合性强、情境新、联系实际等方面。

（三）实验题

1. 命题要求

情境新，探究性强，有一定的开放性，能考查学生运用所学化学知识分析和解决简单实际问题的能力，答案灵活同时又要便于阅卷者评判。

2. 试题特点

在重视“双基”考查的同时，更侧重考查学生运用知识和方法分析实际问题的能力，一般包括在阅读材料基础上进行分析、解释、推断、评价等的试题，还包括结合实验信息进行分析或根据要求书面设计实验方案的试题，要求完成实验设计、操作和分析的整个过程。

这类试题在考查学生较高层次能力（如演绎推理、实验设计、问题探究、定量分析等）方面有选择题、填空题无法替代的功能。同时，学生思维的严密性、精确性、完整性和创造性以及文字（或图形、符号等）表达能力在解题过程中也能得到较好的体现。

3. 例题分析

例题 6　在室温下的饱和食盐水中放了一个塑料小球。

(1) 现加入少量食盐晶体，充分搅拌和静置后，在温度不变的情况下，小球在液面的沉浮情况有何变化，原因是________________________________。

(2) 若要在不用外力的情况下使小球略上浮，你准备采取的具体方法是____________________________________。

分析：

此题的第 (2) 题为一开放性试题，它需要采用一些方法使溶液的密度增大从而使小球上浮，有一定的思维深度和广度，给学生以施展才能的舞台，使学生将化学方法和力学原理相结合，从多角度思考、多方位实施，为今后初中教学加强学科间综合素质的培养奠定了基础。

参考答案：

(1) 小球在液面的沉浮情况没有变化，因为溶液是饱和溶液，不能再溶解食盐，因此不会引起溶液密度的变化，小球所受的浮力也不会有变化。

(2) 若要在不用外力的情况下使小球略上浮，即增大小球所受的浮力，则需要增大溶液的密度，相应的方法有：加入少量食盐晶体后微热；加入少量其他物质如 KCl、KNO_3 等；滴入几滴 $AgNO_3$ 溶液等。

例题 7　某活动小组从工厂收集到了一些含有硝酸银的废液，以及废铁屑、废锌屑的混合物。在回收银时，他们将一定量的上述金属混合物加入到含硝酸银的废液中，充分反应后过滤，得到固体和浅绿色滤液（所含其他杂质不考虑）。为了探究滤液中溶质的组成，他们作出了如下猜想：

①溶质为硝酸亚铁；

②溶质为硝酸亚铁和硝酸银；

③溶质为硝酸锌和硝酸亚铁；

④溶质为硝酸锌、硝酸亚铁和硝酸银。

上述猜想中，错误的是________（填序号），其原因是________。

有的同学认为滤液中的溶质只有硝酸锌，你认为是否正确？________。其原因是________。

某同学将一铜片放入滤液中，目的是________。一段时间后铜片没有变化，上述猜想中可以排除的是________（填序号）。

分析：

本题的重点是考查金属活动性顺序的应用。解题思路是要明确金属与盐溶液反应的条件，在金属活动性顺序中，前面的金属能把后面的金属从其盐溶液中置换出来。将一定的铁屑、锌屑的混合物，加入到含硝酸银的废液中，充分反应后，过滤，得到固体和浅绿色溶液。根据溶液的颜色是浅绿色可推知滤液中一定含有硝酸亚铁，在有硝酸亚铁存在的条件下，一定含有硝酸锌。因为在金属活动性顺序中，锌在铁的前面，比铁活泼，能与硝酸亚铁溶液反应，生成硝酸锌和铁，所以，滤液中一定含有硝酸锌和硝酸亚铁。可推知：（1）猜想①溶质为硝酸亚铁和猜想②溶质为硝酸亚铁和硝酸银是错误的。（2）滤液中的溶质只有硝酸锌不正确，因为滤液是浅绿色的，而硝酸锌溶液是无色的。（3）将铜片放入滤液中，目的是判断滤液中是否含有硝酸银。一段时间后铜片没有变化，可以排除的是猜想④溶质为硝酸锌、硝酸亚铁和硝酸银。

参考答案：

（1）①②；当铁、锌与硝酸银溶液混合时，锌首先与硝酸银发生置换反应，则滤液中一定含有硝酸锌。

（2）不正确；因为滤液是浅绿色的，而硝酸锌溶液是无色的。

（3）判断滤液中是否含有硝酸银；④。

例题 8 我国青海湖地区素有“夏天晒盐，冬天捞碱”之说，其中捞出的碱主要是碳酸钠和少量氯化钠的混合物。小王同学以捞出的碱作为样品，并用以下一套装置对样品进行分析，根据量筒中收集到的液体的体积（相当于二氧化碳的体积）来计算样品中碳酸钠的含量。（已知：$HCl + NaHCO_3 = NaCl + H_2O + CO_2\uparrow$；$CO_2$ 在饱和 $NaHCO_3$ 溶液中的溶解度很小。）

（1）在 A 和 B 两套装置中，哪一套装置更合理？________。

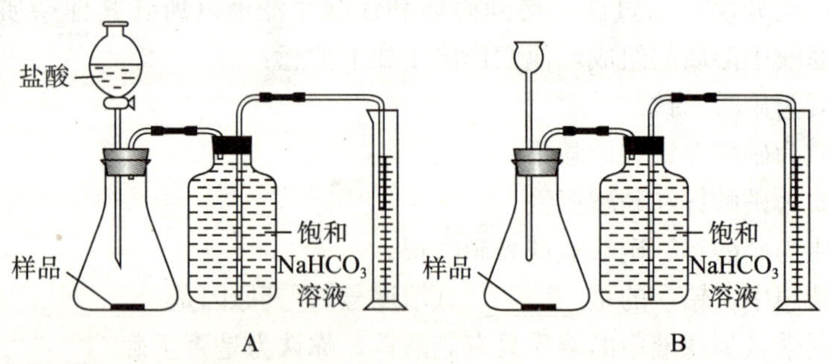

（2）准确读取量筒内液体体积的方法是________________________。

（3）若实验中用的盐酸是浓盐酸，则测得的样品中碳酸钠含量与实际值相比会________（填“偏大”、“偏小”或“不变”）。

（4）在实验过程中，对取用样品的量的多少有一定要求，原因是__________________。

分析：

本题为实验题，主要涉及实验方案的设计、评价以及具体实验操作过程中的问题讨论，本题的难点也正在于具体实施某一实验方案时，需要考虑的实际影响因素、操作问题及其对实验结果造成的影响、改进的措施等。

首先是装置的问题，由于是定量地测定样品中碳酸钠的含量，因此需对药品的量进行严格的控制，所以两套实验装置中使用分液漏斗的 A 更符合要求。其次是实验操作的问题，读取量筒内液体时，由于导管直接插入量筒，因此必须先把导管从量筒中取出再读数，否则读出的数据比实际偏大，影响最后的结果。最后是使用药品的问题。浓盐酸因具有较强的挥发性，通常会挥发出氯化氢气体，根据题中所给信息，它会与碳酸氢钠反应得到二氧化碳而使测得的体积偏大。而在讨论取用药品量时，应注意在使用量筒的过程中要考虑到任何量筒都有一定的量程，因此，药品量过多会超出量筒的可容纳范围，而太少又不足以把饱和碳酸氢钠溶液压进量筒中。

参考答案：

（1）A。

（2）取出导管，量筒平放，视线与溶液凹液面的最低处相切。

（3）偏大。

（4）因为样品量太多会使液体外溢或气体外逸导致测量不准；太少会导致气体量太少，产生的气压不够，造成较大误差。

例题 9 小军见到一种“化学爆竹”（见下图），只要用手拍打锡纸袋，然后将其掷在地上，锡纸袋就会突然爆开并伴随响声。他认为这是因锡纸袋中的物质发生化学反应生成气体造成的，于是想探究锡纸袋中的物质成分。

【提出问题】锡纸袋中的物质是什么？

【查阅资料】主要内容如下：

（1）过氧化氢分解生成氧气，化学方程式为________。

（2）活泼金属与酸反应生成氢气，如镁与稀硫酸反应生成氢气，化学方程式为________。

（3）含有碳酸根或碳酸氢根的盐与酸反应生成二氧化碳，如碳酸钙与盐酸反应生成二氧化碳。

【猜想与验证】小军打开一个未用过的锡纸袋，内有一小包无色液体和一些白色固体。

(1) 猜想：无色液体为酸。

验证：在两支试管中分别加入少量水和该无色液体，分别滴加紫色石蕊溶液。紫色石蕊溶液遇该无色液体变红。

实验的初步结论：无色液体为酸。

小军取两支试管进行实验的目的是________。

(2) 猜想：白色固体为含有碳酸根或碳酸氢根的盐。

验证：请你运用初中所学知识，帮助小军同学完成下列实验报告。

实验装置	主要操作步骤	主要实验现象	操作目的
分液漏斗 活塞	在瓶中加入少量白色固体，再加入适量水，振荡，静置。	白色固体溶解。	验证白色固体是否可溶。
	① 在分液漏斗中加入______。塞上胶塞，打开分液漏斗的活塞，放出适量溶液后，关闭活塞。 ②________________________________。	生成大量无色气体。 ③__________。	验证生成气体的成分。

实验的初步结论：白色固体不是碳酸钙，可能为碳酸钠或碳酸氢钠。

为进一步确定白色固体的成分，小军继续查找资料，得到下表。

溶解度	10℃	20℃	30℃	40℃
Na_2CO_3	12.5	21.5	39.7	49.0
$NaHCO_3$	8.1	9.6	11.1	12.7

根据上表数据，检验该白色固体的方法是________________________。

【反思】通过该探究实验你还想学习的知识是________________________。

分析：

本题利用生活中的情境，考查学生科学探究的能力；同时考查了学生的观察能力（观察身边的化学现象）、思维能力（将题设情境进行分解，运用所学化学知识解决实际问题）、实验能力（分析现象得出结论，设计实验）及自学能力（提取和运用信息）。

本题要求学生通过查阅资料，补充完善资料的内容，正确书写熟悉的化学方程式；根据题设理解化学实验方案设计的意图；依据碳酸盐与酸反应产生二氧化碳的性质鉴别碳酸盐，设计实验方案，探究产生的气体为二氧化碳，从而确定“化学爆竹”的两种成分；利用题中给出的溶解度信息，设计实验鉴别碳酸钠和碳酸氢钠；根据整个探究过程进行反思，发现所学知识的不足。

科学探究是新课程所倡导的一种重要的学习方式，也是化学课程的重要学习内容，对学生科学态度的养成有着不可缺少的作用。用科学的方法在一定条件下观察物质及其变化，分析其内在原因，获得科学的结论，是科学探究的一般程序。当掌握了物质及其变化的内在原因并加以利用时，就要顺应物质变化的规律，满足必要的条件，使变化朝着人们期望的方向发展。审视所提供的条件是预计物质能否变化和向何方变化的关键所在。

参考答案：

【查阅资料】

(1) $2H_2O_2 \overset{加热}{=\!=\!=} 2H_2O+O_2\uparrow$；

(2) $Mg+H_2SO_4 =\!=\!= MgSO_4+H_2\uparrow$

【猜想与验证】

(1) 作空白实验，进行对比。

(2) ① 稀盐酸（硫酸）；② 将气体通入澄清石灰水；③澄清石灰水中有白色沉淀生成。

方法：20 ℃时，在100g水中加入11g该白色固体，充分溶解后，若有白色固体剩余，为碳酸氢钠；否则为碳酸钠。

【反思】盐酸和硫酸的鉴别（性质）；碳酸钠和碳酸氢钠的鉴别（性质）等。

4. *启示*

化学实验是初中化学学习的重要内容，每年中考都将其作为重点考查。化学实验除在选择题、填空题中考查外，有些地区还将实验题单独列出。从内容上看，一般集中在“氧气、二氧化碳气体的制备”、“单一物质的性质实验”、“装置的选择、实验方案的设计”、“综合实验”、“实验探究”等，其中实验探究题是近年中考试卷中单题题目分值最大的一题，需引起我们的重视。

（四）计算题

1. *命题要求*

考虑到初中化学的启蒙性和基础性，课程标准对学生的化学计算技能没有提出过高的要求。因此，化学计算题的命题要在基础性、应用性和综合能力考查上把好关，要体现与生产生活的密切联系，减少为计算而计算的题目。

2. 试题特点

计算题既可以考查学生的化学计算技能，也可以考查学生的分析能力和综合能力。计算题要求学生完整地展现思维过程，属于主观题。

3. 例题分析

例题 10 为了测定某磁铁矿中四氧化三铁的质量分数，甲、乙两组同学根据磁铁矿与一氧化碳反应的原理，分别利用两种方法测定了磁铁矿样品中四氧化三铁的质量分数。已知磁铁矿与一氧化碳反应的化学方程式为（杂质不参加反应）：$Fe_3O_4 + 4CO \xlongequal{\text{高温}} 3Fe + 4CO_2$。

（1）甲组同学取该磁铁矿样品 10g 与足量一氧化碳充分反应，并将产生的气体通入足量的氢氧化钠溶液中，溶液的质量增加了 5.5g。请你根据甲组同学的实验数据，计算该磁铁矿样品中四氧化三铁的质量分数。

（2）乙组同学取该磁铁矿样品 16g 与足量一氧化碳充分反应，测得反应后固体物质的质量为 12.8g。请你根据乙组同学的实验数据，计算该磁铁矿样品中四氧化三铁的质量分数。

分析：

本题要特别注重解答计算题的步骤。

第一，审题：认真审读原题，弄清题目给出的条件，深挖细找，反复推敲。

第二，分析：抓住关键，找准解题的突破口，本题问题（1）的突破口是原溶液的质量增加了 5.5g，是磁铁矿中四氧化三铁与足量的一氧化碳反应生成的二氧化碳的质量，根据四氧化三铁与足量的一氧化碳反应的化学方程式求出四氧化三铁的质量，从而计算出磁铁矿中四氧化三铁的质量分数。

对于问题（2）有两种解法：解法一：突破口是磁铁矿样品 16g 与足量的一氧化碳充分反应，测得反应后固体的质量为 12.8g，质量减少了 3.2g，是磁铁矿中四氧化三铁含有氧的质量。根据四氧化三铁中氧的质量分数，可求出四氧化三铁的质量，进而计算出磁铁矿中四氧化三铁的质量分数。解法二：突破口是反应后固体物质的质量是 12.8g，为铁和磁铁矿中所含杂质的混合物，而不是铁的质量。设 16g 磁铁矿样品中杂质的质量为 x，则四氧化三铁的质量为 $16g-x$，生成铁的质量为 $12.8g-x$。根据四氧化三铁与足量的一氧化碳反应的化学方程式求出 16g 磁铁矿样品中杂质的质量，便可得出四氧化三铁的质量，从而计算出磁铁矿中四氧化三铁的质量分数。

第三，解答：根据题目的要求，按分析和推理的结果，进行认真而全面的解答。

本例题还有其他解法。（略）

参考答案：

解：（1）设 10g 该磁铁矿样品中含有四氧化三铁的质量为 x

$$Fe_3O_4 + 4CO \xlongequal{\text{高温}} 3Fe + 4CO_2$$

232　　　　　　　　176

x　　　　　　　　5.5g

$$\frac{232}{x} = \frac{176}{5.5g}$$

x=7.25g

该样品中四氧化三铁的质量分数为：$\frac{7.25g}{10g} \times 100\% = 72.5\%$

答略。

（2）依题意可知，16g 磁铁矿样品中含有氧元素的质量=16g−12.8g=3.2g

则样品中四氧化三铁的质量为：$3.2g \div \frac{64}{232} \times 100\% = 11.6g$

该样品中四氧化三铁的质量分数为：$\frac{11.6g}{16g} \times 100\% = 72.5\%$

答略。

4. *启示*

传统的中考化学计算题以纯化学计算为主，题目的难度主要是从数量关系的设置来考虑，缺乏新颖性、活泼性，不能很好地体现化学知识在生产生活实际中的运用，不能很好地考查学生运用所学化学知识综合分析和解决实际问题的能力。近年来的中考化学计算题正好弥补了上述缺陷，出现了阅读型、探究型、“标签信息”型、图示型等多种形式，总体上降低了化学计算的难度，但增加了学生分析问题的思维跨度，强调了学生整合知识的能力。

化学中考试题关注“过程”，强调“能力”，培养“情感态度与价值观”，注重学生综合素质的发展，体现在卷面上就是单纯为知识而考知识的题、展示记忆和熟练程度的题以及考计算速度和技巧等的题减少，取而代之的是一些与生产生活实际相关的，能体现综合运用能力、探究能力和创新思维能力的内容。

思考与活动

1. 中考化学试题的命题趋势是怎样的？如何在日常教学中贯彻“化学中考

在平时”的理念？

2. 以下题目是一道实验探究背景的计算题，根据《全日制义务教育化学课程标准（实验稿）》，你认为该题的考查内容和难度是否适合初中化学教学要求，并简要陈述理由。

某学生小组对过量炭粉与氧化铁反应产物中气体的成分进行研究（装置如下图所示）。

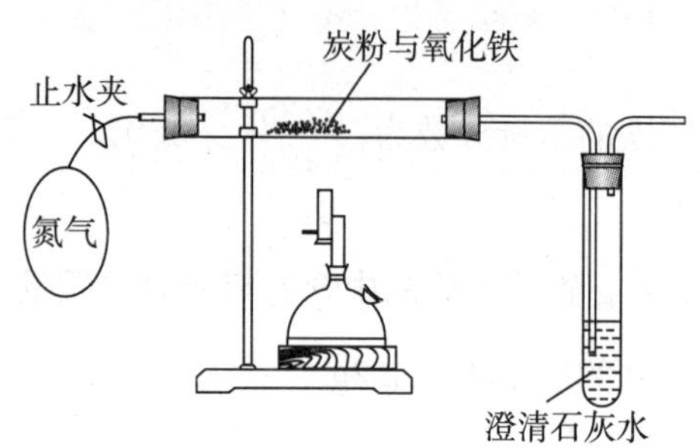

假设：该反应的气体产物全部是二氧化碳（$2Fe_2O_3 + 3C \xlongequal{高温} 4Fe + 3CO_2\uparrow$）。

设计方案：将一定量氧化铁在隔绝氧气的条件下与过量炭粉完全反应，测定参加反应的碳元素与氧元素的质量比。

查阅资料：氮气不与碳、氧化铁发生反应，可用来隔绝氧气。

进行实验：(1) 检查装置气密性；(2) 称取 3.2g 氧化铁与 2g 炭粉均匀混合，放入重 48.48g 的玻璃管中，按上图装置连接；(3) 加热前，先通一段时间纯净、干燥的氮气；(4) 夹紧弹簧夹，加热一段时间，澄清石灰水变浑浊；(5) 完全反应后，冷却至室温，称量玻璃管和固体的总质量为 52.24g。根据实验数据，请通过计算说明原假设是否成立。

参考答案：

解：假设都生成了 CO_2，其质量为 x。

$2Fe_2O_3 + 3C \xlongequal{高温} 4Fe + 3CO_2\uparrow$

320　　　　　　　　　　132

3.2g　　　　　　　　　　x

x=1.32g

实际产生气体的质量为：(3.2g+2g+48.48g) −52.24g=1.44g

1.32g<1.44g，所以原假设不成立。

参考文献

［1］全国初中毕业升学考试化学学科评价课题组编. 2004 年中考命题指导丛书. 南京：江苏教育出版社，2004

［2］李伏刚. 九年级化学. 北京：外文出版社，2007

第四编

化学教科研与教师专业发展

第一讲
化学教师如何做学生研究

北京教育学院 何彩霞

化学课堂教学的根本目的是促进学生的全面发展。从学生发展的角度审视教学的全过程，从最初的备课、教学的过程到教学的评价等环节，都应体现“以学生发展为本”的教育理念。

在化学教学中，如何真正地做到从学生的实际出发设计教学，如何根据学生学习中存在的困难和问题进行有针对性的指导，教师需要对学生的化学学习情况进行研究。本讲结合案例，对学生研究的内容、方法和意义等问题进行探讨。

一、为什么要进行学生研究

了解学生、研究学生是一个老生常谈的话题。在新课程改革的推动下，我们开始更多地关注学生研究，并基于学生研究来改进课堂教学。为什么要研究学生？最初的理解是增加教育教学的针对性。由于教师、学生在知识储备、经验水平、理解能力、表达方式等方面都存在着很大的差异，在教学中往往出现这样的情况：一节课教师辛辛苦苦地上下来，学生却说这些内容他们早就会了；或者，明白这些内容的早就明白了，不明白的还是不明白。问题出在什么地方？原来在学习新课之前，学生已经知道了基本概念但不知道概念的来龙去脉，对概念不一定理解；学生的思路与教师或教材的思路不一致，学生对于该内容的理解有障碍；等等。而这就要求教师作深入的学生研究。只有真正地研究学生、了解学生，才能够更好地从学生的实际情况出发设计教学，才能真正为学生的发展服务。

但是，一些教师常站在教师“教”的角度设计教学，注重教材的知识内容和逻辑顺序，而不了解学生的发展需要，对于学生已有的认识和认知规律重视不够。在初三化学“燃烧与灭火”的课上，为了探究物质的可燃性，有的教师喜欢用学生熟悉的“小木条和小石子”或“水和酒精”进行对比实验。如用坩埚钳夹住一小块石头，放在酒精灯上加热；再用镊子夹住一根小木条，在酒精灯上烧，让学生观察现象。或用镊子分别夹取一个蘸有水和一个蘸有酒精的小棉花团，在酒精灯上点燃，观察实验现象。由于学生已经知道小木条、酒精能燃烧，而小石子和水不能燃烧，因此当老师提问“这个实验说明物质燃烧需要什么条件”时，学生不假思索地说道“可燃物”。学生的回答看似一点问题也没有，老师接着演示下一个实验。但学生对燃烧的条件了解了吗？水、石头不能燃烧的实验有必要做吗？它的探究价值在哪儿？如果不做实验，能不能引导学生根据已有的知识经验得出答案呢？显然，这样的探究活动设计看起来很好地调动了学生的积极性，但由于忽视了学生的已有知识经验，未能确定合适的学习起点，因而导致活动的低效或无效。

其实，在学习“燃烧”和“燃烧条件”概念之前，学生头脑中已经有大量的在日常生活及以前的学习基础上形成的相关知识经验，那么，教师备课时就需要思考：关于物质燃烧及燃烧条件，学生会了什么，还需发展什么？学生现有的认知水平如何？他们在学习中可能会遇到哪些困难？等等。要回答这些问题，不能仅仅凭借个人的经验给出主观的判断，而是需要对学生的学习基础进行调研，分析学生已有的概念与科学的概念之间的距离，了解学生的发展需要。教师只有了解学生的发展需要，才能解决教学的有效性问题，才能真正促进学生的发展。

二、学生研究的内容和类型

学生研究的内容是非常广泛的，可以说是无止境的。就教育教学工作而言，学生研究的目的、内容和类型因工作的需要而不同。那么，如何对学生研究的内容作出一些界定以便于操作呢？从促进学生全面发展的角度看，学生研究的目的和内容可以围绕如何有效落实化学新课程三维目标来进行，包括研究学生的发展需要，研究学生的学习心理，研究学生对于学习化学的情感态度，研究学生已经会了什么，研究学生可能怎样想，研究学生该怎么学等。也就是说，学生研究的内容包括学生化学学习的内容和方式、影响学生化学学习的因素等多个方面，其中关于化学事实与概念、化学实验技能与方法、化学思维方式、对化学的本质认识、化学学习的态度与方法等问题的研究，是学生化学学习研究的主要内容。

学生研究包括研究学生的共同特征和研究学生的个体差异两个层面。也就是说，“共同特征”和“个体差异”是学生研究的主要内涵。研究、了解学生的共同特征有利于制订学年、学期、班级的整体教学计划，属于这类学生研究的有为教学设计进行的学生研究和为了解学生学习情况进行的学生研究。研究、了解学生的个体差异有利于调整教学方法从而适应个体学习需要，并能从恰当的角度看待个别学生学业成就背后的原因，如针对学生发展的学生个案研究。

（一）为教学设计进行的学生研究

为教学设计进行的学生研究，是教师在备课的过程中，为了更好地确定适当的教学目标、选择适当的教学方法等进行的学生研究。其研究的内容包括学生的心理特点、认知水平和已有的知识储备。如学生关于新知识的已有知识和经验如何？学生日常生活经验中的“日常概念”有什么可利用之处或需要辨识的地方，问题在哪里？学生已有知识和经验与新知识的结合点在哪儿？学生有没有认识新知识内容的思维方法基础？过去学生学这部分知识的兴趣点和难点在哪里？学生对所学内容的态度是什么？等等。

案例1 针对“纯净物和混合物”的学生调研及教学策略

关于物质的分类，初中学生接触到的首先是“混合物和纯净物”的概念。在以往的教学中，因为单质中只含一种元素，学生很容易判断出单质是纯净物，而相当一部分学生会将冰水混合物、氧化镁等多种元素组成的“化合物”归为多种物质组成的“混合物”。针对这一问题，我们在进行物质的简单分类教学之前，进行了“说说你身边的纯净物和混合物”的问卷调查，具体内容及结果如下：

1. 学生调研及分析

我们在所任教的学校随机抽取了52位初三年级的学生进行问卷调查，共收到44份有效问卷。为了更多地了解他们对纯净物和混合物的认识，问卷没有采用惯用的客观题的方式，而采用了全部是开放式问答题的方式。

（1）调研的问题。

问题1：请用你自己的语言描述什么是混合物，什么是纯净物。

问题2：下列物质哪些是纯净物，哪些是混合物？请简单说说你的理由。

冰水混合物、医生给病人喝的药水、氧气、氧化镁、澄清石灰水

问题3：你知道新鲜空气中含有哪些气体吗？你认为空气是纯净的吗？

问题4：你觉得纯净水和矿泉水有什么区别呢？

问题5：你们身边还有哪些物质是纯净物，哪些是混合物？请举出几个例子。

（2）调研结果分析。

上述调研问题的意图是想首先了解学生怎样认识混合物和纯净物（初中阶段的学生往往望文生义，这将对他们进一步的学习有所影响）；让他们从身边的物质说起，以自己的理解去区分生活中的几种常见物质及课堂上已学习应用过的几种常见物质；让他们说说身边的纯净物和混合物，以便于我们更进一步地了解他们的

想法。

就这5个问题的调查结果看，被测者能否正确地区分纯净物和混合物在很大程度上取决于他们对所要区分的物质的认识是否深刻，比如，由于大多数的被测者对空气很了解，知道空气里有氧气、氮气、二氧化碳等气体，因此他们对空气是混合物有比较清醒的认识。但是被测者在区分纯净物和混合物时会遇到以下困难：受字面意义的影响，比如冰水混合物（根据字面意思，99%的学生会想当然地认为其为混合物）；部分被测者还会受生活经验的影响，认为“卫生的、干净的、澄清的”物质就是纯净物（如医用药水、澄清石灰水等）；由于缺乏对化合物的了解，几乎全部的被测者会认为化合物是混合物，比如氧化镁，他们认为氧化镁中有“氧”和“镁”，因此是混合物。

根据以上调查结果，我们认为教学中首先就是要拓宽学生的知识视野，帮助学生更多地、更深刻地认识物质，使他们从化学的角度，从物质的组成上认识物质的本质；还要注意强调混合物与纯净物的分类依据，从方法上指导他们。另外，他们对物质与元素的联系和区别认识模糊，因此还要帮助他们理清元素与物质的关系。

2. 基于学生调研的教学策略

由以上调研可知，帮助学生确定分类依据，使其理解概念的本质是教学中的重点问题。初中学生的知识面比较窄，而且他们接触到的化学物质还较少，教师在教学过程中要从学生熟悉的事例入手，充分利用化学实验和建构模型等教学手段引导学生认识概念的本质，具体策略如下：

（1）利用食品等商标配料表，感知混合物中物质的“多”与纯净物中物质的“一”。

在调研中，我们发现有大约35%的学生认为“医用药水，澄清石灰水”等“卫生的、干净的、澄清的”物质就是纯净物。为了帮助学生建立正确的混合物、纯净物的概念，我们从学生熟悉的生活中的物质入手，利用食品、饮料、医用药水的商标成分和配料表，引导他们认识其中物质种类的多少，同时还激发了他们的好奇心和求知欲，收到了很好的教学效果。

课前布置学生收集食品、饮料等商标。教师也准备了几种口服液、75%的医用酒精和0.9%的生理盐水（这些让学生带不方便）。课上师生先共同分析几种“医用药水”的成分，认识其中均有多种物质，是混合物；再一起分析纯净水的成分，知道其中只有一种物质，是纯净物；最后让学生分组讨论他们手中各种商标中的配料表，分析比较其中物质种类的多少，明确混合物和纯净物的概念。课上学生非常兴奋，讨论热烈。

（2）发挥化学实验的功能，区分纯净物与混合物。

从问卷调查结果以及第一次活动后的反馈来看，学生对空气等含有多种物质的是混合物，氧气、氮气等单质是纯净物是比较明确了，但对氧化镁、二氧化碳等化合物是纯净物则不明确，认为氧化镁是镁和氧气组成的混合物。这主要是因为学生把元素与物质混淆了。化学是一门以实验为基础的学科，实验教学不仅可以激发学生学习的兴趣，还可以帮助学生形成概念。针对上述问题，我们组织学生做了两个实验：

其一，将灰黑色的铁粉与白色的石英砂混合，问学生这是纯净物还是混合物，为什么？然后用磁铁将铁粉分离出来，再让学生判断它们各自属于哪类物质，以使学生理解混合物中的各成分之间是简单的混合，没有发生化学反应，各自保持原有的性质。

其二，镁条在氧气中燃烧的实验。教师展示镁条和一瓶氧气，让学生观察它们的颜色、状态，并判断它们的类属；然后将镁条放入氧气瓶中，让学生观察瓶中的物质的种类、颜色和状态；取出镁条，将其点燃，再放入氧气瓶中，反应结束后，让学生观察生成物氧化镁的颜色和状态。通过实验，学生明确了氧化镁不是氧气和镁条的简单混合，而是二者发生化学反应生成的一种新物质。这时再让学生判断氧化镁的类属，则学生一致认为是纯净物无疑了。接下来，组织学生判断纯净水、二氧化碳、氧化铜等由不同元素组成的物质的类属及原因，巩固他们的认识。化学概念本身是发展的，应在认识过程中逐步深化。在学习了元素概念之后，引导学生理清元素与物质之间的区别和联系，学生会对元素与物质的关系有一个更深刻的认识，这时他们对化合物是纯净物的认识会进一步加深。

(3) 通过模型建构，引导学生从物质的组成、构成上进一步理解概念的本质。

几乎所有的被测者都对冰水混合物是纯净物还是混合物产生困惑。究其原因是初三学生刚刚接触化学，他们还未摆脱从宏观层面上认识物质的习惯，这时他们更关注于物质所呈现的宏观的表面现象（冰和水从外观上看是两种不同的物质），而看不到物质的微观本质（冰和水从微观组成上看是一种物质）。而理解物质的微观本质对于区分纯净物和混合物很重要，为了解决这个问题，我们采用了建构模型的教学策略，以引导学生从物质的微观组成和构成上进一步领会概念的本质。在学生对物质构成的奥秘有了初步的了解后，教师让学生用硬纸板做原子模型，用不同的原子拼出学生熟悉的物质的分子模型，如 H_2O、CO_2、O_2 以及 O_3 等，再将拼好的分子模型混合在一起，变化不同的组合。

1）许多 H_2O 分子模型的组合、许多 CO_2 分子模型的组合、许多 O_2 分子模型的组合——认识由同种分子组成的物质是纯净物；

2）许多 CO_2 和 O_2 的分子模型混合组合——理解由不同分子组成的物质是混合物；

3）许多 O_2 和 O_3 分子模型的混合组合——知道同种元素可组成不同的单质，由一种元素组成的物质可能是单质，也有可能是混合物。

通过模型的建构，学生从中体会到混合物、纯净物、单质、化合物等概念的微观本质。之后，再让学生来辨识冰水混合物的类属，则没有人认为它是混合物了，因为冰和水是由同种分子构成的。这样，即使遇到再复杂一点的问题，学生也不会出错了。通过这种教学，学生不但理解了概念，而且学得轻松，学得饶有兴趣。相对于从前的“讲概念”，现在的“做概念”收到了事半功倍的效果。

（二）为了解学生学习情况进行的学生研究

为了解学生学习情况进行的学生研究是指在课堂教学中及教学后，教师通过课堂观察、作业分析、访谈等方式针对学生学习情况进行的学生研究。其研究的内容包括学生参与活动的表现、学习的兴趣、对知识的理解情况等。课堂上学生学习的兴趣如何？学生是否真正参与了讨论和思考？学生对知识理解得如何，还有哪些地方没有弄清楚？学生还想了解什么？教学目标是否实现？进行学生研究时，要注意选择不同知识基础、不同学习能力的学生，以便更好地把握全局。

案例 2　为什么学生对“分子在运动”的认识有歧义

一、课堂上学生对“分子在运动”有不同的认识

“分子”是构成物质的一种微粒。在初中化学中，分子的客观存在及其性质特征是学生学习的重要内容。为了加深学生对“分子是不断运动的”的认识，我们在进行第三单元课题 2“分子和原子”（人教版初三化学新教材）的教学时，是这样安排教学活动的：

活动 1：教师演示有关“分子在运动”的实验，学生观察实验现象并进行分析，从而获得结论。在实验内容的选择方面，除了演示教材中的“品红在水中的扩散”实验外，我们还补充了“碘分子的扩散”和“氨分子的扩散”两个演示实验。目的是让学生在感受生动有趣的化学实验现象的基础上，了解不仅液态、气态分子微粒可以扩散，固态分子微粒也可以扩散，从而形成对“分子在运动”的初步认识。

活动 2：组织学生进行有关“分子在运动”的探究活动。考虑到教材中的“活动与探究”（装置见下图）若作为分组实验污染较大且耗时较长，若作为演示实验除耗时长外，教室后排的学生也不易观察到现象，因此将此探究实验改为学生根据观察上述几个演示实验所获得的认识来预测这个实验的现象，目的是让学生运用所学知识对具体问题进行分析和判断，从而促进学生对“分子在运动”的进一步认识。

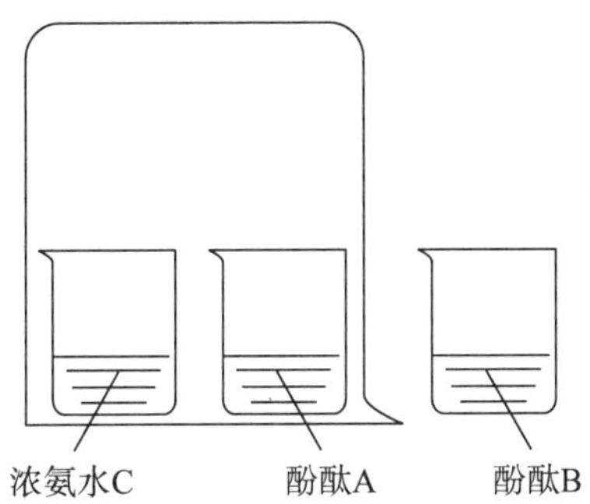

但是，当第一个学生说到“A、B、C都变红，因为氨气分子和酚酞分子都在运动”的时候，我们意识到了，老师对于学生的估计出了问题。随后，学生的回答更是出乎我们的意料，学生的假设及推理共有以下4种情况：

(1) A溶液不变红，B溶液也不变红。理由是从课外资料中知道，氨气是一种比较轻的气体，它应该浮在大烧杯上方。所以不与A、B溶液接触。

(2) A溶液变红，B溶液不变红。理由是C溶液中的氨气扩散到A溶液中，但烧杯外的B溶液没接触到氨气。

(3) A溶液变红，B溶液也变红。理由是C溶液中的氨气扩散到A溶液中，且从烧杯的尖角处逸出扩散到B溶液中。

(4) A溶液变红，C溶液也变红。理由是C溶液中的氨气扩散到A溶液中，A溶液中的酚酞也可能扩散到C溶液中。

事实表明，尽管课堂上我们利用实验创设情境，让学生在实验过程中搜集证据、获得知识，使学生对抽象的微观分子有一个丰富的感性认识，但是学生却还是对“分子在运动”有不同的看法。

二、学生为什么会有不同的认识

精心设计的实验和生动有趣的实验现象并没有让学生形成正确认识。造成学生有不同看法的原因是什么？学生要经历怎样的思维过程才能形成“分子在运动”的认识？学生要形成哪些认识呢？

1. 学生由于缺乏相关的知识基础而导致认识错误

活动2中的实验应有的实验现象是：A杯中的酚酞变为红色。这个现象的推测是要基于这样的认识：氨气分子的运动速率比酚酞分子的运动速率要快。我们原以为有了活动1中的3个演示实验作为基础，学生会顺理成章地推测出这个现象，但事实并非如此。从学生的推测情况看，学生是由于缺乏相关的知识基础而导致认识错误：(1) 学生认为分子是不停地运动的，而且不同物质的分子的运动速率是一样的。因此学生认为，氨气分子和酚酞分子都在运动，都有可能运动到对方的烧杯中。这样就有 A、C 溶液都变红的结论。(2) 学生对物质扩散缺乏认识，认为密度小的气体应该全浮在密度大的气体的上面，就像油和水混合会明显分出层一样，氨气的密度小，应该浮在上方，因此得出了 A、C 溶液都无变化的结论。(3) 学生此时还没有浓度的概念，不知道任何化学反应都必须达到一定的浓度才可能看到明显的实验现象，所以有学生会认为 A、B 溶液都变红。学生的推测是和学生的知识水平相关联的。针对这种情况，教师应该做一些思维转换，多站在学生的角度考虑学生会怎么想，为此在备课时需要充分了解学生已有的知识基础，要克服教师自己的思维定式，真正地从学生的实际来设计教学。

2. 教师不恰当的教学导致学生认识有缺失

教师不恰当的教学主要表现在以下几个方面：

第一，教学目标定位不清。教师只重视要让学生知道“分子在运动”，对于除此之外还需要让学生形成哪些认识，教师似乎不是很清楚。经过反思，我们明确了关于“分子在运动”需要让学生形成以下认识：(1) 物质是由分子构成的，分子微粒都在永不停息地运动；(2) 固体、液体和气体中的分子微粒都在运动，但它们的运动快慢有差异；(3) 分子的运动与温度有关，温度越高，分子的运动越快。

第二，活动 1 中的演示实验教学处理不当，造成学生认识有缺失。活动 1 中的 3 个演示实验是想要说明“分子在运动”，但这 3 个实验所呈现的实验现象说明谁在运动呢？所有的分子微粒都在运动吗？由于教师关注学生学习的结果，即让学生知道“分子在运动”，实际教学中往往习惯性地通过几个实验的演示就直接得出结论，忽视了学生知识形成的过程。“品红在水中的扩散”实验能说明品红分子微粒在运动，“碘分子的扩散”实验能说明碘分子微粒在运动，“氨分子的扩散”实验能说明氨分子微粒在运动。由这些典型物质分子在运动的共同性质，要概括得出分子的性质特征——“分子在运动”，需要采用不完全归纳推理的方法。其实，化学上在探究一类化学物质的通性或同类物质变化规律的问题时，也往往需要采用这种不完全归纳推理的方法。因此，对“分子在运动”这部分内容的教学，一定要关注学生学习的思维过程，要注意引导学生对实验事实进行分析、比较和概括。特别需要指出的是，“氨分子的扩散”实验也同时显示，酚酞不会运动到蘸有浓氨水的棉花团上而使浓氨水变红。因此，这个实验不仅说明氨分子在运动，而且也可以说明氨气、酚酞这两种不同物质的分子微粒运动的情况是不同的，有的容易扩散，有的不容易甚至很难扩散。实际教学中，教师由于过于关注“分子在运动”的结论，而对这个实验所蕴涵的“不同物质的分子微粒运动的情况是不同的”的信息和原理缺乏必要的分析和引导，造成了学生认识上有缺失，从而导致学生的认识错误。

综上所述，导致教师不恰当教学的根源主要是教师缺乏对学科知识本质的深入理解，以及教师并未真正了解学生、关注学生，在教学中表现为教师没有关注学生已有的知识经验，没有关注学生知识形成的过程与方法，不清楚学生要形成哪些具体的有关“分子是不断运动的”的认识，等等。

三、基于反思的教学改进与启示

我们认为，只关注教学策略的选择和学习方式的变革并不能保证学生能深入学习。为了促进学生对化学学科知识的认识和理解，首先需要明确学科知识内容的构成及其教学价值。就“分子是不断运动的”这部分内容来说，其中蕴涵着事实、概念、规律、方法等不同类型的知识。“分子”概念的引入及其教学价值是什么？作为构成物质的一种微粒，“分子”存在的客观证据有哪些？其性质特征是什么？我们不能直接观察到分子及其运动情况，需要采用何种手段和方法？构成不同物质的不同分子微粒的运动情况有什么相似和不同之处呢？如何让学生对“分子是不断运动的”有所认识呢？不同类型的化学知识在学生的智力发展中具有不同的作用，因此有不同的教学价值。实验现象、生活实例等关于“是什么”的事实性知识可以让学生获得丰富的感性体验；关于“为什么”的概念性知识是对同一类化学事实、现象等的本质概括，有助于学生理解新知识；实验、观察、比较、归纳等关于“怎么做”的方法性知识不仅有助于学生获得事实性知识，而且有助于他们理解化学概念和原理，更为重要的是可以使他们学会从化学的视角运用化学手段和方法观察、分析、解决化学问题。

其次，要清楚学生经历不同的学习过程就能获得不同层面的知识。事实性知识以观察、描述和记忆为主；概念性知识以归纳、抽象和辨别为主。课堂上我们关注的是学习的结果，即让学生知道“分子是不断运动的”，但课堂上学生的表现说明学生所学到的知识与教师的预期是不一致的，因为学生实际上学到什么，取决于他经历过什么。由于我们忽视了知识的形成过程，学生学得的知识也只是停留在机械地接受和记忆事实的层面。然而，科学概念和规律存在于众多的科学事实中，科学认识活动以事实为基础，只有从事实的观察与分析中才能推理抽象出一般的规律和结论。需要指出的是，观察和推论之间是存在差别的，知道的并不都是看到的。教师在组织教学时，需要引导学生在一定的实验事实的基础上，大胆地进行推理和判断，可以使用的知识形成话语是“从大量的事实可以归纳出……”。教师的教学只有引导学生感受知识产生的必要性，充分感知和体验知识产生的过程，真正实现从观察到推论的认识跨越，才能使学生把握知识之间的本质联系，从而达到概念性知识、方法性知识与价值性知识的认识层面。本节课上关于“分子是不断运动的”这部分内容的学习，在学生知识形成的初始阶段，是让学生观察一组实验。如果这些实验距离学生的理解和生活经验太远，必然会造成学生认识上的混乱。如果可能，学习新知识时应当从学生熟悉的事物开始。如果教师没有引导学生从事物联系的角度去看待这一组实验，不考虑实验现象的因果关系以及实验所代表的意义，那么学生所观察到的就只是孤立的、琐碎的种种实验及其现象。因此，在对一组实验的观察与分析中，要强调引导学生比较实验现象的异同，要带领学生分析实验现象背后蕴藏的科学道理，要组织学生在实验的基础上进行推理和概括等。

我们在研究学生学习的时候，实际上也是在研究自己的教学工作。对于上述问题的进一步追问使我们认识到，作为教师，不仅需要理解所讲授的学科知识体系，还需要知道如何向学生讲解这些内容。因此，我们认为教师专业发展的核心是提高对化学学科本质的认识，以及要真正地研究学生。

经过反思，我们调整了原定教学内容，关于“分子是不断运动的”的教学设计改进如下：

教学环节	活动设计线索	学生认知线索
初步感知“分子在运动”	【生活实例】 【实验1】演示实验（品红在水中的扩散、碘分子的扩散、氨分子的扩散）	联系生活实际，通过生动的化学实验，采用不完全归纳方法，初步认识构成物质的分子微粒是不断运动的。
形成对“分子在运动”的理解	【讨论】对“氨分子的扩散”实验进行进一步讨论	通过比较分析，感知氨气、酚酞分子运动的不同，初步认识不同物质的分子微粒运动是有差异的。
	【生活实例】或【观察教材中有关不同温度下分子运动速率的图】	联系生活实际，通过观察分析，认识分子的运动速率与温度有关。
	【实验2】采用对比实验（装置同前），一套装置中C烧杯中盛放浓氨水，另一套装置中C烧杯中盛放稀氨水。先让学生推测实验现象，再进行演示。实验时要求学生观察现象出现的时间、溶液颜色变化的程度。	通过对比、观察、分析，形成以下认识：气体的扩散比液体快得多；气体在扩散时，不会因为密度的不同而截然分层；溶液颜色的变化与浓度有一定关系。
关于“分子在运动”知识的拓展与应用	【活动与练习】	运用“分子在运动”知识分析生活中的有关现象，预测某些实验的现象。
小结	关于“分子在运动”的学习，你有哪些收获？	对所学知识进行整理和总结。

经过反思我们体会到，在把新课程理念转化为优质教学实践的过程中，教师在备课时不仅要关注教师的教，更要关注学生的学。学生为什么要学习这部分内容？这对于发展学生关于化学物质的认识起到怎样的作用？学生学习要形成哪些认识？学生学习中可能会出现什么问题？这些内容如何呈现才会与学生已有的知识经验建立联系？学生学习应该经历怎样的过程？当教师对这些问题有深入的思考后就能设计出合理的教学过程，学生的学习就会因此有真正的收获。

（三）针对学生发展进行的学生个案研究

针对学生发展进行的学生个案研究是指根据学生发展的需要，为了挖掘个别学生的学习潜力或了解个别学生对于化学学习的状态、在某些内容方面面临的学习困难及产生这些困难的原因等进行的学生研究，其目的不仅是为了更有效地进行个别指导，而且是要通过关注个体学生带动全体学生的发展。学生个案研究可以关注不同学习水平层次的学生个体，也可以关注具有独特学习特点的学生。

案例3 **英语班的女生也爱上了化学** 

李　蕾（北京中关村中学）

这几年我连续担任学校英语班的初三化学教学任务，发现有些问题非常值得关注。

1. 多次失败让英语班的女生畏惧化学

英语班是学生初一进校时根据英语考核而形成的特色教学班。一个班四十多个学生，女生往往有三十多人，男生一般只有十来个人。性别比例的差异，加上英语特长的教学特色，使得班上的学生往往重视文科，而数学和物理相对薄弱。调研发现，很多学生尤其是大部分女生都对初三才开设的属于理科的化学有畏惧情绪，对学好化学没有信心。虽然她们有想学好化学的积极愿望，却不知道到底该怎么学才能入门，往往工夫没少下，但测验成绩却一次次地给她们以打击，几乎每次考完试都能听到她们的惊叫、感叹，有时甚至是哭泣。尤其以姚迪、董露这样的女生为代表。

2. 开展个案研究发现共性问题

通过平时课上课下的暗中观察、几次测验的试卷分析统计及课余时间和她们的多次交流谈话，我发现了这个班的女生尤其是外语和语文学得较好而数学、物理相对较弱的女生的的共性：

一方面	另一方面
(1) 她们是活泼开朗、爱说爱闹、比较阳光的女孩。 (2) 课上认真听讲、记笔记，课下独立完成作业、按要求订正改错，也会主动地来问一些不懂的问题。 (3) 有一定的学习主动性和自觉性，能够按照老师一般的要求完成相应的学习内容。 (4) 对学习化学有一定的兴趣和好奇，喜欢化学实验，更愿意亲自动手实践。 (5) 有上进心，在乎自己的成绩。 (6) 和老师（我）相处得很好，愿意获取老师的帮助。 (7) 家长比较愿意支持孩子亲自动手实践。	(1) 她们因为平时粗心大意，做事马虎，而缺少女孩子特有的耐心与细致，缺乏科学严谨的态度和规范的语言。 (2) 自我感觉课上听得很明白，作业也较认真地独立完成，虽然有不会的，但看看答案也能明白。学习仍旧停留在简单机械地完成老师布置的任务上，有时不求甚解，缺少融会贯通，回答问题时也往往就题论题。 (3) 缺乏理性思维的培养与训练，机械记忆较多，记忆缺乏灵活性，时常人云亦云，没有自己的想法和主见，更缺乏大胆创新的意识。 (4) 缺乏劳动锻炼和动手实践能力，对划火柴、用酒精灯等有一定的心理恐惧。

3. 为了她们调整教学方案

针对姚迪和董露两名女生的个案分析和英语班的实际情况，我在日常教学中做了一些调整。

在课上，把一些要求较低的教师演示实验改为学生演示实验，添加一些学生分组实验，尽量给学生更多的亲自动手实践和相互交流的机会；少做难题，尤其是计算的难题，改为让学生多分析实验意图和设计思路，观察、描述实验现象，进而发现问题、提出问题；创设宽松的课堂讨论氛围，让每个学生敢于说出自己的想法；在课上及时展示一些同学平时测验的各种小错误，让其他同学挑错并分析产生错误的可能原因，从而逐渐培养学生们认真审题和注重细节的习惯，克服马虎大意的坏毛病。

在布置课外家庭作业时，我删去了一些繁难偏怪的题目，时常辅以在家中就能完成的探究小实验。开始时，学生们不会提问题，也找不出想做的题目，就由我来提出，学生来完成。后来我给出的题目越来越宽泛，学生可自由选择。到最后，很多学生能够根据自己的想法和问题自发地设计实验、动手实践，并写出很规范的实验报告和自制很精美的ppt幻灯片。

我给出的题目先后有自制净水器、自制灵敏验电器、检验石墨和溶液的导电性、关于溶液组成和性质的实验、自制酸碱指示剂、粉笔成分的探究等。而学生自发拓展的题目有铁生锈温度条件的探究、铁生锈介质条件的探究、温度和搅拌分别对溶质溶解快慢的影响、水与食盐水蒸发速率的比较、生活中酸碱指示剂的选择以及效果实验、生活中的干燥剂成分鉴定、干燥珠（硅胶）与生石灰干燥效果的比较等，从中可以看出学生的学习能力在明显增强。

对于我布置的课外小实验，姚迪和董露总是特别认真地主动完成。刚开始，她们只是利用家里的数码相机如实地拍一些实物照片，缺乏观察的角度、层次和主次，甚至因没有调好焦距而模糊一片，但她们还是很欣喜地将照片拿给我看。通过一段时间的课下具体指点和练习，她们逐渐能拍出准确记录实验现象效果的非常好的照片，积攒了翔实的一手实验资料，并逐步由单纯的简述实验过程到能够独立设计、完成资料翔实、结构完整、有自己观点的实验报告。

课上我经常会挤出 3～5 分钟，让她们把自己的实验过程和结论成果用多媒体放映，介绍给全班同学。这样既锻炼了她们科学严谨的态度和用语的规范，也让其他学生开阔了思路，鼓舞了全班同学动手实践的热情。并且她们在回答其他同学提出的问题时又进一步将感性认识进行提炼和升华，从而激发更深的思考和更新的想法，全班同学也在交流碰撞中深受启发，不知不觉中她们都爱上了化学。

4. 培养学生的兴趣和能力才是教学的着力点

经过一个多学期的努力，姚迪、董露乃至整个班级的化学学习都在逐渐发生着可喜的变化。她们的基础知识日渐扎实，语言表达越来越清晰规范，叙述答题更加严谨准确，审题能力的加强、化学分析过程的明晰使她们不再答非所问，也有效地减少了因马虎大意而失分的现象。化学成为姚迪最喜爱的强项，董露的成绩也能稳定地保持在 72 分以上（满分 80 分，68 分优秀）。班级的化学整体成绩取得了惊人的飞跃，扫除了英语班化学是弱项的阴影。

通过个案研究和有针对性地调整教学，我们不难发现：以前我们太过于强调学习书本知识和应试训练，让学生学起来有很大的畏惧情绪并走进“死读书、读死书”的死胡同中。而富有化学特色、丰富多彩的实验把课堂上书本知识的学习拓展为课内外的动手实践探究，学生们获得的知识是鲜活生动的，理解是深刻的。其实，只有当书本知识转化为学生直接经验的时候，它才具有教育价值，才能成为人的发展资源。这也正是新一轮课程改革要求的通过研究性学习、参与性学习、体验性学习和实践性学习改变纯粹被动接受、记忆书本结论的传统学习方式的目的。

各种各样的实践过程也是形成能力的过程，如实验设计的能力，控制条件、设置对照实验的能力，选择实验对象、观察实验现象的能力，还有在实验过程中发现问题的能力。

在实践过程中形成的这一系列对现实变化的把握能力与老师说教和枯燥地演练各种习题所形成的用符号进行演绎的能力是大不一样的。

学生能把书本上所学的知识融会贯通地用实验的形式亲手做出来，比反反复复地让他们去死记硬背那些抽象的概念、生搬硬套地做那些人为编出来的难题更能检验和考查他们对知识的掌握和分析问题、解决问题的能力，而这恰恰又是学生喜爱的学习方式。

三、怎样进行学生研究

与凭经验主观分析学生不同，学生研究是指教师要带着一定的问题及其所涉及的问题框架，通过对学生进行访谈、观察、问卷调查等方式，获取有关问题的真实、系统的信息，并在此基础上对信息加以分析处理得出结论的过程。这主要涉及两方面问题：一是如何确定学生研究的内容；二是采用什么研究方法。

（一）学生研究的内容与问题框架的设计

一般来说，学生研究的内容因调研目的而不同。为了提高教学的针对性和实效性，课前可以从学习内容及学习要求出发进行教学前的学生调研。如针对“物质燃烧及燃烧条件”的学生研究内容，主要从两个方面来考虑：一是先分析课标和教材中关于这部分有哪些知识内容，其学习要求是什么。二是要考虑关于这些知识，学生已有的知识和经验是什么。根据初三阶段的学习目标，在教学前为了探查学生对“燃烧和燃烧条件”概念的了解情况，研究的问题框架围绕燃烧的现象、燃烧的本质和燃烧的条件三部分来编制，如表4—1所示。

表4—1　“燃烧和燃烧条件”学生研究内容与问题框架设计

一级指标	二级指标	观测点
燃烧	燃烧的现象	示例一些物质，它们燃烧有什么现象？ 不同物质燃烧的现象是否一样？ 物质燃烧时一定会有什么现象？
	燃烧的本质	燃烧现象的共同特征是什么？ 燃烧的本质是发生了什么变化？
	燃烧的条件	哪些物质能燃烧？ 能燃烧的物质通常在什么条件下燃烧？ 物质燃烧需要哪些条件？

学生研究问题框架，是一种围绕基本概念的问题展开的逻辑结构，其价值在于教师可以围绕“燃烧和燃烧条件”的基本概念进行系统而深入的了解。根据这个逻辑结构，教师在研究时可以根据研究的方式和研究的对象设计成具体的问题形式。

（二）学生研究方法的选择

在确定了学生研究的内容之后，要根据研究内容选择适当的研究方法。应该说，学生研究并不是课堂教学之外的事情，课堂教学本身、学生作业都是很好的研究资源。课堂观察、作业分析、学生访谈、问卷调查等都是重要的学生研究方法，它们之间是相辅相成的。

1. 问卷调查

问卷调查是教师们常用的方法。依据调研内容框架，调查问卷中的问题可以设计成判断题、选择题、填空题和问答题等多种形式，其优点是可以收集大样本信息，使调查结果具有一定的代表性。

例如，关于哪些物质能燃烧的调研，可设计如下的多选题和填空题：

你认为下列哪些物质是可以燃烧的（　　）。

A. 蜡烛　　B. 石头　　C. 铁　　D. 木炭

你认为能燃烧的物质还有：__________。

又如，关于物质燃烧有什么现象的调研，可设计如下的多选题：

你认为蜡烛燃烧的现象是（　　），木炭燃烧的现象是（　　）。

你认为物质燃烧一定会发生的现象是（　　），有时会有的现象是（　　）。

A. 发热　　B. 发光　　C. 有火焰　　D. 有烟雾

E. 有气味　　F. 化成灰烬或消失　　G. 其他______

问卷调查的不足是问卷设计总体反映的是调查者的主观判断，收集的信息容易表面化，不能深入了解问题。

2. 学生访谈和过程观察

结合问卷调查，还应该进行一定数量的学生访谈和过程观察，将个别学生学习中遇到的真正问题找到。

例如，在问卷调查中，笔者发现很多学生认为金属不能燃烧，金属铁不是可燃物。为了进一步了解学生的想法，笔者对几位学生进行了访谈：

师：你认为铁能燃烧吗？

生：铁不会燃烧。

师：你是怎么确定铁是不可燃的物质的？

生：铁锅被用来炒菜做饭，它肯定是不会燃烧的物质。

师：其他金属能燃烧吗？请举例说明。

生：金属都不会燃烧。比如金属铝也不能燃烧，因为铝锅可被用来炒菜做饭。

学生访谈的价值在于研究者可以围绕问题进行系统而又深入的了解。通过学生访谈，不仅可以发现学生认识的误区，而且能够探查出学生认识误区的来源。学生认为金属不是可燃物，是基于一定的生活经验、使用简单枚举法归纳得到的结论，他们认为无法以点火的方式使其开始燃烧的物质就是不可燃物。

仅仅有学生访谈是不够的。访谈只能将学生能够唤醒的、意识到的内容收集到，但有很多重要的但学生根本就无法意识到甚至通过唤醒也无法用语言表达的信息只能通过教师对学生行为过程的细致观察才能获得。如本讲开头所提到的“燃烧与灭火”的课上，学生虽然能说出“石头不是可燃物”，但在说明理由时，学生的认识是不一样的。学生对可燃物的认识会是怎样的呢？课后，笔者有意识地问了几位课堂上积极发言的学生：你知道哪些物质是可燃物？几位学生很快给出的答案是：纸片、木条、煤块、木炭、汽油、酒精、氢气；没有一个学生说出镁条、铁丝是可燃物。其实在这之前，学生已经学过“镁条的燃烧”、“铁丝在氧气中的燃烧”等实验内容。为什么会是这样？如果教师在教学中缺乏“前后联系”的意识，不注重引导学生联系已学知识，就容易造成一些学生学什么就知道什么，知识融通性差，甚至出现认识的盲点。

这里所说的“过程观察”与通常的观察有所区别，过程观察特别强调观察的计划性、针对性和过程的相对完整性。在以上案例中，由于进行了细致的过程观察，教师对学生在解题中遇到的问题的了解显然又比学生访谈深化了一步。只是这种过程观察对某位学生、某种题的针对性更强，花费的时间更多。如果将其与有计划的学生个别指导相结合，效益就更大了。

案例 4　学生“物质燃烧条件”日常概念的诊断与教学对策

1. 学生日常概念的诊断与分析

通过问卷调查、学生访谈等多种方式发现，学生对物质燃烧会发光、放热、需要氧气等有基本认识，能够列举生活中一些常见的可燃物，这表明学生已有知识经验中有合理的成分，但其中也存在如下模糊或错误的日常概念：第一，认为通过“点火”能点燃的物质是可燃物，点不着的物质不能燃烧。第二，对“燃烧现象”存在模糊认识，限于生活经验和直观感受，能列举一些物质燃烧时的个别现象，对不同物质燃烧都具有的共同现象不能作出概括。第三，存在错误的日常概念，认为“点火”或“点燃”是物质燃烧的条件之一。此外，“燃烧的三个条件必须同时满足”是学生的认知盲点。

学生的错误概念主要来自以下两个方面：

（1）日常经验。

燃烧现象是每个学生都有的日常生活经验。学生在日常生活中，通过直接观察和体验，获得了不少燃烧方面的感性知识。由于初中学生的知识经验有限，考虑问题容易囿于表面性，通常会根据一些具体的、显见的现象来对问题作出判断，而对于其本质原因（可燃物燃烧除需要空气外，还需要达到燃烧所需的最低温度即着火点），学生是无法感知的，因此基于日常经验形成的认识往往是感性的、片面的，甚至是错误的。必须引起注意的是，来自日常经验的概念通常是根深蒂固的，尤其是基于感觉体验的概念更是如此。

（2）以前的学习。

在这之前，学生学习了一些物质在氧气中的燃烧反应，相关化学方程式如下：

$4P+5O_2 \xlongequal{点燃} 2P_2O_5$

$4Al+3O_2 \xlongequal{点燃} 2Al_2O_3$

$S+O_2 \xlongequal{点燃} SO_2$

$C+O_2 \xlongequal{点燃} CO_2$

以上是教材中提供的物质在氧气中燃烧的实例，反应条件都是“点燃”。教师在介绍上述内容时，演示了相关实验，学生曾观察教师是如何进行“点燃”的。教师基于教材内容的这种讲解，无疑强化了学生原有的错误认识。

2. 基于学生研究的教学策略

通过学生研究发现，学生已有知识经验中既有有利于新知识学习的知识经验，也有不利于新知识学习的知识经验。根据学生已有知识经验，教学的关键是要引导学生从感性地了解深入到从化学的视角认识燃烧、燃烧条件等内容，帮助学生转变模糊的认识，建构科学的概念。为此，根据教学目标和内容，基于学生已有知识经验的教学设计，需要思考如何将教学内容的知识逻辑结构与学生的认知结构和谐地结合起来，即用知识结构统领教学过程，根据学生的困惑来建构学生的认知过程，并要充分发挥实验在概念学习中的重要作用。

（1）设计问题链，搭建学生认识发展的思维框架。

如何才能将教学内容的知识逻辑结构与学生的认知结构和谐地结合起来呢？其有效的策略之一就是设计问题链搭建学生认识发展的思维框架。具体设计思路如下：首先，根据教学目标和教学内容的知识逻辑确定教学内容的编排顺序；其次，分析学生已有知识经验与科学概念间的差异，确定教学过程中学生的认知线索；再次，把学生的困惑和问题转化成“脚手架”式的问题链，以一系列问题推动教学的展开；最后，结合学生的已有知识技能水平，以科学概念和方法的建构为目的和方向，从学生思维发展和方法的学习角度确定学生学习活动的方式。

“燃烧和燃烧条件”学生认识发展框架的设计思路

<table>
<tr><th colspan="2">学科知识逻辑</th><th colspan="2">学生认知问题链与活动设计</th></tr>
<tr><th>概念</th><th>次级概念</th><th>问题与活动设计</th><th>学生认知线索</th></tr>
<tr><td rowspan="2">燃烧</td><td rowspan="2">燃烧的现象燃烧的本质</td><td>问题1：什么是燃烧？
（问题可转化为：如何从化学的角度认识燃烧？燃烧是化学变化吗？都有什么物质参与燃烧？）</td><td>【提出问题】
燃烧是生活中熟悉的现象，我所了解的燃烧现象是……</td></tr>
<tr><td>1.1 根据物质燃烧的实例，分析物质燃烧有什么现象？
1.2 不同物质燃烧的现象是否相同？
1.3 上述燃烧的共同特征是什么？</td><td>【搜集证据】
回忆已知的燃烧事例。
描述自己的理解。
比较不同物质燃烧的现象。
【总结概括】
归纳燃烧的共同特征。
形成“燃烧”概念。</td></tr>
<tr><td rowspan="3">燃烧条件</td><td rowspan="3">可燃物
氧气
温度
三者之间的关系</td><td>问题2：物质燃烧需要什么条件？</td><td>【猜想与假设】
可能与……有关。</td></tr>
<tr><td>2.1 列举一些常见物质，哪些物质能够燃烧？
2.2 为什么木炭能够燃烧而石头就不能燃烧呢？
2.3 什么是可燃物？</td><td>【搜集证据】
分析已知的燃烧事例。
比较常见物质的可燃性。
【总结概括】
从燃烧概念的角度来认识可燃物。</td></tr>
<tr><td>2.4 可燃物在什么条件下才能够燃烧起来？
2.5 纸、天然气、木炭、煤是常见的可燃物，如何点燃它们？点燃的方式为什么不同呢？
【实验探究】“红磷与白磷燃烧”实验
2.6 物质燃烧到底需要什么条件？</td><td>【搜集证据】
回忆已知的燃烧事例。
分析生活中的问题。
实验探究。
【总结概括】
结论1 可燃物燃烧条件是：第一，与氧气接触；第二，温度达到着火点。
结论2 可燃物、氧气、温度达到着火点这三个条件缺一不可。</td></tr>
</table>

问题设计的水平决定了学生思维的水平，甚至决定着课堂效果所达到的程度。在设计问题时，需要兼顾各个层次的教学，并认识到较高水平的问题对学生思维发展具有重要意义。

(2) 重视学生已有知识经验中的合理成分，并在此基础上建构科学概念。

学生基于生活经验和先前的学习，已具有一些有关“燃烧”的感性认识，形成了一定的知识经验，这是学生学习“燃烧”概念的前提条件。要让“燃烧”概念新知识在学生头脑中建构起来，教师在教学中需要密切结合学生的已有知识经验，挖掘学生已有知识经验中的可利用之处，从学生已有知识经验中找出学生新知识的“生长点”，通过复习、分析、比较、概括等方式，激活那些与学习新知识有关的旧知识，让学生在熟悉的内容或现象中发现新问题，建构科学概念。如可以从分析实例开始，发展学生“燃烧”的概念。“燃烧”概念的学习活动设计如下：

问题：我们在日常生活中已经接触过一些物质的燃烧，并且在前面的学习中，我们观察了许多物质的燃烧现象。下面就让我们一起来回忆一下这些物质燃烧时有哪些共同的特征？(引导学生谈论已见过的燃烧现象。)

燃烧事例	观察到的现象
蜡烛在空气中燃烧	
镁条的燃烧	
木炭在氧气中燃烧	
硫在氧气中燃烧	
燃烧的共同特征（师生共同讨论、分析和归纳）： 发光、放热、与氧气发生的剧烈的化学反应。	

(3) 发挥实验在概念学习中的作用，转变学生的错误概念。

由学生研究知道，不少学生认为“点燃”是物质燃烧的条件之一。新知识的学习要注意引导学生对原有的不合理的知识经验作出改造，实现概念的转变。日常概念向科学概念转变的过程就是认知冲突的引发及其解决的过程，其教学过程包含以下几个部分：分析具体问题，揭示学生的错误认识，通过实验探究理解概念的实质；应用新的概念解决实际问题，建构新的科学理解。

第一，揭露学生已有知识经验的缺陷，引发学生的认知冲突。

教师在教学中，可结合学生的经验，让学生运用已有知识经验去分析、解释现实生活中的事例或现象，提出引起学生认知冲突的问题，挑起学生认识上的“矛盾”，形成“认知冲突”，让学生在分析解决问题中认识自己已有知识经验中存在的不足和问题。如列举纸、天然气、木炭、煤4种常见的可燃物，提出如下问题：如何点燃它们？点燃的方式为什么不同？

上述问题的内容与学生的日常生活比较接近，但学生对这些问题具有一定的模糊认识，这样可以引发学生的认识冲突，即学生大脑中的原有概念与当前面临的现实产生无法调和的矛盾，导致学生看到原有概念的不足，感到有改变认知结构的需要。学生认知冲突的产生，为使学生从原有认知向科学概念转变创造了有利条件。

第二，运用实验让学生建立正确的科学概念。

丰富的感性认识是帮助学生理解和掌握知识的有力手段，而感性认识的获得源于实践或实验。通过课堂实验，让学生在观察、实践和思考中，获得对物质燃烧条件的理解。如人教版初三化学新教材中安排了这样的活动与探究实验内容：

1）在溶液为500ml的烧杯中注入400 ml热水，并放入一小块白磷。在烧杯上盖一个薄铜片，铜片上一端放一小堆干燥的红磷，另一端放一小块已用滤纸吸去表面上水的白磷，观察现象。

2）用导管对准上述烧杯中的白磷，通入少量氧气，观察现象。

根据上述实验，有如下讨论：

1）上述实验中，为什么薄铜片上的白磷燃烧而红磷不燃烧？

2）为什么铜片上的白磷燃烧而水中的白磷不燃烧？

3）本来在热水中不燃烧的白磷，为什么在通入氧气后却燃烧了？

4）综上所述，燃烧需要什么条件？

教材中的实验设计与问题研讨，为学生正确理解物质“燃烧条件”提供了必要的和充分的认识。特别是，“薄铜片上的白磷燃烧而红磷不燃烧”、“热水中的白磷通入氧气后燃烧”这两部分内容，可以让学生清楚地看到物质燃烧并不需要“点燃”。但由于白磷有毒，一般学校不便储存，教学中完成这样的实验有一定困难。

在实际教学中，可利用学生熟悉的木炭设计下列实验来完成相关的教学任务：取一支球形管，水平固定在铁架台上，两端配带导管的单孔塞，其中一端的导管与氧气袋连接，另一边的导管插入澄清石灰水中。用酒精灯给木炭加热一会儿，撤去酒精灯，停止加热，间歇通入氧气。观察现象，可看到木炭剧烈燃烧，发出白光。停止通氧气，木炭燃烧马上停止，再通氧气，木炭又马上燃烧。这样反复多次，澄清石灰水变浑浊。根据实验现象，引导学生思考燃烧需要什么条件。

根据木炭燃烧实验的现象，可以引导学生分析，可燃物木炭在与氧气接触的情况下要发生燃烧现象，需要“加热”到一定温度，并不需要“点燃”。上述实验内容，让学生获得了新的感性认识：除了要有氧气之外，可燃物燃烧还必须达到一定的温度（达到燃烧所需的最低温度）。至此，学生对物质燃烧条件有了新的科学认识。

第三，在解决实际问题中进一步发展科学概念，让学生对科学概念理解得更深刻。

当学生有了新的科学认识之后，再设计一些新的问题和实例，让学生尝试用科学概念去解决日常概念不能解决的问题，促进学生在不同的变式中获得对科学概念的全面理解和建构。可设计如下问题让学生思考：在一个铁制的坩埚里放入松节油，加热并把它点燃，待燃烧正常以后，将坩埚部分浸入水中，不久，火焰慢慢熄灭。取出坩埚再加热，再点燃松节油让其燃烧，再把坩埚半浸入水中，火焰又熄灭。造成松节油熄灭的原因是什么？把科学的概念运用到更为广泛、更为深刻的现象中去，当学生在新的思维结构下获得更多成功的时候，学生就会接受科学的概念，并对以前的日常概念作出调整和改造，从而实现对科学概念的深刻理解和重新建构。

学生的学习过程是新旧知识技能相互作用的过程，学生的学习起点对新知识内容的学习起着决定性的作用。进行学生研究，关注学生已有的知识经验，采取恰当的教学策略有效促进学生对化学概念的理解，是每一个教师应当具备的教学理念。

3. 运用概念图诊断学生的学习效果

衡量学生学习质量的重要标志在于学生头脑中是否建立了良好的认知结构，即学生到底掌握了多少知识，这些知识是否构成了良好的组织结构。

如何了解学生原有的认知结构状态？教育心理学家一般采用绘制“概念图”的技术进行分析。“概念图”是一种知识结构的表现方式。它通常将某一主题的有关概念置于圆圈或方框之中，然后用线将相关的概念和命题连接，线上标明两个概念之间的关系。

学生可以根据自身的认识水平和认知风格建构个性化的概念图。借此形象化的方式表征学生的知识结构，可以表达学生对概念的理解程度，因此可以使教师了解学生原有认知结构中的知识结构是否合理。

四、学生研究对实现教学实效性的意义

只有真正了解学生的教学才是有效的教学。进行学生研究，从学生的认知发展水平出发设计教学，是实现教学针对性和实效性的基本前提。

（一）学生研究有助于确定合适的学习起点

学生的学习过程是新旧知识技能相互作用的过程，学生的学习起点对新知识内容的学习起着决定性的作用。教学的一个重要的出发点是要清楚学生的学习起点在哪里，即学生已经知道了什么。许多教学的低效或无效大多都是由于未能确

定合适的学习起点而造成的。而学习起点的确定，是建立在课前对学生发展现状的分析和发展可能的预测基础之上。进行学生研究是确定学习起点的最佳途径。

关于学生的学习起点，有学者将其分为学习的逻辑起点和学习的现实起点两种。学习的逻辑起点是指学生按照教材、课标的规定，应该具有的知识、能力基础。把握学习的逻辑起点，可以使教学更有计划性，能够有效克服教学中的随意性。学习的现实起点是指学生在多种学习资源的共同作用下，已实际具有的知识能力、情感态度基础。把握学习的现实起点，可以使教学更有针对性，能够有效克服教学中的浅层性。

（二）学生研究有利于制定合理的教学目标和有效的教学策略

教学目标是教学设计的核心和灵魂。进行学生研究，分析学生的起点能力和发展需要，是制定教学目标的重要依据之一。如关于“物质燃烧及燃烧条件”的学生研究发现，学生已有知识经验中既有有利于新知识学习的知识经验，也有不利于新知识学习的知识经验。为此，关于“物质燃烧及燃烧条件”，学生学习应该发展以下几个方面：一是要正确建构“燃烧”的概念，即从感性地了解深入到从化学的视角认识燃烧现象。二是发展对“可燃物”的认识，即从燃烧的本质重新认识“可燃物”，并整合已学过的知识丰富“可燃物”的实例，如铁丝、镁条等金属也是可燃物。三是学习“着火点”知识，转变学生错误的认识，建立物质燃烧需要达到一定温度的正确认识。四是建立“物质燃烧条件三者缺一不可”的全面认识。

学生研究，不仅是制定教学目标的重要依据之一，同时也为教学过程与方法的设计提供了有效的参考。要从学生的认知发展水平出发设计教学，这是设计教学活动的一个基本原则，其关键是如何将教学内容的知识逻辑结构与学生的认知结构和谐地结合起来，即用知识结构统领教学过程，根据学生的困惑来建构学生的认知过程。为此，教学活动设计需要考虑以下几个方面：第一，重视学生已有知识经验中的合理成分，并在此基础上建构科学概念，如“燃烧”、“可燃物”概念的学习。第二，新知识的学习要注意引导学生对原有的不合理的知识经验作出改造，实现概念的转变。经过调研得知，不少学生认为“点燃”是物质燃烧的条件之一。针对这种情况，教学中要揭露学生已有知识经验的缺陷，并发挥实验在概念学习中的作用，转变学生的错误概念。

（三）学生研究可以将“以学生的发展为本”的教育理念落到实处

基础教育课程改革的宗旨和核心是以学生的发展为本，关注每一个学生的发展。要想真正促进学生的发展，了解学生的能力成为具有根本意义的事情。科学地进行学生研究，就可以把我们平时所说的备课不仅备教材而且还要备学生的主张落到实处。学生研究也是教学实施过程中的一个重要环节，通过课堂观察了解学生学习的情况、了解学生对教师教法的适应情况等，有助于教师对学生的学习困难进行有针对性的指导，以及对教学做相应的调整等。教学之后的学生研究，主要是检查教学目标的落实情况：教学目标是否实现？学生对知识理解得如何？学生的兴趣状况如何？学生还有哪些地方没有弄清楚？学生还想了解什么？通过这样的学生研究，一方面对学生的学习进行诊断和有针对性的补救指导，另一方面促进教学设计的反思和再设计，同时为下一个单元做好准备。因此，贯穿教学过程始终的学生研究，可以有效落实“关注每一个学生的发展”的教育理念。

学生是学习的主体。在新课程实施中，我们应该更多地关注学生研究，并基于学生研究来改进课堂教学。学生研究的内容包括学生化学学习的内容和方式、影响学生化学学习的因素等多个方面，其中关于化学事实与概念、化学实验技能与方法、化学思维方式、对化学的本质认识、化学学习的态度与方法等问题的研究，是学生化学学习研究的主要内容。学生研究的内容和方法依据其研究的目的、类型的不同而不同。进行学生研究，从学生的认知发展水平出发设计教学，是实现教学针对性和实效性的基本前提。

思考与活动

1. 你认为学生化学学习研究应该包括哪些方面？
2. 研讨本讲中的案例，你从中得到什么启示？
3. 设计并实施一个针对化学课堂教学设计的学生研究方案。

参考文献

[1] 季苹.“学生调研”是教师教学基本功之基本. 基础教育参考，2005 (4)

[2] 何彩霞.“燃烧条件”日常概念的诊断与教学对策. 化学教育，2007 (10)

[3] 何彩霞. 在做学生调研中实现教学的实效性. 化学教育，2009 (4)

[4] 王凤余，咸蕊. 对“纯净物和混合物”的学生调研及教学策略研究. 化学教育，2007 (7)

[5] 李蕾，何彩霞. 英语班的女生也爱上了化学. 基础教育课程，2009 (9)

[6] 何彩霞，刘进，陆旻. 为什么学生对“分子在运动”的认识有歧义. 基础教育课程，2009 (12)

第二讲
如何做好课堂观察与分析

北京市东城区教师研修中心　周业虹

观课和议课是进行课堂观察与分析的两种方法，也是提升教师专业水平的重要方式。新课程背景下，课堂教学的理念和行为都是新型的，课堂教学研究也应该有新的内涵和外延。那么，什么是观课？什么是议课？观课议课与听课评课有什么差别？观课和议课应该展现什么样的新课程精神和理念？在日常的观课和议课过程中，应该注意哪些问题呢？

一、什么是观课和议课

观课和议课是参与者相互提供教学信息，共同收集和感受课堂信息，在充分拥有信息的基础上，围绕共同关心的问题进行对话和反思，以改进教学、促进教师专业成长的一种研修活动。观课和议课活动本质上是围绕研究、改进教学而进行的案例教学活动。观课是深入教学案例的过程；议课是案例讨论的过程。

（一）听课与评课中容易出现的问题

1. 听课方面存在的问题

（1）听课时只在听课记录上写下标题，如果教师无板书，听课记录上就是空白。

（2）听课随意，可接听手机、小声讲话；坐在最后面，远离学生。

（3）仅听教师讲了什么，不注意观察学生。

（4）仅听教学表面的东西，注重授课形式而不注重内容。

2. 评课方面存在的问题

（1）只听课不评课。

一些学校虽然也有教师听课评课的相关规定，也组织教师听课，却是只听课不评课。教师们听完课后，便各自拿起手中的笔，在听课评价表的相关栏目中要么画上对号，要么写上 A、B、C、D，然后将表格上交便“大功告成”。

（2）听课评议成了表扬奉承大会。

教师们都纷纷列出某某教师诸如备课充分、教学思路清晰、课堂组织合理、语言生动流畅等优点，面对于缺点与不足要么只字不提，要么轻描淡写。这样的听课评议纯粹是应付形式，浪费时间。出现这样的问题的原因是什么呢？一是碍于情面。大家都在一个学校共事，抬头不见低头见，怕说了别人的缺点以后不好相处。二是担心对自己不利。因为听课评课是互相的，教师们害怕说了别人的短处而引来“杀身之祸”。

（3）跟着领导的意思走。

有领导在场时，教师们出于尊重，让领导先发言，领导说好，大家都跟着说好，领导说不好，大家也都跟着说不好。参加评议的教师成了领导的附和者，听课评课跟着领导的意思走。

另外，评课存在着“三化”现象，即：

评课过程形式化：不痛不痒，敷衍了事。

评课过程表面化：“这位老师教态自然，语言清晰，板书工整，做了充分准备。”即使涉及课堂实质，也是就事论事。

评课结论两极化：一是虚假、讲好话的评课方式；二是否定、伤自尊的评课方式。

总之，听课评课过于关注教师而忽视学生；过于关注教师的课好不好而忽视对教师教学一些共同问题的研究；过于就事论事而忽视拓展研究；过于着眼当事教师而忽视教师的共同发展。

（二）观课与听课的比较

“听”指向声音，“听”的对象是师生在教学活动中的有声语言往来；而“观”强调用多种感官（如眼、耳等）以及有关辅助工具（观察表、录音录像设备等）收集课堂信息，包括师生的语言和行为、课堂的情境与故事、师生的状态与精神等。

“听”往往是一般性了解，目的并非是解决问题、研究问题；而“观”的目的却指向一定的研究问题，有明确的目的。

“听”往往是面面俱到，缺乏针对性；而“观”是针对研究问题收集相关的课堂信息，针对性极强。

“听”往往是凭借原有的经验进行；而“观”需要必要的理论指导，需要借助观察记录表。

（三）议课与评课的比较

(1)“评”是对课的好坏下结论、做判断；“议”是围绕观课所收集的课堂信息提出问题、发表意见，“议”的过程是教师之间展开对话、促进教师相互反思的过程。

(2)“评”有被评的对象，有下结论的对象，有“主”、“客”之分；“议”是参与者围绕共同的话题平等交流，“议”要超越“谁说了算”的争论，改变教师在评课活动中的“被评”地位和失语现状。

(3) 评课活动主要将“表现、展示”作为做课的取向，做课教师重在展示教学长处；议课活动以“改进、发展”为主要做课取向，不但不怕出现问题，而且鼓励教师主动暴露问题以获得帮助，求得发展。

(4) 评课需要在综合全面分析课堂信息的基础上，指出教学的主要优点和不足；议课强调集中话题，超越现象，深入对话，议出更多的教学可能性供教师自主选择。

由此可见，从听课评课到观课议课不只是换了一个词语，更多的是一种教研文化的建构。观课议课是一种研修活动，它首先是一种理念，然后才是一种方法。理念是根本和实质，方法是外衣和形式。离开对根本理念的掌握和理解，要做好观课议课就很可能迷失方向。因此，大家有必要了解一些必要的知识。

二、观课议课活动的流程

一次完整的观课议课活动应该是一次完整的校本研修活动，它一般可以分成以下几步。

（一）确定观课议课主题

教研组或备课组在课前要进行充分交流和沟通，使授课教师与观课者达成理解和信任，共同讨论确定观课议课主题，如教学目标的制定、导入、过渡与小结的艺术，教学情境创设，重点、难点的把握，课堂提问的艺术，课堂评价的艺术，教学方法与媒体的利用，课堂纪律控制与偶发事件处理，教师评价语言，以及化学实验的运用等。

案例 1　确定“生活中常见的盐”的观课议课主题

化学课程标准的一级内容主题“身边的化学物质”，其教学目标之一就是要

引导学生观察和探究一些身边常见的物质，帮助学生了解它们对人类生活的影响，体会科学进步对提高人类生活质量所作出的巨大贡献，增强学生对化学的好奇心和探究欲望，使学生初步认识物质的用途与性质之间的关系，帮助学生从化学的角度认识和理解人与自然的关系，初步形成科学的物质观和合理利用物质的意识。“生活中常见的盐”是该主题下的二级主题内容。为在教学过程中达到此目的，教师会创设生活情境，选取一些生活中的常见物质，带领学生进行实验探究。那么身边哪些物质含有碳酸钠、碳酸氢钠和碳酸钙呢？哪些物质可用来调动学生学习的积极性并完成类似于碳酸钙和盐酸反应的实验呢？由此，确定“生活中常见的盐”的观课议课主题为元素化合物教学中生活情境的创设。

案例 2　确定“分子”的观课议课主题

在教学改革中，科学探究已经成了必不可少的教学方式，它对提高学生的科学素养具有不可替代的作用。课程标准中明确提出要实践以探究为核心的多样化教学方式。探究性教学的程序和方法到底是什么？在教师中有种错误的认识，认为只有实验才是探究，甚至认为把学生实验改为分组实验就是探究，这其实是对新课程的理念未充分理解。“分子”是课程标准一级主题“物质构成的奥秘”下的内容，属于基本概念和基础理论的内容，相对于元素化合物而言内容较抽象，学生较难理解。那么，在这节课中如何运用探究性教学突破教学的重点和难点就成了关键问题。教师们一致将“分子”的观课议课主题定为如何在概念和理论教学中运用科学探究的方法。

（二）让授课教师做观课说明

观课议课教师与授课教师要一起选择课例、讨论主题，使授课教师在相关主题上重点作出设计和安排，并就观课议课的主题、方式、时间等达成一致。沟通的主要目的在于了解授课教师的授课取向，获得共同的观课议课话题。沟通的重要方式之一就是请授课教师在课前进行说课。这种类型的说课应包括以下内容：

1. 介绍学生情况

一方面是为体现“以学论教”；另一方面，观课者可由此更清楚地理解课堂教学，判断授课教师对学生的认识和理解水平，在议课时提出认识学生的相关问题。

2. 介绍对教学目标、内容和活动意义的理解

也就是说，不仅要介绍我要做什么，还要说一说我对这个问题是如何理解、如何选择的，目的在于揭示授课者内在的教育观念和假设，它有利于授课教师明确教学思路，提高理性水平，从而自觉追求有意义的教学。

3. 强调观课集中在某一主题上

这种主题首先由授课老师提出，因为课堂上将要出现和发生什么，授课教师最有发言权。在“几种常见的碱”观课和议课前，教师就向观课者阐述了该节课制定三维教学目标的原因，并将教学目标的落实定为观课议课主题。

案例 3　“几种常见的碱”观课前说课

授课教师在观课活动前向参与者进行了说课，重点介绍了教学前对学生做的调查，内容包括学生对碱的认识程度、是否清楚对照实验的作用、如何看待实验硫燃烧时排放的 SO_2 等。教师介绍，调查结果为 77％的学生仅认识面碱、水碱；仅有 26％的同学认识到实验中 SO_2 的排放会污染空气；仅有 21％的学生知道对某个反应如何做对照实验。为更具说服力，授课教师还向观课者展示了扇形统计图。

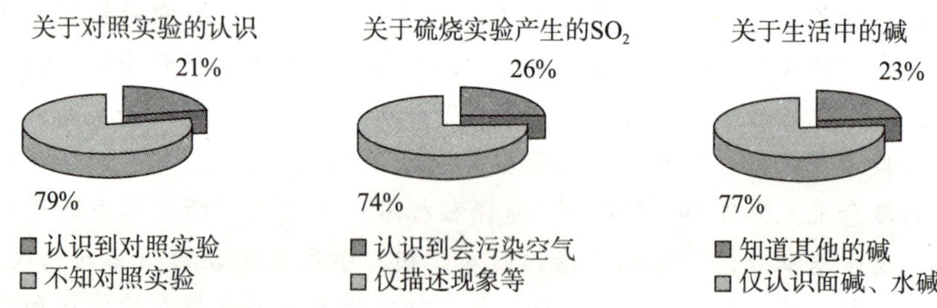

由此，制定本节课的教学目标如下：

知识与技能：

(1) 通过对生活中几种碱类清洁剂的调查和对管道疏通剂的探究，知道 NaOH 的重要性质，学会辨认生活中的碱。

(2) 通过 SO_2 与 NaOH 溶液的作用，初步了解 NaOH 的碱性与环境保护的关系。

过程与方法：

(1) 初步学习通过调查、实验的方法认识碱的性质。

(2) 应用 NaOH 与 SO_2 反应，解决硫燃烧测定氧气含量实验中产生的 SO_2 问题。

(3) 通过设计腐蚀性以及与 CO_2 反应的对照实验，初步培养学生思维的严密性。

情感态度与价值观：

(1) 通过调查活动增强对生活中化学现象的好奇心和探究欲，培养学生学习化学的兴趣。

(2) 通过对 NaOH 腐蚀性、与 SO_2 反应的探究，初步建立科学的物质观。

(3) 通过对 NaOH 用途的分析，感受化学对社会发展的积极作用，初步形成主动参与社会决策的意识。

最后，教师强调本节课观课的主题为在教学过程中如何落实三维目标。

我们看到，说课的结果是做课教师和观课教师对该班学生所具有的化学知识、方法等有了初步的了解，在设计课程的教学目标时针对性更强，在观课和议课时主题会更明确。

（三）学习相关理论

观课议课活动主持人通过查阅书籍或上网等方式查找相应的理论文章，筛选一些对观课议课活动有帮助的材料，印发给全组教师学习。全组教师围绕主题学习理论。通过这样的理论学习，一方面为做课教师的备课提供问题解决的策略，另一方面也为参与观课议课的教师提供理论知识和分析问题的视角，让观课议课教师站在一定的理论高度上分析课例，防止分析、研究在低水平上重复。

例如，当我们确定“氧气”的观课议课主题为教师的教学基本功时，我们就要去了解有关化学教师的教学基本功应从哪些方面去评价。

具有扎实的基本功是教师上好课的重要条件。当今，教师的教学基本功应包括以下几个方面：

教学态度：在课堂教学中，教师的教学态度就像“指挥棒”一样左右和引导着学生的上课情绪和求知热情。正确的教学态度主要表现为：对教材等相关资料进行深入研究，对学生的关注体现一种希望和爱心，对课堂教学的活动组织和开展有一种激情，重视学生的探究过程，对自己的定位总是朋友式的。

教学方法：教师的教学方法要体现时代性，体现价值观，体现学生的需要。教学方式的选择、教学方法的运用必须根据本班学生的实际情况，合理选用，让学生得到最大的收获。

教学组织安排：能抓住知识主线、层次分明、思路清晰、重点突出、有讲有练，能根据学生的学习现状调整教学计划；具有时效性——在比较短的时间内组织最有效的教学活动，具有自然融洽性——教学各个环节之间形成自然流畅的衔接链，具有可调整性——根据教学实际情况适时进行调整。

教学语言：表达准确、逻辑性强，不可犯科学性错误；吐字清晰、形象生动，让学生易于接受和认可；有一定的幽默感，能感染学生，使学生积极参与到教学活动中；有良好的语言表达技巧，即“准确、清晰、有效、有序、幽默、语感、技巧”。

课堂板书：板书是一节课内容的浓缩，是对一节课的内容进行素描式的勾勒。其作用是帮助学生对整节课的内容进行整体把握，其要求是简要工整、布局合理、脉络清楚，另外，要与其他电教展示手段合理搭配。

教态：教师的教态是课堂教学的调控器，得体的教态亲切、自然，有一种亲和力，不矫揉造作，不夸张。

化学学科专业技能：化学演示目的明确、实验操作准确、现象清晰，讲台桌面清理干净，便于学生观察，实验方式的运用恰当、合理。

应变能力：教师对突发事件（如学生探究新知和教师预设的矛盾）和教学事故（如教学过程中的伤害事件和学生违规操作）的处理，以及对教学计划的调整等。

当参与观课议课的教师明确了化学教师教学基本功的范围和要求时，授课教师在备课和上课中会更加关注这些方面，而其他教师观课和议课的方向则会更加明确，讨论起来会更加充分，提出的建议会更加合理。

（四）设计观课议课记录表

设计议课观课记录表的目的是便于观课教师围绕主题记录课堂中的相关信息，提高观课的针对性，获得对所研究问题的全面观察。观课议课活动主持人召集有经验的教师围绕主题，依据课堂要素（教学策略、教师行为、学生状态、师生互动等），参照相关理论进行观课议课记录表的设计。设计时，主题要明确，角度要适当，方法要简便，要便于教师观课议课的操作。一般的观课议课记录表如表 4—2 所示。

表 4—2　　　　观课议课记录表

<table>
<tr><td>学校</td><td></td><td>学科</td><td></td><td>授课教师</td><td></td><td>听课教师</td><td></td></tr>
<tr><td>课题</td><td colspan="5"></td><td>授课类型</td><td></td></tr>
<tr><td>年级、班级</td><td colspan="2">中　年级　班</td><td>授课时间</td><td colspan="4">年　　月　　日第　　节</td></tr>
<tr><td>教师基本情况</td><td colspan="5"></td><td>听课范围</td><td></td></tr>
<tr><td colspan="6">教学基本过程</td><td colspan="2">讨论与探究</td></tr>
<tr><td colspan="6"></td><td colspan="2"></td></tr>
<tr><td colspan="8">教学评价与教学建议</td></tr>
<tr><td>教学目标</td><td colspan="7"></td></tr>
<tr><td>教学调控</td><td colspan="7"></td></tr>
<tr><td>学习条件</td><td colspan="7"></td></tr>
<tr><td>学生活动</td><td colspan="7"></td></tr>
<tr><td>课堂气氛</td><td colspan="7"></td></tr>
<tr><td>学科特色</td><td colspan="7"></td></tr>
<tr><td>教学效果</td><td colspan="7"></td></tr>
</table>

这份观课议课记录表很直观地展现观课情况，记录的内容详细，便于教师在观课后进一步议课。

（五）课堂观察

观课者携带观课议课记录表和观课工具等进入教学现场。在观课过程中，观课者把关注焦点集中在预先设定的主题上，围绕主题尽可能全面地收集课堂信息。

基础教育课程改革的核心理念是“以学生的发展为本”，这一理念不仅体现在教学目标上，还体现在教学过程中。课堂教学应当以学生的学习活动为中心，通过创设富有情趣的教学情境组织学生参与学习活动。学习过程是否有效，主要从这几个方面衡量：学生的学习心境、学生的个性发展、学生的学习动机、学生的学习参与度、学生的协作能力、学生的技能发展、学生的思维发展、学生的认知情况、学生的学习绩效。特别要关注学生活动的有效性。中科院调查课后24小时知识的保持率，其中教师讲授知识的保持率为5%，学生阅读为10%，视听结合为20%，教师演示为30%，学生分组讨论为50%，学生进行实践练习为75%，而学生相互教并快速使用，知识的保持率高达90%。美国一家科技馆内有这样的宣传词：我听过……忘记了，我看过……知道了，我做过……记住了。这些都足见有效的学生活动在掌握知识中的重要性。

“质量守恒定律”的观课议课主题为学生活动的有效性，观课教师在课堂上观察到并记录下来的学生活动如下。

案例4　“质量守恒定律”的学生活动

课的引入：历史上两位化学家的争论：1673年，英国化学家玻意耳在敞口容器中加热金属，结果发现反应后质量增加了，因此他认为化学反应前后物质总质量不相等；1777年，法国化学家拉瓦锡在密闭容器中研究氧化汞的分解和合成时，却发现化学反应前后各物质的总质量相等。

探究问题一：化学反应前后物质的总质量是否相等？

学生实验：氢氧化钠 ＋ 硫酸铜 ⟶ 氢氧化铜 ＋ 硫酸钠
($NaOH$)　($CuSO_4$)　[$Cu(OH)_2$]　(Na_2SO_4)
氢氧化钠 ＋ 氯化铁 ⟶ 氢氧化铁 ＋ 氯化钠
($NaOH$)　($FeCl_3$)　[$Fe(OH)_3$]　($NaCl$)
氢氧化钠 ＋ 氯化镁 ⟶ 氢氧化镁 ＋ 氯化钠
($NaOH$)　($MgCl_2$)　[$Mg(OH)_2$]　($NaCl$)

教师指出学生在实验中应观察到的实验现象、记录的实验数据及得到化学反应前后物质的总质量的关系。

观察：大部分学生在实验活动中操作规范，认真观察实验现象，在天平上称量完毕后立刻记录实验数据，最终都得出了反应前后物质质量相等的关系。

探究问题二：化学反应前后物质的总质量真的相等吗？

学生实验：碳酸钠 ＋ 盐酸⟶氯化钠＋ 水 ＋ 二氧化碳

（Na_2CO_3）（HCl） （NaCl）（H_2O）（CO_2）

教师提供的仪器和用品有：烧杯、矿泉水瓶（有盖）、药匙、胶头滴管、镊子等。

观察：在做实验的过程中，学生称量时有的盖上了瓶盖，有的没盖上瓶盖，导致出现了反应前后质量相等和质量不等两种结论。在汇报实验现象并进行分析时，教师引导学生说出了问题所在，最后大家达成了一致意见，即反应前后物质的质量相等。学生在讨论时积极踊跃，争相评价别的小组同学的实验问题，阐述自己的观点。

探究问题三：参加化学反应的哪些物质的质量总和相等？

以"铁和硫酸铜溶液的反应"为例，教师带领学生进行分析。

铁 ＋ 硫酸铜⟶ 铜 ＋ 硫酸亚铁

（Fe）（$CuSO_4$） （Cu）（$FeSO_4$）

反应前物质的总质量＝烧杯的质量＋试管的质量＋水的质量＋铁钉的质量＋硫酸铜的质量

反应后物质的总质量＝烧杯的质量＋试管的质量＋水的质量＋铜的质量＋硫酸亚铁的质量＋没反应的铁钉的质量

因为：反应前总质量＝反应后总质量

所以：没反应的铁的质量＋反应的铁钉的质量＋硫酸铜的质量＝铜的质量＋没反应的铁钉的质量＋硫酸亚铁钉的质量

最后得到结论：反应的铁钉的质量＋反应的硫酸铜的质量＝生成的铜的质量＋生成的硫酸亚铁的质量

由此引出质量守恒定律。

观察：在此过程中，学生注意力集中，积极思考并回答教师提出的问题，从学生的表情可以看出，他们确实理解了这个定律。

我们看到，观课教师重点观察并记录了教师在帮助学生认识质量守恒定律过程中学生的活动内容。从教师记录的情况看，学生的活动是有效的，教师给予了学生充分的活动时间，学生围绕教师所创设的一个个问题情境，经历了猜想、实验、观察、分析等过程，在认知冲突中思维逐步深化，最终形成了关于质量守恒定律的初步认识。

（六）课后议课

课后议课一般分两个阶段进行：第一阶段首先分小组交流各自的观课笔记，找出差异；然后再围绕主题与差异展开讨论，进行“病理”诊断与分析，找出与主题相关的其他教师的成功做法进行对照，在此基础上开出初步的“处方”。第二阶段是小组之间围绕主题展开平等对话。首先是各小组组长围绕主题作代表性发言，就问题说事、找对策；然后是小组之间围绕主题展开深度会谈，形成共识；最后是观课议课活动主持人针对主题作总结性发言，开出相对完整的“处方”，提出更多的教学可能性供参与的教师自主选择。

在元素化合物教学中，教师们常采用实验探究的手段完成教学任务，但部分教师只关注到让学生做实验、观察实验现象，而忽略了对实验现象的记录和分析。那么教师应当如何引导学生做好探究活动中的笔记，引导学生归纳整理重要的结论呢？根据这样的疑问，教师们确定了“常见的碱”的观课议课主题为在探究活动中做好笔记。

案例 5　在探究活动中做好笔记

教师 1：我发现在上课过程中，多数学生是教师在黑板上写什么，他们就在笔记本上记什么，像氢氧化钠和氢氧化钙的物理性质等教师口述的一些重点知识，他们都没有记下来。

教师 2：在做实验时，氢氧化钠吸收二氧化碳后产生的喷泉现象非常美丽，多数学生被鲜明的实验现象所吸引，没有及时将实验现象记录下来，而记录下实验现象的学生，也没有一个对实验现象作分析的。

教师 3：下课后，我跟一些学生进行了交流，发现有相当一部分学生做氢氧化钠溶液与二氧化碳反应的实验后知道应该记录实验现象并对它们进行分析，但是怕写错了或者跟老师不一致，还得修改，会弄得笔记本很乱，因此等老师讲的时候再往本上记。另外有些学生说：“记笔记很耽误时间，会影响做实验。”

教师 4：假如我来上这节课，我可能会在课前设计一种实验记录表，上课时发给学生，提示学生记录哪些内容，而且直接往我发的表上记，下课时让学生对比一下，他们记的内容与最后形成的正确认识之间的差别到底有多大。每次课都这样做，相信会对学生产生潜移默化的影响，最终他们自己就知道该记录什么内容了。

教师们在议课过程中，达成了共识，认为学生在课堂上应该记录以下内容：

1. 记录课堂中的问题

化学课堂多是以问题为核心展开的，问题往往是师生活动的主线，学生的记录应抓住课堂中出现的各种问题，既包括教师提出的问题，也包括别的同学提出的有价值的问题，还包括自己在学习过程中萌发的问题。

2. 记录同学们的不同意见

在小组或全班活动中，会有同学们的交流，有大家设计的方案，有对问题的解释等，同学们的这些发言，意见不一定一致，要把其中有价值或对自己有启发的意见和内容记录下来。

3. 记录活动结果

通过讨论、探究等活动，学生会得出相应的结论，这可能是个人悟出的，也可能是其他同学讲出来的，更常见的是教师在同学发言的基础上总结归纳出来的，这往往是学生应该掌握的知识，因此要记下来。

但是需要特别强调的是，上课过程中不能因为记录而影响活动的参与，还要注意记录的技巧，可以只记录要点，多用化学用语进行记录，这些可以大大加快记录的速度。

有的教师还设计了探究实验活动中的两种记录表：

探究活动记录 1

探究内容		
探究方案		
探究步骤	现象记录	猜想、解释和化学方程式
体会及发现		
质疑		

探究活动记录 2

氢氧化钠能否和二氧化碳反应	你的猜想
	同学们的猜想
设计实验验证你的猜想	
同学们的好方案	
实验现象	
结论和体会	

教师还应该在班内不定期地组织笔记的展示活动，让学生互相观摩、学习，还可以让记录好的学生介绍自己的方法，讲讲怎么记、记什么、哪些不记、什么

时候记等。

记笔记的目的是为了便于课后利用，将笔记作为一种学习资源，因此，教师还要引导用好笔记。

（七）反思与实践

参与者要反省观课议课活动，明确自己的收获和体会，从中选择、借鉴有效的教学策略进行课例实践，或者针对观课议课中出现的新的问题和困惑，选择相关内容深入学习，或者再就相关问题准备下一次观课议课活动。

例如，教师在对“二氧化碳的性质”、“分子”等内容进行观课议课并初步形成关于元素化合物知识、概念理论知识的科学探究程序的认识后，以“离子”为例进行了教学实践，设计了如下探究活动：

案例6　**“离子”的探究过程** 

探究活动一：原子核外电子分层运动

猜想：原子核外电子运动时会与原子核相撞吗？

搜集证据：动画演示氢原子和钠原子的核外电子运动状况。

对比分析：原子核外电子在各自固定的轨道上运动，不会和原子核相撞。

结论：原子核外电子是分层运动的。

探究活动二：原子结构与元素性质的关系

展示：1—18号元素的原子结构示意图

讨论问题：

问题一：从图中你发现第一层、第二层以及最外层电子数有什么规律？

问题二：金属元素、非金属元素和稀有气体元素的最外层电子数有什么规律？

问题三：稀有气体元素又叫惰性气体元素，它们的化学性质很稳定，这与它们的结构是否有关？

搜集证据：对表中的数据进行观察和分析，你有哪些新的认识？

	最外层电子数	结构	元素化学性质
稀有气体元素	8或2（He）	不易得失	稳定
金属元素	一般<4	易失	较活泼
非金属元素	一般≥ 4	易得	较活泼

探究活动三：离子的形成

问题：当钠原子与氯原子相遇，它们会发生什么变化呢？

搜集证据：动画演示氯化钠的形成过程如下图所示。

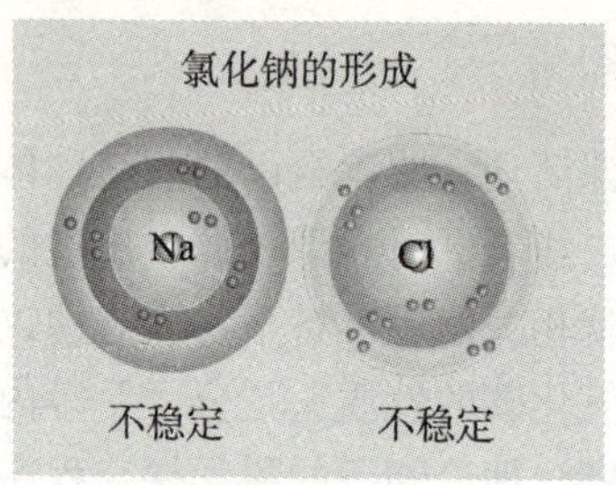

分析与结论：氯化钠的形成过程如下图所示。

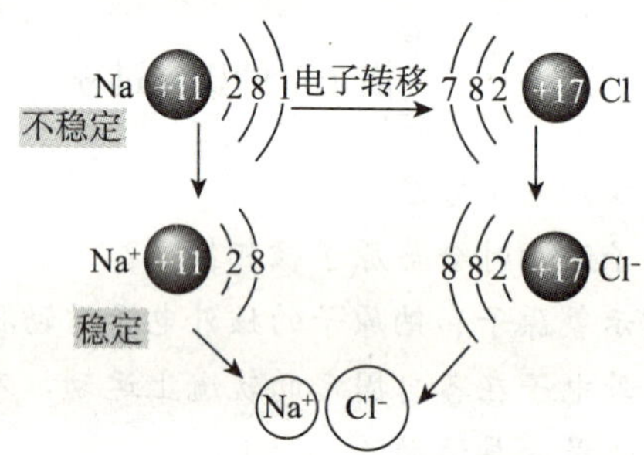

在议课过程中，教师们继续对科学探究活动进行研讨，在反思的基础上，进一步挖掘出如“在探究活动中设计有效的分组活动”、“探究活动中教师如何进行讲解”等问题。

三、如何进行有效的观课和议课

（一）如何进行有效的观课

1. 坐到学生身边去

观课者最好提前进教室，通过与座位周围的同学寒暄和聊天，了解和关心他们的学习和生活等，舒缓学生可能的紧张和压力，同时密切与学生的关系。观课教师要选取合适的观察位置，要把观课的凳子从教室后边移到学生中间（可以稍微靠后），观课焦点从教师转移到学生。只有这样，观课教师才能直接了解和观察学生的学习活动、精神状态、学习的感受和体验，才能从学生学的角度（即围绕学习活动和学习状态）提出更有价值和意义的讨论话题和问题。在学生自主探索阶段，观课教师可以站起来，看看学生们在做什么，了解学生的认知策略、合作意识、性格特征，检查学生的学习效果。

2. 致力于课堂教学的改进

教师在进行课堂观察时应积极思考。思考的内容至少应该包括以下几个方面：

第一，在观察老师教的行为和学生学的行为时，必须思考授课教师行为背后的教学理念和教育追求，判断和思考授课教师的教学行为是否收到了预期的效果，思考学生的学习效果与教师的教学行为之间有什么样的联系，这种思考使我们致力于从效果出发研究教学、改进教学，通过观课议课活动追求有效教学。

第二，需要思考“假如我来执教，我该怎么处理”。这种思考使观课者不做旁观者，而是置身其中，一方面是让自己在观课中真正有收获、有改变，使观察和研究一节课的过程成为自己学习这节课、准备这节课的过程；另一方面是可以防止自己在议课时信口开河，使自己关于教学改进的意见建立在可以操作、可以转变为实践行为的基础上，从而使议课能够真实地对教学实践产生影响。

第三，需要思考议课时交流什么和怎么交流。从授课老师的教学中获得启迪和帮助以后，观课教师应该真诚地提供自己的经验、表达自己的意见让他人分享。

（二）如何进行有效的议课

1. 以平等对话为基础

一般而言，授课者和议课者总会存在这样或那样的心理隔阂和障碍，组织议课活动的教师有责任消除这样的隔阂，并引导参与者理解授课教师，理解他们所处的环境和条件理解他们的心情和感受，使授课教师体会到议课者对他的尊重和接受。议课中可以采用这样的话语结构：“假如我来执教，我将这样教……”，“我这样教，是基于这样的考虑……”。

2. 要基于教学案例进行讨论

议课是对案例中的困惑和问题进行讨论，并商议解决办法。首先，观课教师描述蕴涵困惑的教学故事，使讨论建立在课堂现象和事实的基础上；其次，观课教师在不说出自己结论的前提下，提出困惑听取授课教师的解释，给授课教师以陈述机会，从而更好地理解授课教师；再次，授课教师征询案例提供者的意见，让观课者的思考得以表达；最后，参与者对彼此的意见进行思考和讨论。

3. 要议出联系

课堂教学是教师整体专业素质的体现。这里的“联系”主要包括以下几个方面：学生的学习方式和状态与教师教的方式和状态的联系，通过学生的学来映射、考察教师的教；教学行为与教学理念的联系，从行为入手讨论支撑行为和技术的理念，探讨怎样通过改变理念达到改变行为的目的；教学过程与教学结果的联系，从过程入手推测结果，探讨怎样通过优化过程达到理想的结果；实际教学与学生实际情况的联系；教学实践与教育理论的联系；等等。议课的首要目的是帮助教师认识教育观念、教学设计、教的行为、学的行为、学的效果之间的具体联系，使其采取行动改变其中的相应问题环节。

4. 要具有引领作用

议课的过程是参与者不断拓宽视野、不断开阔思路的过程。议课的任务不是追求单一的、权威的改进建议，而是讨论和揭示更多的发展可能以及实现这些可能的条件。因此，要通过议课，引领教师思考和实践当前最需要解决的问题，避免就课论课、就事论事。

教师研究课堂的最终目的不是为了认识课堂，而是为了改进课堂教学，为了实现更高的课堂效益。观课议课是课堂教学研究的重要方式。从听课评课到观课议课绝不只是词汇的转换，它是一种课堂研究方法的改进，更是一种教研文化的重建。观课议课提倡“把经历的事情说出来，把讨论的东西记下来，把想到的办法做出来”。“说出来”、“记下来”是一种叙事研究，而“做出来”则是一种行动研究。它提供的是改进课堂教学、提高课堂教学质量、促进教师专业发展的一种方式和途径，这种方式和途径的运用效果更多地取决于观察者，需要我们共同研究、探讨。

“主题式观课和议课”会不断提升教师的专业素养，使教师的成长更具专业化。

本讲小结

观课和议课是课堂教学研究的重要方式，是参与者相互提供教学信息，共同收集和感受课堂信息，在充分拥有信息的基础上，围绕共同关心的问题进行对话和反思，参与改进课堂教学、促进教师专业发展的一种教师研修活动。由听课评课到观课议课不只是换了一个词语，更多的是一种新的教研文化的建构。其目的在于改进教学实践，促进学生发展和教师专业发展，提高教学质量，提升教育品质。

思考与活动

1. 关于观课议课与听课评课的差别，你有何想法？
2. 如何确定观课议课主题？请你结合具体课例加以分析。

3. 在“溶解度”的教学中，如果将观课议课主题定为如何突破重点和难点，你在课堂上将关注哪些方面？

4. 请组织教研组的教师们进行一次观课议课活动。

参考文献

[1] 陈大伟. 怎样观课议课. 成都：四川教育出版社，2006

[2] 陈大伟. 走向有效的观课议课. 人民教育，2007（23）

[3] 中华人民共和国教育部制订. 全日制义务教育化学课程标准（实验稿）. 北京：北京师范大学出版社，2001

[4] 王磊. 理解与实践高中化学新课程. 北京：高等教育出版社，2007

[5] 杨九俊. 说课、听课与评课. 北京：教育科学出版社，2004

[6] 朱郁华. 主题式观课议课：促进教师专业成长的一种有效方式. 教学与管理，2007（1）

第三讲
化学教育科研论文写作

北京教育学院　周玉芝

教育科研的含义是借助教育理论，以有价值的教育现象为研究对象，运用相应的科研方法，进行有目的、有计划地探索教育规律的创造性认识活动。教育科研的特点是具有实践性、实效性、应用性。中小学教育科研过程是教师自我反思、自我发展、自我超越的过程，也是教师提高教学技能、提升专业能力的过程。

教育科研的基本步骤为：

(1) 确定选题。所谓选题，就是选择要通过研究解决的、在理论和教育实践中具有重大意义的问题。

(2) 制订研究计划。制订研究计划就是按照研究的认识逻辑，根据研究的各种主客观条件，在对选题作出正确评价的基础上，对整个研究过程加以规划。

(3) 实施研究计划，收集资料。

(4) 分析整理资料，作出研究结论。通过对所获得资料的思维加工而获得深入的、带有本质性的或规律性的认识。

(5) 撰写研究报告。研究的价值在于发现其具有的普遍性意义。一项研究成果，只有当它被人们分享的时候，其发现的意义才能够实现。

教育科研论文是在选题、实践、研究等基础上完成的。

一、教育科研选题

教育科研选题的基本标准如下：

1. 课题具有研究价值

课题应有理论价值和应用价值。教育科研课题的理论价值是指课题满足教育理论发展需要的程度。理论创新、方法创新或理论上的完善，是教育科研课题理论价值体现的几种主要形式。

课题的应用价值是指课题满足教育实践及社会发展需要的程度。这类课题往往与解决实际问题密切相关，其研究对教育实践乃至社会实践均有直接的指导意义，其研究结果因操作性强而往往成为实践活动的依据。其价值主要体现为：解决了教育改革中亟待解决的问题；直接为教育工作原则、内容、方法提供了依据；等等。

课题的理论价值和应用价值的区分是相对的。有的课题可能侧重于体现理论价值，有的可能侧重于体现应用价值。但即使是纯理论研究，也可以为应用研究提供理论依据，从而间接地体现出应用价值。而经过对应用研究课题的研究结果进行进一步的抽象、概括，也可以将其上升到理论，从而使其具有理论价值。因此，对课题研究的价值，不宜作绝对化的理解。

2. 课题是尚未解决、亟待解决的

创新是科学研究的“灵魂”，没有创新，就根本谈不上是在进行科学研究。因此，教育科研选题应选择前人未曾解决或尚未完全解决的问题。尽管研究过程中也要借鉴前人的研究成果，但应以表达自己的见解为主，要超越前人已达到的成就。

3. 课题具有科学性

首先，课题的科学性表现在课题应以教育科学的基本原理为依据，使所选的课题有坚实的理论基础。没有一定的科学理论依据，选题必然具有较大的盲目性，因此，课题应纳入教育科学的某个理论体系中加以研究和处理，使课题研究基于一定的理论基础之上。其次，课题的科学性表现在课题要以一定的经验事实为依据，使课题具有客观的现实基础。课题的产生也要基于人们的经验及经验赖以产生的客观事实。“上不着天，下不着地”的研究课题是无法进行研究的。课题的科学性还表现在所选的课题应具体、明确。课题研究的对象、范围、内容乃至研究的方法应尽量在课题设计中明确体现出来，不能空泛、笼统、模糊，否则就可能因为课题欠具体、明确，缺乏应用的针对性，导致研究无从下手。

4. 课题具有可行性

获得研究结果是进行科学研究的目的。有很多研究课题看起来很有研究价值，但因受研究者主客观条件的制约而未必能获得研究的结果，这样的选题再有价值也不宜选择。因此，研究者在选题的过程中，应充分考虑到自己的主客观条件，尽可能挑选自己力所能及的课题。

有教师对课题的创新性问题存在畏惧心理，认为自己想不出新问题来研究。其实从新的角度看旧问题也是创新，而且是中学教师的一种比较可行的选题方法。教育的理论和方法在不断变化和发展，总是会有新的问题需要研究。另外，别人的教育研究未必是方之四海而皆准的真理，大家在学习借鉴别人研究成果的基础上，还可以提出优化改进等。如一种教学模式被提出了，是供大家学习和参考的，而不是一种僵化的套路，我们要根据教学对象、教学条件等灵活运用，并通过理性思考，逐步归纳完善至生成有自我风格的教学模式。因此，从理论与实践发生的矛盾中选择课题是第二种重要的选题方法。

此外还可从理论与教学的“空白点”等出发寻找研究的课题。以下方面均可作为中学化学教学研究对象：

（1）化学教学的改革（理论、方法）；

（2）新的教学理念在化学教学中的应用（策略、方法、教学设计等）；

（3）学生能力的培养（观察能力、分析能力、实验能力、发散思维、创新能力等）；

（4）新课改与新教材（分析、改进、评价等）；

（5）实验教学研究（方法、装置、方案设计、绿色化学、课外延伸、实验组织和管理等）；

（6）现代信息技术与化学教学；

（7）化学与社会；

（8）教育评价；

（9）教育管理、德育等。

二、课题研究的方法

教育研究的方法很多，包括文献研究法、调查研究法、实验研究法、叙事研究法、案例研究法、教育反思法、行动研究法等。下面对文献研究法和调查研究法进行简单介绍。

（一）文献研究法

研究者主要通过对人类历史上丰富多彩的教育实践和教育思想理论材料（包括有关经典著作、图书、报纸、文件等文献资料）的分析研究，去认识教育发展的客观规律性，并全面、正确地掌握所要研究的内容，以更好地指导教育实践工作。

（二）调查研究法

调查研究是指在教育理论指导下，通过运用问卷、访谈、观察、测量等方式，有目的、有计划、系统地收集研究对象的客观资料，进行整理分析之后，从中概括出规律性结论的一种研究类型。

1. 设计调查指标及指标体系

调查研究要通过调查指标及指标体系来具体实施。没有具体、准确的指标及指标体系，调查就无法进行。确立调查指标就是给调查课题中的研究变量以准确的界定，下抽象定义和操作定义的过程。建立研究变量的指标体系一般包括两个步骤：先确定其结构指标，即分析研究变量的内容性质、范围角度，也就是确定具体从哪些方面或角度对研究变量进行调查，确定其结构，然后再分别确定其操作指标。有了研究变量的指标体系，调查研究就有了明确的思路和可操作性。在此基础上，再进一步根据调查方式设计问卷、访谈提纲、观察指标等。

2. 问卷调查

问卷调查是研究者把研究课题按照指标体系设计成若干具体问题，按一定原则排列，编成书面试卷，交给被调查者进行书面回答，然后对答案进行统计分析，从而得出结论的调查方式。问卷中问题的提问方式有一般问题方式、情境型问题方式、排序型问题方式、等距判断型问题方式、表格型问题方式五种。问题有封闭型问题和开放型问题。封闭型问题不利于被调查者的发挥，也使得调查者失去了发现新材料的机会，同时对于有些不会回答的问题或者没有答案的问题，被调查者会随便乱填，问卷的有效性会受到一定的影响。开放型问题由于不给予任何提示，可能得到有深度的应答，但由于它要求应答者付出更多的努力，回收率往往不高。

三、课题研究的成果形式

教育课题研究的成果形式包括研究报告、论文、专著、调研报告、教学设计、教育叙事、教学案例、课件等多种形式。课题不同，研究成果的内容、形式也不一样。下面就培训中经常使用的校本研修方案、校本研修报告与学术论文的写作进行简单介绍。

（一）校本研修方案

校本研修方案就是课题确定之后，教师在正式开展研究之前制定的整个课题研究的工作计划，它初步规定了课题研究各方面的具体内容和步骤。研修方案对整个研究工作的顺利开展起着关键作用。一个好的方案，可以使我们避免无从下手，或者进行一段时间后不知道下一步干什么的情况，保证整个研究工作有条不紊地进行。校本研修方案可包括以下部分：

（1）课题的背景和意义；

（2）研究内容（本选题研究的主要问题、重点、难点）；

(3) 研究方案（研究方法、基本框架、可行性分析等）；

(4) 研究进度（时间安排，人员分工）；

(5) 预期成果；

(6) 参考文献。

案例 1　校本研修方案：新课标下初中化学实验教学改革的实践与策略

常　亮　盛丽英（北京市第五中学分校）

1. 本课题的背景和意义（略）

2. 研究内容

用新课程新理念指导初中化学实验教学的改革。方法是在正常的课堂教学中增设多个实验内容，打破初中实验局限，扩大实验仪器选择范围，将试卷中常出现的仪器以实物方式列举并实验；同时增设多堂学生实验课，用学生亲自动手做实验的方法学习化学。通过以上这些教学改革，让学生建立学习化学的兴趣，形成实验操作的技能，学会进行科学探究的思路和方法。同时形成有研究价值的教学改革案例。

3. 研究方案

3.1　分析教材内容，了解学生情况

3.2　设计并实施实验教学改革

第一阶段：从简单的实验室仪器应用训练到能够完成教师安排的一些简单实验。初步了解实验基本过程。实验包括：

(1) 绪言。

(2) 常见仪器的介绍及使用方法。

(3) 药品的取用和液体的量取。

(4) 物质的加热。

(5) 物质的称量。

(6) 物质的分离。

第二阶段：在有一定的化学知识和基本技能的基础上，完成一些较复杂实验过程，使学生学会动手实验，解决问题，逐步建立实验探究思维。实验包括：

(7) 化学变化的现象。

(8) 观察和描述——对蜡烛及其燃烧的探究。

(9) 探究——蜡烛燃烧前后的质量变化。

(10) 探究——我们吸入的气体和呼出的气体的不同之处。

(11) 探究——空气中二氧化碳含量的测定。

第三阶段：合理选择适合开展探究活动的内容，设计探究性教学活动。可以安排有关控制变量、设计实验等难度较大的探究活动，以进一步发展学生的实验能力。

(12) 空气中氧气含量的测定。

增设实验：演示用碳、硫和铁代替红磷进行实验。

演示出水面不足或超出1/5的实验环节。

(13) 实验室制取氧气。

增设实验：催化剂的选择（用土豆、瘦肉、硫酸铜溶液及氧化铁代替二氧化锰）。

(14) 质量守恒定律相关演示实验。

增设实验：质量守恒定律在化学方程式计算中的体现，将计算题用实验的方法进行解答。

(15) 实验室制取二氧化碳。

增设实验：提供大量仪器（漏斗、分液漏斗、长颈漏斗、注射器、大试管、锥形瓶、圆底烧瓶、平底烧瓶等）。

(16) 集气装置的选择。

增设实验：洗气瓶的应用。

(17) 增设实验：检验装置气密性的多种方法（利用温度变化、利用气压变化、利用物质的量的变化）。

(18) 增设实验：块状铁和粉末状铁在空气中燃烧的现象。

块状大理石和粉末状大理石与硫酸反应的现象。

模拟焦炭炼铁过程。

(19) 增设实验：对比氢氧化钙和氢氧化钠的溶解能力。

(20) 增设实验：常见酸碱盐类物质间的反应实验。

(21) 增设实验：用塑料瓶进行氢氧化钠吸收二氧化碳的实验。

(22) 增设实验：探究氯化铁溶液为绿色是哪种离子的作用。

(23) 增设实验：典型鉴别题用实验体现。

(24) 增设实验：生活中常见的酸性物质和碱性物质之间的反应实验（食用碱、小苏打、食醋、厨房去污迹、厕所去污迹等）。

(25) 增设实验：生活中干燥剂的鉴定（双吸剂、氧化钙）。

(26) 增设实验：注射器的衍化应用。

(27) 增设实验：羊毛纤维的简单鉴定。

第四阶段：回归理论阶段，使学生建立科学实验思想，形成较强的实验探究思维，从而更好地应对中考化学试卷的实验题目。

3.3 可行性分析

本课题已经初步实践过一年，因此教师在实验技能培养方面有一定的方法积累，同时对于初中学生的学习水平和心理发展状况有了一定的了解。学校具备了良好的研究条件和研究环境，可以保障实验药品、仪器与场地等需要。同时在操作技能的培养中，由于班级容量大，在指导过程中一个教师远远不够，因此安排三位教师在实验课上辅导学生进行实验操作。

4. 研究进度

时间安排	工作计划	人员分工
7—8 月	分析教材内容，了解学生情况，开展第一阶段教学实践，反思发现的问题	盛丽英、常亮、程同森
9—11 月	开展第二、第三、第四阶段教学实践，反思发现的问题	常亮、盛丽英、程同森
12 月	分析资料，反思问题及解决方案，完成研究报告	常亮、盛丽英

5. 预期成果

形成研究论文和案例。

（二）校本研修报告

校本研修报告是描述一项校本研究的结果、进展以及评价的文件。校本研修报告中一般应该提供所研究项目的充分信息，可以包括正反两方面的结果和经验。校本研修报告的特点是用事实来说明问题，要通过有关资料、数据及典型事例的介绍和分析，总结经验、找出规律、指出问题、提出建议。校本研修报告可包括以下部分：

（1）课题名称；

（2）作者姓名（工作单位名称及地址）；

（3）摘要；

（4）关键词；

（5）本课题的背景和意义；

（6）研究过程与方法；

（7）研究的主要内容；

（8）结论；

（9）参考文献；

(10) 致谢（必要时）；

(11) 附录（必要时）。

其中，研究过程与方法一般按照课题研究过程的时间顺序和进展情况一一展开，以便别人能够按照这些介绍去重复实验，包括实验对象的选择和组合、实验措施及有关变量的控制、研究过程及主要做法等。

案例 2　**校本研修报告：初三化学作业情况的调查与思考** 

余丽蓉（北京朝阳区平和街一中）

研究方法与过程部分如下：

2. 调查的对象和方法

本研究采用问卷调查和座谈的方法。对来自北京市不同区的“春风化雨”学习班的教师及本校的全体化学教师进行问卷调查；对本校全体初三学生进行了问卷调查，并找已毕业的和本届的学生分别进行座谈，了解学生喜欢什么样的化学作业、怎样完成作业质量更高。采取统计分析的方法了解教师的普遍做法和学生对作业的需求。

2.1　问卷调查的设计

2.1.1　问卷调查的设计意图

问卷调查的设计意图就是为了从教师的问卷调查中了解教师对作业的处理及好的做法，从学生的问卷调查中了解初三学生的化学作业完成情况及其对化学作业的期望。从学生对待其他学科作业的态度及完成的情况中分析学生喜欢完成作业及作业质量高的原因。在教师的普遍做法和学生的需求中搭建桥梁，完善化学学科作业的设计、布置、批改，使化学作业起到最好的效果。

2.1.2　问卷调查的设计方法

首先确定问卷调查的一级主题。教师问卷调查的一级主题是作业的布置、批改、讲解、落实等，学生问卷调查的一级主题是作业的态度、习惯、评价、落实等。然后依次确定问卷调查的二级主题，如教师问卷调查的一级主题中关于作业布置的二级主题有作业认识度、作业的内容、作业的形式及作业的量。最后，两种问卷都设计了几道简答题，以了解教师及学生好的做法和想法。

（三）学术论文

学术论文是对某个科学领域中的学术问题进行研究后表述科学研究成果的理论文章。论文与前述的校本研修报告的区别是它一般将研究工作中最主要、最精彩、具有创造性的内容和结果加以提炼，用较简明精炼的语言加以表达。论文不包括过多的具体研究过程与方法，而更强调内容的创新和学术价值。学术论文有一般议论文的特点，由论点、论证、结论构成，它又具有与一般议论文不同的特点，如科学性、学术性、创新性和规范性。

学术论文一般包括题名、署名、摘要、关键词、引言、本论、结论、参考文献、致谢（必要时）、附录（必要时）。

1. 题名

题名应简明扼要地概括和反映出论文的核心内容。好的题名，既能提挈全文，标明特点，又能引人入胜，便于记忆。因此在拟订论文题名时应注意以下几点：作为论文的“标签”，题名既不能过于空泛和一般化，也不宜过于烦琐，使人得不出鲜明的印象。例如，“培养学生学习化学兴趣四步法”（吴殿更）比“谈如何培养学生学习化学的兴趣”要好，因为前者让人一看便知道研究的对象和范围。题名一般不宜超过25字。当题名不易简洁时，可以采用主题名和副题名的方法处理。主题名表示论文的中心内容或论点，副题名表示论文的中心内容或论点涉及的范围，如“自主建构智能知识地图——有机化学有效复习方法探索”（陈争）。

2. 署名

署名有以下几个目的：

(1) 署名是著作权拥有的声明，任何人和单位不能侵犯。同时署名也是作者通过辛勤劳动应得的一种荣誉。

(2) 署名表示文责自负的承诺。论文一经发表，署名者即对所发表的论文负有法律责任，并负有政治上、科学上和道义上的责任。

(3) 署名便于读者同作者联系。

3. 摘要

摘要是指以提供文献内容梗概为目的，不加评论和补充解释，简明、确切地记叙文献重要内容的短文。摘要能使读者不读全文即能获得必要的信息，即内容梗概。摘要的四要素为：

研究目的：准确描述该研究的目的，表明研究的范围和重要性。

研究方法：简要说明研究课题的基本设计以及结论是如何得到的。

研究结果：简要列出该研究的主要结果以及有什么新发现。

研究结论：说明该研究的价值和局限。

摘要的撰写要求：

(1) 摘要应具有独立性和自明性，即不阅读文献的全文就能获得必要的信息。因此，摘要是一种可以被引用的完整短文。

(2) 用第三人称。作为一种可阅读和检索的独立使用的文体，摘要只能用第三人称。有的摘要中出现了用“我们”、“笔者”做主语的句子，一般讲会削弱摘要表述的客观性；也有的用“本文”做句子的主语，但有的在逻辑上讲不通，如“本文对……进行了实验研究”、“本文介绍了……”，“本文报道了……”，在语法和逻辑上都是不对的，“本文”应删去。

(3) 排除在本学科领域方面已成为常识的或科普知识的内容。

(4) 切记用简单重复题名中已有的信息和罗列段落标题来代替摘要。

(5) 要客观如实地反映原文的内容，要着重反映论文的新内容和作者特别强调的观点。

(6) 结构严谨，不分段。

(7) 不要对论文内容作诠释或评论（尤其是自我评价）。

(8) 不用非共知、非共用的符号和术语。通常不举例证，不用图、表、数学式、化学结构式。

(9) 简短，指篇幅短。最短的只有十几个字，长的则 300～500 字。一般摘要的字数为正文的 5%～10%。

案例 3 胶头滴管在气体操作技巧上的应用 

蔡成翔，载《化学教育》，2003 (11)

摘要部分如下：

胶头滴管体积小巧，拆卸和进一步加工都十分方便，是中学开展微型实验的好材料。它不仅可用于液态试剂的简单吸取和滴加，在有气体参加或生成的微型实验中，捏挤滴管胶头也可以吸入或排出气体。根据气体的不同性质灵活操作和使用滴管，能使它发挥反应器、集气瓶、导气管、干燥管或玻璃搅棒等器皿的作用。

该摘要包括了研究目的——“胶头滴管体积小巧，拆卸和进一步加工都十分方便，是中学开展微型实验的好材料”、研究方法——“可用于液态试剂的简单吸取和滴加，在有气体参加或生成的微型实验中，捏挤滴管胶头也可以吸入或排出气体”和研究结果——“根据气体的不同性质灵活操作和使用滴管，能使它发挥反应器、集气瓶、导气管、干燥管或玻璃搅棒等器皿的作用”。

4. 关键词

关键词是为了文献标引工作或检索工作而设的，是摘要内容的浓缩，亦是反映论文主题内容的单词或术语，一般选用 3～8 个。关键词便于读者在浩如烟海的学刊中寻找文献，特别适合计算机自动检索。

案例4　胶头滴管在气体操作技巧上的应用

蔡成翔，载《化学教育》，2003（11）

关键词部分如下：

胶头滴管；操作方法；气体；微型实验。

前三个关键词是从论文标题中选的，最后一个是从论文内容中选的。增加关键词数目，可以提高文章的引用率。

5. 引言

引言的作用就是要引出作者的话题。引言即是让读者明白作者“为什么要提出这个问题”、“提出这个问题的必要性和重要性”等。

案例5　浅谈思维定式与中学化学教学

潘庄严，载《无锡教育学院学报》，2003（3）

引言部分如下：

思维定式指的是由一定的心理活动所形成的倾向性准备状态，属定型化的思维程序，即以用过去思维影响当前思维的思维模式，由反复思考同类问题或类似问题所形成的，会导致人们对刺激情境以某种习惯的方式进行反应。思维定式的作用有正向和负向两个方面。正向作用是指用思维定式思考同类或类似问题时，思考者在思考过程中会感到驾轻就熟，提高自信心，缩短思考时间，提高思考质量和成功率。负向作用是指长期按思维定式思考问题容易从问题的相似处着手，用一定的模式考虑问题，从而忽视了问题的不同之处，并且阻碍了创新思维的形成。

中学生在学习化学的过程中，思维定式有时有利于学生进行类比思维，实现知识与能力的正向迁移，独立解决某些新问题。但它也容易使学生盲目地运用特定经验、习惯方法解答一些貌似而神异的问题，不仅造成思维惰性，阻碍问题的顺利解决，而且妨碍创造性、发散性思维的培养。因此，在中学化学教学中我们应该注意消除思维定式的消极影响，同时又充分发挥其积极作用，发展学生智能。

在这个引言中包含课题的界定（概念术语的解释）以及要研究的问题与论点。该引言开门见山，言简义明。不足之处是缺乏对前人工作的客观评述，这是当前教育科研论文的引言普遍不重视的问题，其结果是让人很难辨别文章的观点是重复别人的观点还是一种创新的观点。

6. 本论

本论是一篇论文的核心，其水平标志着论文的学术水平或技术创新的程度，是论文的主体部分。由于论文论述的问题差别很大，所以对正文要写的内容及写作方法不能作统一的要求。在这一部分中，作者将集中对绪论中提出的问题加以分解、分析，并提出解决方案。本论部分总的要求是客观真实、层次分明、简练可读。写作的重点是如何解决（分析）问题，作者要从不同的角度把产生问题的原因分析透彻，而且得到了使人可以相信的结果。在写作中应注意的问题为：

（1）一个自然段只能表示一个中心思想。

（2）注意层次之间的逻辑关系。

（3）尽量采用公式、图、表等方式增强表达能力，使文章简洁、易懂、好读。

（4）用语简洁准确，不要求华丽的辞藻。

（5）切忌用教科书法写论文，已有知识应尽量标注参考文献。

本论部分的结构安排一般有以下三种形式：

（1）平列分论式。即围绕课题的中心论点设立若干分论点，这些分论点与中心论点是垂直关系，分别论证中心论点；各分论点之间呈平列关系，构成不同角度、不同侧面的格局。

（2）层递推论式。本论部分分为若干层次，论证时层层展开，步步深入，直到最后得出结论，文章中各层次之间呈递进关系。

（3）平列层递兼用式。

案例 6　浅议实验教学的改革与创新

潘鸿章，载《化学教育》，2003（6）

本论中的三级标题如下：

1. 树立新的实验教学理念

1.1　确立实验教学的价值取向

1.2　拓宽实验的教育功能

1.3　突出学生的主体作用

1.4　重视实验的探究过程

2. 加大实验改革的力度

2.1　现行实验是在不断改革中形成的

2.2　根据新的培养目标，审视现行实验

(1) 缺少联系生活、生产和社会实际的实验，实验内容学科知识化倾向较强。

(2) 有些实验装置比较复杂。

(3) 有些实验的操作方法不尽合理。

(4) 有些实验装置不密闭，生成的有毒气体向外扩散污染空气。

2.3 改革实验的策略

这篇文章的两个一级标题“树立新的实验教学理念”和“加大实验改革的力度”为作者从两个不同角度论述实验教学的改革与创新这个中心问题，为平列分论式。同样在“树立新的实验教学理念”这个一级标题下的四个二级标题呈平列关系。而在“加大实验改革的力度”这个一级标题下的三个二级标题呈递进关系，为层递推论式。

7. 结论

结论部分的任务是将已经在绪论中提出的中心论点在分析之后加以归纳总结，即总结全文、深化主题、揭示规律、指明方向。结论的写作要求如下：

(1) 概括准确、措辞严谨。肯定与否定要明确，不能用“大概”、“也许”、“可能是”之类的词，以免使人怀疑论文的真实性与其真正的学术价值。

(2) 明确具体、简短精练。结论不是正文中各段小结的重复，不要重复引言中的内容。结论应该比引言表述得更加深入、充实。结论段字数一般为正文字数的3%～5%。

(3) 不作自我评价。

(4) 避免证据少、结论大的毛病。

案例7 试论新课程实施中公开课的意义

潘涌，载《教育理论与实践》，2006 (12)

结论部分如下：

综上所述，基础教育课程改革持续、深入推进的战略态势，急需作为教研形式之一的公开课能在新的体制下以新的风貌出现。应当取消的只是作伪的、泡沫化的公开课，而具有原生态、研究性和个性化品质的公开课，如果借助有原则、讲方法的教学评论，将能为教师专业成长提供坚实的台阶，甚至能为充满中国本土色彩的崭新的课程与教学理论之崛起提供有力的实践基础。

该结论回顾开头，结束全篇。这种写法，使文章的结构显得严谨。

案例 8　教学“卡壳现象”的原因及其改进对策

何彩霞，载《化学教育》，2006（11）

结论部分如下：

总之，由于教学过程的复杂性，要想完全避免或杜绝“卡壳现象”似乎是不可能的，但可以经过努力，从夯实专业教学功底、做好课堂教学设计、提高课堂应变能力等方面提升教学水平，尽量减少或避免类似上述“卡壳现象”的发生。

这种结论是在对论点进行了充分论证之后，以饱满的激情鼓舞激励人们去实现作者提出的正确主张或见解，以结束全篇。

8. 参考文献

参考文献是指在研究过程中所参考引用的主要文献资料。一方面表明尊重文献作者劳动，开阔读者的思路，帮助读者查寻引用文献的原作；另一方面也表明研究者对本课题研究领域进展状况的掌握程度，有利于读者对所写文章的认可。

著录参考文献的原则是：只著最必要的、公开发表过的文献。所谓最必要的是指作者亲自阅读过，并在文中直接引用，而且又不是人所共知的文献。教科书不应作为文献著录。

9. 致谢

对经费资助单位、论文选题指导教师、实验数据测定的工作人员等表示感谢。对在本文研究的选题、构思、实验或撰写等方面给予指导、帮助或建议的人员致以谢意；由于论文作者不能太多，所以部分次要参加者可不列入作者项，对其表示致谢。

10. 附录

不是文章的必要组成部分，但可为想深入了解本文的人员提供参考。主要提供不宜列入正文的数据和图表等，如问卷、量表、研究材料、统计数据、方案、计划等。

本讲小结

化学教师在教育科研中可以提高对教育及教育规律的认识，形成对于化学及化学教学的深入认识，提升教学智慧。化学教学研究论文的写作不仅需要一定的写作技能，更需要不断地进行实践探索和经验的积累。

思考与活动

请结合自己的教学实际，拟订一份教学研究论文的提纲。

参考文献

[1] 肖时开，吴汝舟. 实用科技论文和科技文件写作. 济南：山东人民出版社，2002

[2] 钱爱萍，吴恒祥，赵晨音. 教师怎样做课题研究. 北京：中国轻工业出版社，2007

[3] 欧阳芬. 新课程下教师教育科研能力培养与提升. 北京：新华出版社，2005

图书在版编目（CIP）数据

化学新课程教学与教师成长/何彩霞主编．
北京：中国人民大学出版社，2010
当代中小学教师研修教材
ISBN 978-7-300-12792-7

Ⅰ．①化…
Ⅱ．①何…
Ⅲ．①化学课-教学研究-中小学
Ⅳ．①G633．82

中国版本图书馆 CIP 数据核字（2010）第 192928 号

当代中小学教师研修教材
化学新课程教学与教师成长
何彩霞　主编

出版发行	中国人民大学出版社		
社　　址	北京中关村大街 31 号	**邮政编码**	100080
电　　话	010－62511242（总编室）		010－62511398（质管部）
	010－82501766（邮购部）		010－62514148（门市部）
	010－62515195（发行公司）		010－62515275（盗版举报）
网　　址	http://www.crup.com.cn		
	http://www.ttrnet.com(人大教研网)		
经　　销	新华书店		
印　　刷	北京市鑫霸印务有限公司		
规　　格	170 mm×228 mm　16 开本	**版　　次**	2010 年 11 月第 1 版
印　　张	15.75 插页 1	**印　　次**	2010 年 11 月第 1 次印刷
字　　数	282 000	**定　　价**	28.00 元